Hyperobjects

PHILOSOPHY AND ECOLOGY AFTER
THE END OF THE WORLD

超 客 体

世界终结之后的哲学与生态学

〔美〕 **蒂莫西·莫顿**

——

著

苏艳

——

译

长江出版传媒 长江文艺出版社

图书在版编目（CIP）数据

超客体：世界终结之后的哲学与生态学 ／（美）蒂

莫西·莫顿著；苏艳译. -- 武汉：长江文艺出版社，

2025. 8. --（人文科学译丛）. -- ISBN 978-7-5702

-0030-6

Ⅰ. N02

中国国家版本馆 CIP 数据核字第 20259KE394 号

HYPEROBJECTS: PHILOSOPHY AND ECOLOGY
AFTER THE END OF THE WORLD
by
TIMOTHY MORTON
Copyright:© 2013 BY TIMOTHY MORTON
This edition arranged with UNIVERSITY OF MINNESOTA PRESS
through Big Apple Agency, Inc., Labuan, Malaysia.
Simplified Chinese edition copyright:
2025　Changjiang Literature and Art Publishing House
All rights reserved.

超客体：世界终结之后的哲学与生态学
CHAO KETI：SHIJIE ZHONGJIE ZHIHOU DE ZHEXUE YU SHENGTAIXUE

策划：阳继波　康志刚

责任编辑：郭良杰　　　　　　　　　责任校对：程华清

封面设计：天行健设计　　　　　　　责任印制：邱　莉　胡丽平

出版：长江出版传媒　长江文艺出版社

地址：武汉市雄楚大街 268 号　　　　邮编：430070

发行：长江文艺出版社

http://www.cjlap.com

印刷：武汉市籍缘印刷厂

开本：787 毫米×1092 毫米　　1/32　　　印张：9.875

版次：2025 年 8 月第 1 版　　　　　　2025 年 8 月第 1 次印刷

字数：189 千字

定价：58.00 元

版权所有，盗版必究（举报电话：027-87679308　　87679310）

（图书出现印装问题，本社负责调换）

献给我的大家庭。

我成为了死神，世界的毁灭者。

——罗伯特·奥本海默，引自《薄伽梵歌》

目　录 | CONTENTS

引言　存在的地震

在《生态思想》一书中，我创造了"超客体"一词，用以指代那些相较于人类而言，在时间和空间上大规模分布的事物[1]。超客体既可以是黑洞，也可以是厄瓜多尔的拉戈阿格里奥油田，或者是佛罗里达大沼泽地；超客体可以是生物圈，或是太阳系；超客体可以是地球上所有核材料的总和，也可以只是钚或铀；超客体可以是由人类直接制造的耐久用品，如聚苯乙烯或塑料袋，或是资本主义世界中所有嗡嗡作响的机器的总和。也就是说，无论是否由人类直接制造，与其他实体相比，超客体的特点在于"超级"。

超客体有许多共性。第一，超客体具有黏性，即它们"黏附"在与其相关的事物上。第二，超客体是非局部的，即超客体的任何"局部显现"都不能直接体现超客体本身[2]。第三，与我们所习惯的人类尺度的时间性相比，超客体具有不同的时间性，尤其是一些非常大的超客体（如行星），它们具有真正的高斯时间性：根据广义相对论，它们能够产生时空旋涡。第四，超客体存在于高维的相空间，因此它们在一段时间内对人类来说是不可见的。第五，超客体以客体间性的方式展现效果，换言之，我们可以在物体审美属性间的相互关系构成的空间中检测到它们。超客体并不属于我们的知识范畴，因为无论是与蠕虫、柠檬或紫外线比起来，还是与人类相比，它们都具有"超级"性。

超客体已经对人类社会和精神空间产生重大影响。它们直接导致了"世界末日"，否定主义和末日环保主义因此都变得过时。超客体已经将人类引入了一个"虚伪""虚弱"和"跛足"的新阶段，这三个术语在此研究中有特殊含义，我将在后文中对其进行深入探讨。"虚伪"源于导致元语言不可能存在的条件（正如我将要解释的，生态危机让我们刚刚意识到这些条件）；"虚弱"源于现象与事物之间的差距，超客体使这种差距明显，令人不安；而"跛足"则是因为所有实体都是脆弱的（正是这种脆弱使其存在成为可能），而超客体使这种脆弱也变得明显⁵。超客体也在改变着人类的艺术以及审美体验（审美向度）。目前，我们正处于我所说的"不对称时代"。

超客体不仅仅是其他客体的集合、系统或汇聚。它们本身是一种独立存在，我会在这本书中详细解释其具有特殊含义的存在。客体的特殊意义来源于客体导向本体论（*object-oriented ontology*，简称 *OOO*），这是一场新兴哲学运动，致力于独特的实在论和非人类中心思维。因此，无论我们是把想象力看作休谟式的联想捆绑，还是康德式的先天综合判断的可能性，我们尤其不该说超客体是由（人类）想象力虚构而来。无论是否有人在思考它们，超客体都是真实存在的。实际上，正出于本研究所述的原因，超客体使我们不可能超验地飞跃物理现实"之外"，而是迫使我们承认思维与物质的内在联系，但这并不意味着我们就被"嵌入"了一个"生命世界"中。

因此，超客体给哲学带来了双重艰难的任务。第一个任务是否定元语言可以解释事物，但同时不受其污染的可能性。由于我将探讨的原因，后结构主义的思考在某些方面并未能够做到这一点，或者更准确地说，它并未能完成这项任务。第二个任务是在本来没有"世界"这样有意义的事物存在的情况下，定义出现象学的"体验"，这也是书的副标题是"世界终结之后的哲学与生态学"的原因。

我把这本书分成了两部分。鉴于客体及其表象与其他实体间存在着显著割裂，因此以这种方式划分就显得尤为恰当。超客体需要清晰的哲学、历史和文化阐释，这是本书第一部分要做的。然后，我们需要进一步探讨人类对超客体的挪用，这是本书的第二部分。

在《超客体》整本书中，我常用一种可能让读者觉得极具"个人色彩"的写作风格——有时这种风格带来启发，有时令人沮丧。我决定用这种多少有点"个人色彩"的风格写作是受到阿方索·林吉斯既冒险又带来收获的现象学思想的影响。这似乎很恰当。我是被卷入我称之为全球变暖（另一个决定——我不同意称之为气候变化：见图1）这一超客体中的实体之一；我非常熟悉这个实体。作为一个客体导向本体论者，我认为所有的实体（包括"我自己"）都像是胆怯退缩的章鱼，当退回到本体论的阴影中时，就会喷出伪装的墨汁。因此，如果这意味着它是一个"元"于其谈论内容之上的高级语言，那么没有一种话语真正"客观"。本书的思想风格也必然是迭代的、循环往复的，这是因为人们在任何时刻都只能看到超客体的碎片，而思考它们本身就很棘手。

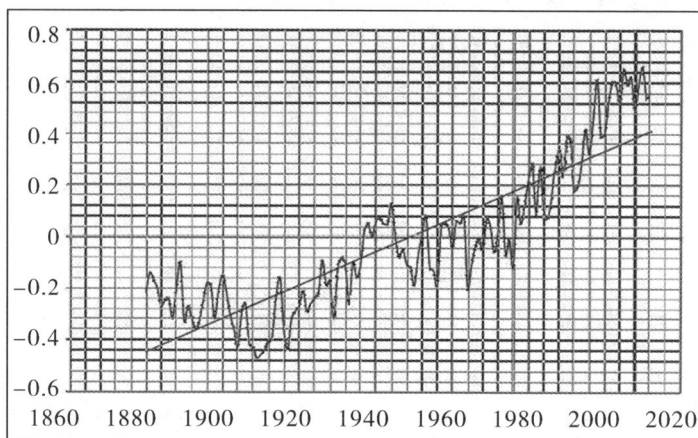

图 1. 正如本图所示，全球变暖虽然无法直接看到，但可以通过思考和计算来理解。这些数据来自美国国家航天局戈达德太空研究所，图表由拉里·布茨绘制。

这种推理线条让我看起来像个后现代主义者，尽管由于一些即将明朗的原因，新兴的生态学认为，"不存在元语言"的表达比后现代主义更有力、更直白[4]。既然后现代主义坚信"一切皆为隐喻"，那么所有隐喻都一样糟糕。但是既然对我来说，甚至对所有过渡到不对称时代的人类来说，真实的事物肯定存在，只是我们对它们的认识在过去或现在不同而已，那么隐喻确有优劣之分[5]。然而，由于无法置身于事物之外，我们对"不存在元语言"这个真理的认识比其发明者更为深刻。全球皆信"不存在元语言"和"一切皆为隐喻"，这意味着后现代主义并不像它标榜的那样，它实际上只是（西方白种男性）历史项目的另一个版本。这个项目的终极目标，似乎是在历史之外建立一个奇特的中转休息室，让各个时代的人物、技术和思想徘徊于一个温和、半幸福的混乱状态之中。

　　然而，慢慢地，我们发现这个中转休息室建在地球上，这与说它是大自然的一部分是不同的。（在本书中，我将"自然①"大写正是为了使它"解自然"，就像蛋白质煮熟会变性失活一样）正如梭罗所言，"真实的地球"如今已被

---

　　① 莫顿用首字母大写的"自然"（Nature）来强调人为构建的自然形象具有欺骗性。"自然"是"由一系列转喻构成的隐喻"（a metonymic series becomes a metaphor），是人为创造的、试图概括环境的艺术形象，有丰富且特别的内涵。（注释说明：全书脚注均为译者所注。）

1945年以来堆积的薄薄一层放射性物质覆盖[6]。这层堆积物标志着"人类世"的一段重要地质时期，这是一个以人类对地球进行决定性的"地球化"为标志的地质时期[7]。首个重要的标志物出现于1784年，当时詹姆斯·瓦特发明了蒸汽机，这导致燃煤工业释放的碳开始在全球范围内沉积，包括在北极。蒸汽机是一种多功能机器，其多样功能性（如专利所述）开启了工业时代。马克思也关注到了蒸汽机诞生这一事件的重要意义[8]。这台通用机器（一种更通用的机器——计算机不可思议的预兆）可以连接到其他机器的庞大组合，为它们提供动力，由此形成了集合体的组合，这些集合体把工业时代转变为一个奇妙的控制系统、一种原始的人工智能——说到底，工业资本主义，它不仅具有新兴机器吸血鬼般向下的因果性，而且具有相关机器般的抽象价值特性，它吸食着底层人类。1945年之后地球开始大加速，人类对地球地质的改造以惊人的数量在增长。

　　然而，和大约十年前的每个人一样，马克思未能看到更大的图景。想想看：一段漫长得难以想象的地质时期，竟与1784年、煤烟、1945年、广岛、长崎、钚这些具体而切近的事物紧密相连。这不仅是一个历史年代，更是一个地质时代。更准确地说，我们不能把历史仅仅看作是人类的历史，因为我们正生活在人类世。这的确是一个非常奇特的名称，因为在此期间非人类生物开始与人类，甚至是那些忙于加强人类与其他生物之间差异的人产生决定性的接触。

　　事件的这种转变使我们需要一种新的思维方式（同时也是一种写作方式），其中常规的确定性被颠覆，甚至被解构。我的私人印象不再是"个人的"，不再是"只属于我的"或"只是主观的"：它们是超客体的痕迹，又常常不得不被扭曲，扭曲它们的就是它们会在其上留下印记的实体——我。你我都成了超客体时代的试纸，"我"从内部被分离出来了。在这种情况下，我的情境和情境修辞并非防御性的、自身确定的场所，而恰恰相反[9]。也就是说，情境现在是一个非常离奇的地方，就像华兹华斯诗歌中的主人公或《银翼杀手》中的角色的处境一样。我无法超越我在其他著作中所提到的"生态模仿"（ecomimesis），即（通常）以第一人称呈现的情境"里面"[10]。这并不是赞同"生态模仿"，而是承认没有外部，没有元语言。然而，读者会处处发现，本书总在现象学叙事与科学理性之间来回切换，让人头晕目眩。但正如同我被超客体掏空了一样，科学语言因为要冷静、客观，也同样被剥夺了意识形态地位。我们对超客体了解得越多，它们就变得越陌生。因此，超客体体现了我曾经认为只适用于生命形式的真理，即奇怪的陌生者的真理[11]。

　　故此，本书所寻求的是一种不寻常的生态模仿，它挑战修辞的极限，探索其虚伪性。"虚伪"一词经过精挑细选，这点我将在后文解释。超客体时代是一个虚伪时代，但是出于同样的原因，也不能从犬儒主义角度出发寻求虚伪。如果没有元语言，那么作为左翼主流意识形态模式的犬儒式疏离便失去了立足之地，无法应对超客体时代。

至于为什么阿方索·林吉斯是这个研究的核心，还有一个更深层原因，即林吉斯的著作《命令式》考虑到了现象学，这是对康德伦理学的一次杰出改造。这里讨论的现象学，是林吉斯从多年的个人研究以及与伊曼努尔·列维纳斯的学术关联中发展而来，虽然源自胡塞尔的现象学，却展现出显著差异。尤为重要的是，林吉斯还让思考真正的生态伦理学成为可能，他的许多最有说服力的例子都来自与生态行动有关的伦理困境。在本书的第二部分"超客体时代"中，我将深入探讨为什么受启于林吉斯的伦理学观点对于生态行动至关重要。尤其在"虚伪"这一小节中，我将对林吉斯的思想进行广泛论述。

超客体带来了世界的终结。显然，地球并没有爆炸，但"世界"这一概念已不再适用，超客体正是导致其消亡的原因。世界终结论在环境保护主义中非常活跃。然而，我认为这种观点无效，无论如何，我们应该感到焦虑并关心的存在已不复存在。这并不意味着生态政治和生态伦理没有希望，远非如此。事实上，正如我将要论证的那样，"除非我们现在就行动"，否则世界即将毁灭的强烈信念就会矛盾地成为我们全面参与地球生态共存的一大障碍。因此，本书的策略就是要让我们从"世界即将毁灭"的梦中清醒，因为对地球（真正的地球）采取的行动依赖于我们的清醒认知。

世界末日已经到来，我们可以出奇精准地确定世界末日的日期。尽管不方便确定历史事件或地质时间的具体日期，但世界末日的日期却异常清晰。1784年4月，詹姆斯·瓦特取得蒸汽机专利。从此，碳开始在地壳中沉积，即人类开始成为地球上的地球物理力量。由于一件事往往需要出现两次才算真正发生，世界同样终结于1945年，当时曼哈顿计划在新墨西哥州三位一体测试场测试了第一枚原子弹"小玩意（Gadget）"。同年晚些时候，两枚核弹分别被投放到广岛和长崎（图2）。这些事件标志着人类作为地球物理力量的行动呈对数增长。它们对人类——实际上是对于任何处于核辐射范围内的生命形式而言——具有"世界史"的重要意义，划分了一个地质时期，一个最大规模的陆地时代。我之所以给"世界史"加上引号，是因为"世界"这个概念的命运

图2. 1945年7月16日，"三位一体"核试验的核爆0.016秒瞬间。该照片被认为比惯常的蘑菇云更具煽动性，因此一度被禁止传播。地平线上的微小物体是树木。图片源自美国洛斯阿拉莫斯国家实验室。

确实具有争议性。此时此刻人类所面临的正是超客体的侵袭所带来的世界末日，而其中一个超客体无疑就是地球本身。地球的地质周期要求一种地球哲学，而不是简单地从人类事件和人类意义的角度来思考问题。

世界末日与人类世、全球变暖和随之而来的剧烈气候变化有关，其确切范围仍不确定，但其真实性已被证实。在《超客体》这本书中，我为什么称之为"全球变暖"而不是"气候变化"呢？不管科学因素和社会原因是什么，在命名这个特殊的超客体时，"气候变化"比"全球变暖"这一术语更占优势，其对社会和政治话语的影响是显而易见的，对其适度关注已有所减少。事实上，否定论者可以声称，使用"气候变化"一词只不过是将捏造事实改头换面，甚至是这种捏造事实的行为明目张胆的证据。在媒体和社会政治领域，"气候变化"一词非常失败，以至于人们很想将该词本身视为一种否认，一种对前所未有的全球变暖所造成的巨大创伤的反应。这些术语作为选项呈现而非整套呈现就是这一失败的一种表现，因为从逻辑上讲，"全球变暖导致气候变化"的说法是正确的，而"气候变化"只是一个更详细短语的精简表达，是一种转喻。

如果情况并非如此，那么用"气候变化"来代替"全球变暖"，就好比用"文化变化"来代替"文艺复兴"，或者用"生活条件的变化"来代替"大屠杀"。用"气候变化"作替代，就让（右翼和左翼）犬儒理性能宣布"气候一直在变化"。在我听来，这与用"人们一直在互相残杀"作为放任机枪销售的愚蠢理由别无二致。我们迫切需要的是对特定生态创伤保持适度震惊和焦虑——事实上，我们这个时代的生态创伤，正是定义人类世的本质所在。这就是为什么我将在本书中坚持使用"全球变暖"这个词。

最近出现了许多哲学方法，似乎是为了回应人类历史和地球地质之间令人生畏，甚至恐怖的巧合。其中，思辨实在论是一场运动的总称，其成员包括格拉汉姆·哈曼、简·贝内特、甘丹·梅亚苏、帕特里夏·克劳、伊恩·汉密尔顿·格兰特、列维·布莱恩特、伊恩·博格斯特、史蒂文·沙维罗、雷扎·内加尔斯塔尼、雷·布拉西耶等学者，以及本·伍特德和保罗·恩尼斯等一批新兴学者。他们都决心打破自浪漫主义时期以来笼罩哲学的魔咒。这个魔咒被称为关联论，即只能在一个狭窄的带宽内讨论哲学，它受限于人类与世界的关联：意义只可能存在于人类的心灵和它所思考的事物，即它的"客体"之间，即使这些"客体"脆弱而微不足道。在关联论看来，问题是当你关上冰箱门时，冰箱里的灯还亮着吗？

这种哲学观点并不完全是观念论，但也可能有这种倾向。不过这个问题可以追溯到浪漫主义时期之前，一直到现代的开端。（与拉图尔不同，我确实相信我们已经"现代化了"，这对人类和非人类都有影响[13]。）自从笛卡尔不加批判地继承了经院哲学对实体的看法——实体是附带偶然性的基本块状物——以来，哲学带宽就受限于此，这成为一直以来困扰欧洲思想的难题[14]。尽管笛卡尔奉行革命性的理性主义——他凭借对自己（怀疑的）心智能力的信任，巧妙地推导出实体，但他却将自己本应质疑的经院哲学不加批判地引入了最重要的领域，即本体论领域。从那时起，甚至提到本体论这个词，都带有一点经院哲学的味道。认识论逐渐占据了主导地位：我如何知道是否存在（或不存在）真实的事物？是什么让我（或阻止我）接触真实？什么定义了接触的可能性？什么让可能性有可能？这些思想甚至影响了那些力图逆潮流而行的人，如谢林、海德格尔，以及最初的现象学家，他们的口号是"直面事物本身"！对人类以外的事物的思考变成了一种短期趋势，阿尔弗雷德·诺斯·怀特黑德的边缘化①就是一个例子。不过由于思辨实在论的出现，他最近又重新回到大众视野。

　　思辨实在论有一种健康的冲动，想要冲破关联论的圈

---

　　① 阿尔弗雷德·诺斯·怀特黑德（Alfred North Whitehead）是 20 世纪的英国哲学家，创立了过程哲学。他强调世界是由不断变化和发展的过程构成的。这种哲学确实不再仅仅关注人类的经验和理解，而是试图含纳自然界中更广泛的现象和力量，从微观到宏观的各个层面。然而，20 世纪早期的哲学界更多关注逻辑实证主义和分析哲学，这些流派强调逻辑和语言分析，相对较少关注变化和发展的问题，这就导致了怀特黑德的哲学思想在当时的边缘化。

子，冲破哲学自我封闭的意义小岛。仿佛自 17 世纪以来，思维就一直被科学所胁迫。然而，科学不单需要"诠释"——天知道如今有些为人文学科辩护的人甚至认为，科学需要人文学科来进行公关。但除此之外，科学并不必然清楚自己在做什么。对于新达尔文主义者来说，实体就是机制和算法程序，但对于量子物理学家来说，事情可能截然不同。实体可能确实包含某种形式的关联论，哥本哈根诠释就是如此，或者说万物皆由心生[15]。那么，实体究竟是什么？它到底是哪一种？哲学在关键时刻打起瞌睡，允许不称职的本体论继续存在：有一些物体是基本上没有特征的块状物，这些物体具有偶然性，就像用彩色糖屑装饰的纸杯蛋糕。

这种思维方式——或者说缺乏思维的方式——与"小男孩（铀核炸弹）"和"胖子（钚核炸弹）"的最终制造、试验和投放不无关系。认识论上的恐慌与"将世界埋葬在虚无中……以证明它"的硬化综合征不无关系[16]。这种思维仍然继续存在，尽管思想实际上已经使其变得无关紧要。这种思维产生了一种不止自相矛盾的想法：如果我能在原子能散发的闪光中将其蒸发，它就一定是真实的。这种想法每天都在石油钻探和现在的"水力压裂法"中得到体现。1900 年左右见证了人类世实现和大加速到来的一系列"前传"。这些"前传"发生在人类思想内部，但人类只有回过头来才能充分理解它们。量子理论、相对论和现象学都于彼时诞生。量子理论给将粒子想象成乒乓球的观念炸开了一个巨洞①，而相对论颠覆了物体始终保持不变且一直存在的恒一性观点。（这两个理论将在后面的章节中详细讨论）。极端现实主义叙事开始将意识流从拥有它们的人中解放出来，手把手指导的仁慈叙述者消失了。莫奈开始让色彩和笔触从特定的形式中解放出来，橘园弯曲的墙壁上睡莲漂浮的水面成为他绘画的真正主题。表现主义摒弃了浪漫主义令人舒适的审美距离，使丑陋的存在涌向观众，令人不安。

"1900 年的发现"有什么共同之处？水、量子、时空开始出现，它们是具有各种奇怪而意想不到特性的自主实体。甚至意识本身也不再仅仅是一种中性的媒介：现象学在浪漫主义时期的主要哲学发现上大有所为，即发现了意识"具有"某种内容这一事实[17]。莫奈开始画睡莲，或者确切地说，他开始画睡莲漂浮的空间，抑或更确切地说，他开始画睡莲漂浮的波纹状反射物体——水。正如爱因斯坦发现了一个起伏流动的时空（先前的物体只是飘浮在虚空中）一样，莫奈发现了画布本身的感官空间，塔可夫斯基后来也发现了

---

① 这句话强调了量子理论对传统物理观念的颠覆性影响。传统上，人们倾向于将粒子想象成小小的、固定的球状物体。然而，量子理论的发展揭示，粒子并不是简单的乒乓球状的实体，而是展现出波粒二象性，其行为和性质在微观尺度上远非经典物理所能描述得那么简单和直观。

电影胶片的感性材料。这一切在浪漫主义时期就已经有了预兆，彼时无韵诗叙事沿着自传体蜿蜒前行，突然间，相关作品的数量大大增加了。

1900 年左右，埃德蒙德·胡塞尔发现了一些关于客体的奇特现象，即不管你把一枚硬币翻转多少次，你都无法同时看到硬币的两面。硬币有一个阴暗面，似乎是不可还原的，这种不可还原性很容易适用于另一个物体，比如一粒灰尘与硬币相互作用的方式。如果你再仔细想想，你会发现所有的物体在某种意义上都不可还原地抽离。但这毫无意义，因为我们在每个清醒的时刻都会遇到它们。这种奇怪的阴暗面同样适用于通常被称为思想的"意向性客体"，这种怪异的方式确证了康德对现象与物自体的区分。康德自己关于这种差距的例子非常适合用来研究超客体。想想雨滴，你可以感觉到它们落在你头顶，但你不能感知雨滴本身[18]，你只能感知到你对雨滴特定的、拟人化的理解。这不就类似于我能感觉到的落在我头上的天气与全球气候（不是旧观念中的局部天气模式，而是指整个系统）之间的罅隙吗？就此而言，我可以思考和计算气候要素，但我无法直接看到或触摸它。现象和事物之间的鸿沟打开了，扰乱了我的在场感和在世界的存在感。但情况比这更糟：雨滴是雨滴状的，而不是糖果状的——这就更令人遗憾了。然而雨滴现象并不是雨滴本身。我无法在给定的、现象的、经验的甚至科学的空间中找到现象与事物之间的差异。不幸的是，雨滴上并没有小虚线，也没有小剪刀的图标，上面写着"沿此处剪"——尽管从柏拉图到休谟和康德的哲学都坚持认为，事物的某个地方有某种虚线，而哲学家的工作就是找到这条虚线，然后小心地剪开。由于超客体的规模比我们大得多，所以它们放大了事物的怪异性，让我们去观察：事物就是其本身，而我们不能直接表明它们。

1900 年左右，爱因斯坦发现了一些客体的奇特现象。光速是恒定的，这意味着不能把客体想成保持形状的坚固、延展的物体。洛伦茨注意到，电磁波在接近光速时神秘地缩减了，就像被缩短了一样。当你用眼睛看到铅笔的末端时，另一端已经在某处变细了。如果你在眼皮上放上小钟，它们显示的时间就会不同于你放在桌下的脚上的小钟显示的时间；当你用手指旋转铅笔时，每个指甲里的小钟显示的时间都有细微差距。当然，你无法清楚地看到这些差距，但如果你的运动速度接近光速，物体就会变得半透明，并被奇怪地压缩，直到最后完全消失。这时，时空出现了，像莫奈画的睡莲一样荡漾、被弯曲。这样一来，我的感知中一定存在着无法触及的时空区域，尽管它们是可以想象的：这再次以奇怪的方式证明了康德的现象与物自体之间的差异。

1900 年左右，马克斯·普朗克发现了一些客体的奇特现象。如果你试图通过对所有波进行求和来测量一个封闭物体（如烤箱）中的能量，你会得到一个荒谬的结果，即超过某个温度范围，能量会以火箭般的速度逼近无穷大：这就是黑体辐射问题。但如果你将能量看作分布在小包中，封装在离散量子中，就会得到正确的结果。获得这种准确性的高昂代价是认识到存在一个奇异的量子世界，其中的物体似乎相互掺杂在一起，占据着不确定的区域，并且能够穿透看似坚固的墙壁。而这也再次证实了康德所开辟的"现象-物自体"的鸿沟，原因很简单，要测量一个量子，就必须向它发射其他量子——测量就会变化，因此我们无法同时测量位置和动量。

康德对现象与物自体的区分，使争议频发的"实体"思想受到极大压力。海德格尔借鉴了现象学家胡塞尔的突破性发现，也许最接近于解决这个问题。海德格尔意识到，实体的纸杯蛋糕和偶然性的糖屑都是"客观存在"的产物，而这种"客观存在"是由（人类）存在或他所说的"此在（Dasein）"内部的混乱造成的。然而，海德格尔是一个关联论者，他断言，如果没有"此在"，谈论事物的真理就毫无意义，对他来说，事物的真理就意味着事物的存在："只有当'此在'存在，存在才'存在'（gibt es）……既不能说存在什么，也不能说不存在什么。"[19] 你还想要多少关联性？冰箱本身，只有当我在那里打开冰箱门时才存在，更不用说冰箱里的光了。这还算不上贝克莱式的"存在就是被感知（esse est percipi）"，但也差不多了。海德格尔从关联论内部上升到了一个宏伟的深度，然而，他不愿跳出人类世界的相关性，因此对他来说，观念论而非实在论才是哲学的关

键："如果观念论一词等于理解这样一个事实，即存在永远
不能被存在者所解释，但对于每一个存在者来说，它总是
'先验的'，那么，可能唯一正确的哲学问题就在于观
念论[20]。"

海德格尔也有自己的困惑，其中最重要的例子就是他与
纳粹主义的微妙关系，这与他对"存在"的洞察力和盲目
性密切相关。我赞同格拉汉姆·哈曼的客体导向本体论，他
在海德格尔的潜艇下面发现了一个闪闪发光的巨大珊瑚礁。
这艘潜艇已经行驶到了本体论的极深处，而任何旨在哲学上
突破的严肃尝试都必须穿越这些深渊，否则就存在被卡在本
体论超市中的纸杯蛋糕过道里的风险。

哈曼使用了两种方式完成这一发现。第一种方式是考虑
简单的灵活性。他准备干脆放弃此在的特殊性，放弃它对人
类，尤其是德国人的独特适用性。这种准备本身就是我们所
进入的生态时代——超客体时代——的一个征兆。为此，哈
曼不愿意承认海德格尔的观点，即牛顿定律所描述的物理实
体在牛顿之前并不存在[21]。海德格尔的这一思路甚至比康德
的思路更具关联论色彩。哈曼攻克问题的第二种方法是透彻
解读海德格尔《存在与时间》开篇部分那令人震惊的工具
分析。这一解读表明，尽管海德格尔的"后期"作品非常
丰富，但没有任何作品能将工具分析从海德格尔思想的顶点
推翻。换句话说，海德格尔并没有意识到他在工具分析中的
发现蕴含惊人意义：当设备——无论出于何种意图和目的，

它可以是任何东西——在运作或"执行"时，它就会抽离，即只有当工具被破坏时，它才似乎显露出来。哈曼认为，这只能说明存在着大量独特实体，其基本特性之一就是抽离，没有任何其他实体能对此做出完整的解释。这些实体必须存在于一个相对扁平的本体论中，在这个本体论中，人与针垫几乎没有任何区别。它们之间的关系，包括因果关系，必须是相互代替，且因此具有审美性质。

哈曼认为，如果我们要认真对待"存在"与"存在者"之间的本体论差异，那么这就有两个层面的含义：

（1）任何实在论，如果只是把自己的结论建立在预先给定的"本体"数据上，都是站不住脚的。这就像用预先包装好的概念进行思考，这根本不像思考。

（2）然而，观念论是行不通的，因为存在着核心实体不可接近的真实事物，甚至是它们使自己不可接近。

顺便提一下，第（1）点正是科学的问题所在。尽管科学具有令人耳目一新的、必要的怀疑精神和无情的怀疑态度，但科学发现必然基于对真实事物的判断[22]。第（2）点是客体导向本体论的主要论断，即哈曼在海德格尔潜艇下的珊瑚礁。

随着本书的深入，我们会越来越清楚地认识到，超客体并不只是心理（或其他唯心的）建构，而是真实存在的实体，其原初实体是人类无法触及的。超客体为我们提供了一个思考哈曼所说的一般客体的平台。这篇引言还不是全面阐述客体导向本体论的恰当时机。概述客体导向本体论可能意味着我们永远无法探讨超客体本身。更重要的是，客体导向本体论本身的微妙之处要求对超客体进行彻底研究。此外，从手头事情开始，摸索着前进，似乎是一种很好的做法——在这一点上，我加入了林吉斯的行列。然而，我相信读完本书后，读者能合理地掌握如何使用这种强大的新哲学方法来发现真实事物的真实情况。

那么，让我们开始对超客体进行深入思考吧。它们出现在人类世界时最引人注目的是什么？自其存在以来，人类自然就意识到这些巨大的实体——有些是真实的，有些是想象的——的存在。但本书认为，最近发现的实体（如气候）有一些非常特别的地方，这些实体让我们反思自己在地球和宇宙中的位置。也许这才是最根本的问题——超客体似乎在强迫我们做一些事情，这些事情影响了一些核心理念，包括存在的意义是什么，地球是什么，社会又是什么。

超客体有什么特别之处？毫无疑问，流星、血月、海啸、龙卷风和地震等宇宙现象在过去曾让人类感到恐惧，人类将流星和彗星视为灾难。从字面上理解，灾难就是堕落的、功能有障碍的、危险的或邪恶的星星（英文中"灾难"一词为"disaster"，其词根是"dis-astron"，即"不好的星星"）。但至少从两种意义上来说，这种灾难是在稳定的背景下发生的。一是托勒密-亚里士多德的天体机械论，该理论认为恒星保持在固定不变的位置。这个系统在中世纪的基督教、穆斯林和犹太教宇宙学中很常见。只有流星之类的"星星"偏离这种和谐的安排或天体系统，才会造成灾难。二是在地球上，流星是一个预兆，它是地与天边界上相对稳定的痕迹。也许世界末日即将来临，但不是现在。同样，其他文化对于灾难似乎也有相对一致的解释方式。在日本神道教中，海啸是神因某种原因被激怒后采取的报复。

超客体的某些方面似乎比这些"灾难"更具挑战性。它们是通过后休谟的统计因果关系而显现的实体。举个例子，这种因果关系实际上比简单地假设存在玻璃球（恒星在其上旋转）更符合实在论。否认全球变暖的人总是不明白这一点，他们理直气壮地断言，人们永远无法直接证明全球变暖的人为原因，就像我永远无法证明你射进我脑袋里的这颗子弹会要了我的命一样。但是，从统计学角度看，人为因素导致全球变暖的可能性极高，这比简单地断言一个因果事实要更加合理。否认全球变暖也是在否认休谟和康德之后的因果关系，即作为现象的特征，而非物体本身属性的因果关系。

这对于新生的生态意识意味着什么？它意味着人类并不完全负责为那些可以用统计学方法测量的事件赋予意义和价值。人们担心的不是世界是否会终结，就像旧的灾难模型所预示的那样，而是世界末日是否已经到来，或者是否可能已经到来。对时间问题的思考引发人们深刻的战栗和恐惧。此外，超客体似乎延续了西格蒙德·弗洛伊德的观点，即哥白尼和达尔文的发现给人类带来了奇耻大辱。雅克·德里达明智地将弗洛伊德列入了羞辱者的名单——毕竟他将人类从心理活动的中心位置置换了出来。但我们也可以加上马克思的名字，因为他用经济组织取代了人类社会生活。我们还可以加上海德格尔和德里达本人，他们以相关但有细微不同的方式将人从意义创造的中心位置置换出来。我们还可以进一步拓展列表，将尼采及与其一脉相承的思想家也列入其中，包括德勒兹、瓜塔里和布拉西耶："是谁给了我们海绵去擦掉整个地平线？"（尼采语）²³从另一个角度看，我们可以补充说，客体导向本体论从根本上取代了人类，因为它坚持认为，我的存在并不是它所宣称的一切——或者说，纸杯的存在与我的存在一样意义深远。

　　超客体是否将这种屈辱的工作推向了一个更极端的界限？这个界限是什么？有人说，哥白尼的发现是关于位移的①，它最初被认为是兴奋地跳入了认知超空间，但如果超客体迫使我们甚至忘记了这一认知逃避策略（即哥白尼关于位移的理论）呢？如果超客体最终迫使我们认识到"屈辱"一词真正的含义，即它意味着被贬低，被迫认清事实，那又会怎样呢？实际上，超客体似乎将我们推入了双重位移的境

————————

　　①　哥白尼的位移指的是哥白尼的日心说理论，即地球不是宇宙的中心，而是太阳系中的一个行星，而太阳则位于中心。这一理论推翻了古代人们认为地球是宇宙中心的观念，被视为一种认知上的巨大跃进和"位移"。

地。现在，我们有可能摆脱世间的桎梏以触摸"神圣人形"（布莱克语），这似乎是一种愿望的实现[24]。超客体本身的行为似乎有点像蒙蒂·派森作品结尾处的那只巨大的靴子①。根据超客体本身的说法，外太空是我们想象出来的：我们总是在客体内部。

那么，从 16 世纪开始，在超客体时代之前，我们所拥有的就是哥白尼主义的真理（如果我们可以这样称呼它的话）——没有中心，我们也不居住在中心。除此之外，还有一个转折：宇宙没有边界！我们无法跳出宇宙。所以麦布女王不能把伊昂珊从床上抱起来放进宇宙飞船，然后把她带到时间的边缘，好让她能够一览世间万物（珀西·雪莱的幻想）。先天综合判断是在客体内部而非在某个超验的纯粹自由领域做出的。甘丹·梅亚苏将康德自诩的哥白尼式转向描述为托勒密式的反革命，它将认识封闭在（人类）主体与世界之间的有限关联中[25]。但在我看来，构成问题的不是人与世界关联的有限性，而是特许的超验领域的观念。康德认为，虽然受到这种方式的限制，我们的超验能力至少隐喻性地飘浮在宇宙边缘之外的空间，而梅亚苏本人在断言现实最

---

① 在蒙蒂·派森喜剧团的作品中，特别是他们的电视节目和电影中，常常会在片尾突然出现一只巨大的靴子，压倒或者戳穿其他角色或者场景。这个图像通常被用来象征一种突如其来的巨大力量或者干预，通常与其他情节无关，是一种蒙太奇的戏剧效果。

终只能由（人的）主观性来认识时也坚持了这一论点。这就是问题所在，也就是所谓的人类中心主义。

在人类世伊始，康德就指出，物体从来不会与其现象吻合。我们所要做的就是将这一革命性的洞察力延伸到人类与世界之间的鸿沟之外。与梅亚苏不同的是，我们不是要试图突破人类的有限性，而是要将那种有限性置于一个由数以万计的有限性组成的宇宙之中，有多少物体，就有多少有限性——因为对于任何实体而言，而不仅仅是对于被称为（人类）主体的特殊实体而言，物体就是它的本质与现象之间的罅隙。那么，生态学思想必须做的，就是通过迫使人类回到地面，也就是站在一个名为地球的巨大物体上，站在一个名为生物圈的巨大实体内，来使人类脱离地面。康德回到地面的历程始于 1900 年。现象学坚持不懈地将康德主义拉回地面，但真正让我相信不可能摆脱"真诚""天真""存在-那里"的引力场的是超客体和客体导向本体论[26]，而不是因为有一个"那里"——我们早已放弃了这种想法。在此，我必须与生态现象学分道扬镳，因为它坚持倒退到对嵌入性的幻想中。不，我们不在宇宙的中心，但我们也不在边缘之外的贵宾席里。至少可以说，这是一个令人深感不安的认识，这是生态意识的真正内涵。哈曼是这样说的：

> 一方面，科学主义坚持认为人类意识并无特别之处，应该像其他事物一样自然化。另一方面，它又想把

知识作为一种与世界的特殊关系加以保护，这种关系截然不同于雨滴和蜥蜴与世界的关系……尽管他们为"人和万物一样都是物质的组成部分"这一事实沾沾自喜，但他们也想宣称，这种说法的地位本身就有某种特殊性。对他们而言，雨滴一无所知，蜥蜴所知寥寥，且有些人比其他人更加渊博。之所以如此，是因为思想被赋予了否定和超越直接经验的独特能力，当然，在这种理论中，无生命的物质永远无法做到这一点。总之，尽管它声称至高无上的人类并不存在，但却将人类的思维结构提升到了本体论的顶峰[27]。

这种对人类至高无上地位进行双重否定所产生的效果与希区柯克的标志性电影技巧之一变焦有异曲同工之妙。通过同时放大和拉远，我们看似停留在原地，但地似乎不受我们控制地发生了扭曲。这两个矛盾的操作并没有相互抵消，相反，它们重建了我们体验"此处"的方式。双重否定并不能抹杀人类的经验，它反而以一种令人眼花缭乱的方式对其进行了极大改动。

思考超客体的生态学思想并不是将个体嵌入一个模糊的总体系统中，或者反过来说，也不是将比个体更广阔的东西挤压到个体的临时形态中。超客体引发了非还原论的思考，也就是说，它们给我们带来了标量困境，在这种困境中，无法用本体论神学论述哪种事物（生态系统、世界、环境，或反之个人）是最真实的[28]。同样，反讽作为一种绝对距离也失去了作用。反讽呈现给我们的不是令人眩晕的反实在论深渊，而是与现存非人类的亲密关系。

发现超客体和客体导向本体论从根本上动摇了存在，是"存在的地震"，存在的基础被撼动了。我们曾在工业、资本主义和科技时代蹒跚前行，突然收到来自外星人的信息，即使是最顽固的人也无法忽视这些信息，因为信息传递所采取的形式正是现代性本身的工具和数学公式。现代性的泰坦尼克号撞上了超客体的冰山。我认为，超客体的问题不是现代性能够解决的问题。我与拉图尔有许多相同的基本哲学关注点，但不同的是，我相信我们一直是现代的，我们只是在学习如何不成为现代人。

由于现代性依赖于某些形式的本体论和认识论以确保其协调，超客体的冰山将一个真实而深刻的哲学问题推入视野，本书的存在正是为了讨论这些问题。本书是"泰坦尼克号"装置的一部分，但它决定自己撞向超客体。这台暴戾的机械装置——我们称之为"思辨实在论"或"客体导向本体论"——决定以一种即将到来的社会和认知结构的名义撞毁这台机器，而这种社会和认知结构的轮廓只能在超客体的北极迷雾中隐约可见。从这点来看，超客体帮了我们一个忙。实体本身站在了客体的一边，而从普遍的现代观点来看，这些物体——一种由空白虚无和微小粒子组成的乳状物质——显然是中等大小的。事实证明，这些中等大小的客体是令人着迷的、可怕的和强大的。

首先，我们置身其中，就像被困在鲸鱼中的约拿①。这意味着我们做出的每一个决定在某种意义上都与超客体有关。这些决定并不局限于文本中有关超客体的语句：当我转动汽车的钥匙点火时，我就与全球变暖有关；当小说家写移民火星的故事时，他也与全球变暖有关。然而，我转动钥匙点火也与哲学和意识形态决定密切相关，这些决定源自认识的数学化，以及（笛卡尔和牛顿的）将空间和时间视为平面、普遍容器的观点。我转动钥匙是为了向燃油喷射系统发出信号，从而启动发动机，这是一系列对物体、运动、空间和时间所做决定产生的结果之一。因此，本体论是一个重要而有争议的政治领域，本文将重点聚焦于此。在超客体来势汹汹的阴影下，当代人决定将伦理学和政治学建立在匆忙拼凑起来的过程思维和关系主义的形式上，这可能不仅草率，

①　"鲸鱼中的约拿"源自《圣经·旧约·约拿书》中的一个故事。根据圣经记载，先知约拿被神派遣去宣告尼尼微城的罪恶，并警告城里的人他们将要受到神的惩罚。约拿起初逃避神的使命，乘船逃往他施。后来，船遇到了暴风雨，船员们认为这是神的惩罚，将约拿抛入海中，他被一只鲸鱼吞下。在鲸鱼的腹中，约拿反省悔改，并祈求神的饶恕和帮助。最终，约拿被鲸鱼吐出，重新接受神的命令，前往尼尼微城传道，城中居民因而悔改，神也宽恕了他们。因此，"鲸鱼中的约拿"常被用来比喻一个人在困境中反思和悔改，重新找到正确的道路或使命。

还可能是问题的一部分。

超客体"高耸入"(海德格尔语)现代性缥缈的超验主义中,打断了思想一直在寻求的所谓"进步",即将整个宇宙同化到一部晚期资本主义友好版的《麦克白》,其中(照马克思引用的话来说)"一切稳固的都烟消云散"[29][①]。因为就在烟消云散的那一刻,我们第一次瞥见了迷雾中那座无比坚固的冰山。出于本书第二部分所述的原因,我非常怀疑资本主义能够完全胜任处理超客体的工作。我曾在其他地方论证过,由于资本主义的原始机制是被动而非主动的,因此它可能存在一个缺陷,使其无法完全应对生态紧急情况[30]。资本主义建立在"原材料"(工厂门口进来的任何东西)等现有客体的基础之上,其回溯性风格体现在"消费者"的意识形态以及资本主义随后"满足"的"需求"上。

现代性这艘大船配备了强大的激光和核武器,但正是这些设备引发了连锁反应,产生了更多的超客体,阻止我们向推测的、可预言的未来前进。科学本身成了紧急制动器,使现代性的探险戛然而止。但这种停顿并非处于冰山之前,而是冰山本身(的一个方面)。引擎的狂暴恰恰是它们停止运转的方式,因为它们已经被内部的冰雪攫住了。未来,一个

---

① 马克思在《共产党宣言》中引用这句话,表示在资本主义社会中,稳定的社会结构和关系变得不稳定,不断变动起来,麦克白也以情绪不稳定为性格特征之一。

"世界末日之后"的时代，来得太早了。

超客体是海德格尔所说的"最后的神"或诗人荷尔德林所说的"拯救的力量"的理想候选者，它与危险的力量共同成长[31]。我们也许期待着从天而降的末世论解决方案，或者一场意识革命，或者一支夺取国家控制权的军队。然而，我们得到的却来得太快，让我们来不及预测。超客体摒弃了两百年来谨慎的关联论标定。对全球变暖的恐慌、否认和右翼的荒谬是可以理解的。超客体对个人主义、民族主义、反智主义、种族主义、物种主义、人类中心主义等凡是你想得到的各种主义，甚至可能包括资本主义本身，都构成了许多威胁。

为了解释超客体是如何已经存在的，本书由一个围绕中间折叠的对折画组成。首先，本书阐明了超客体带来的基本冲击：冰山出现了。通过这种方式，本书保留了我们人类正在追赶现实的感觉。在第一部分"什么是超客体？"中，我从"客观"描述的角度探讨了存在发生震荡的广度和深度，试图唤起超客体的客体性，这主要体现在它们在思考之前就存在的本质上。然后，本书无情地切入"反应镜头"，即超客体的曙光如何展现在人类面庞上，它对我们社会共存的影响，以及伴随这种共存而产生的思考。超客体预示着一个真正的"后现代"时代的到来[32]，因此，第二部分的标题是"超客体的时代"。我认为，所有人类现在都意识到他们已经进入了一个新的历史阶段，在此阶段，非人类不再被排斥在外，也不再仅仅是人类社会、心理和哲学空间的装饰品。从最脆弱的太平洋岛民到最顽固的取消式唯物主义者，每个人都必须估计到日益上升的海平面和紫外线的威力。这个阶段的特征表现为创伤性的坐标丧失，即"世界末日"。它还包括对评论界打击部队发动了一次令人尴尬的打击，采取的形式是一种无所不包的虚伪，它身体力行、毫不妥协地证明了拉康"不存在元语言"的真理的诡异之处[33]。这一真理绝非后结构主义和后现代思想所能确保。

人类进入了一个虚伪、虚弱和跛足的时代，我将在第二部分中阐明这些术语的特定含义和定义。超客体时代的总体审美"感觉"是认知的无限力量与物体的无限存在之间的不对称感。我们的认知与物体的存在之间展开了一场疯狂的军备竞赛，在这场竞赛中，我们所掌握的技术与其自身背道而驰。这场军备竞赛为审美体验和审美行为设定了新的参数，我认为审美体验和审美行动是指在最广泛的意义上，生物之间的关系是如何发生的。这对艺术产生了非常重要的影响，本书最后概述了其中的一些影响。

经常阅读我文章的人也许会对我大量使用海德格尔哲学感到困惑，甚至不安。过去，我曾把海德格尔哲学描述为倒退的哲学，不适合用来思考我所谓的无"自然"的生态学的一些更重要的特征。后来，我逐渐认识到，我所反对的与其说是海德格尔，不如说是一种海德格尔主义。如果说有谁能让我们生动地感受到共存的奇异陌生感，那一定是海德格尔。与列维纳斯相反，我也逐渐认识到，正是在本体论层面上，确实需要应对许多紧迫的生态战争。

毫无疑问，我转向海德格尔的理由是整个海德格尔主义所不能接受的，这意味着我拒绝接受海德格尔的某些思想脉络。正如第二部分中关于"世界"这一概念的小节所表明的那样，"世界"这一概念仍然存在很大问题。坦率地将人类视为最重要的实体，并将德国人视为这种重要性的典型，这种本体神学假设也遭到无情否定。在客体导向本体论层面，本书深受海德格尔思想的影响。遭到建筑者摒弃的石头却成为另一种新思想的基石，这一想法具有某种吸引力，但或许令人怀疑，因为它与基督教的形象产生了共鸣。超客体时代利用了一件工具，它看似只是思想工场附近的一件破烂——我指的是海德格尔的工具分析法，在哈曼出人意料地对其进行创造性的挪用之前，它一直被放在工场里，被实用主义可有可无地用着，被解构主义直接忽视。转向客体导向本体论和"万物理论"中的工具分析法受到了欢迎[34]。

荷尔德林和海德格尔所说的"拯救力量"正是某种奇特的、非黑格尔式的负面魔力，它是一种与人类偏见积累的所有人类中心主义力量产生共鸣的沉默而残酷的东西。皮克斯电影《机器人总动员》讲述了破烂工具如何拯救地球的故事，本书也是如此。在这部电影中，破烂工具指的是两个有强迫症的机器人：一个是主人公，他孤独地收集着人类的小玩具；另一个是清洁机器人，他强迫自己擦拭一切物体的表面，并在关键时刻将自己逼到两扇即将关闭的滑动门之间。在本书中，这两个机器人就是全书的两部分。本书的第一部分是一个强迫性忧郁症患者，对超客体的外表和维度进行编目；第二部分是一个患有强迫症的机器人，在历史的滑动门即将关闭，从而将我们永远囚禁在现代性之中时，它跻身其间将门打开。

既然我不得不将物体拟人化，既然我是人类，本书的第一部分也将包含一些超客体与人类关系的思考。然而，既然我并没有完全困在人类棺材般的人性"里面"，本书的第二部分进一步论述超客体本身的特质。超客体似乎有五个相互关联的特质，或者说，这些特质为人类对超客体的调适提供了越来越准确的模式。因此，第一部分从超客体的整体特质（黏性）开始，然后分别阐述超客体的三个特质——非定域性、时间波动性和相位性，最后到第五部分（客体间性）。随着阅读的深入，我们会发现超客体迫使我们重新思考客体的含义。

人类对超客体时代的反应有三种基本形式，我用第二部分的三个章节来表示。第一种反应形式是"世界"概念的消解。第二种反应是不可能保持犬儒主义的距离感，尽管这是我们这个时代（或者说，超客体时代之前的时代）的主流意识形态模式。第三种反应与超客体时代哪些类型的审美经验和审美实践是可能的相关。在整个第二部分中，我将论述为什么超客体时代是一个虚伪、虚弱和跛足的时代。

第一部分　什么是超客体？

"不可见的力量产生可怕的阴影。"

——珀西·雪莱

黏　性

　　我与超客体并非隔着某种透明介质遥遥相对，相反，超客体就在这里，存在于我的社会和体验空间里。它们就像一张张贴在窗户上的脸，不怀好意地窥视着我：它们的靠近就是一种威胁。银河系的中心，有一个超级黑洞冲击着我的意识，仿佛它就坐在我旁边的车里等着红绿灯。每天，全球变暖都会灼烧我后颈的皮肤，让我感到身体不适，百爪挠心。当我的细胞分裂变异，当我的身体自我克隆，当我的一个精子细胞与一个卵子结合，我的基因组开始进化。当我伸手去拿插在仪表盘上的苹果手机充电器时，我就伸向了进化，伸向了延伸的表型，它不会停留在我的皮肤表面，而是继续延伸到我的人性所占据的所有空间[1]。

　　在每辆美国汽车的右侧后视镜上，都刻着一句非常适合我们这个时代的本体论口号：镜子里的物体比它看起来更近。我不仅无法接触到远处的超客体，而且随着每天流逝，我越来越清楚地认识到，"距离"只是一种心理和意识形态上的建构，旨在保护我免受物体近在咫尺的伤害。当某个人精神失常时，人们称之为"精神分裂症防御"是有道理的。

有没有可能，试图拉开距离本身并不是对物体进行某种真实评估的结果，相反，过去和现在它一直是一种远离威胁的防御机制？那么，环保主义者要求我们"回归'自然'"——即与万物建立更亲密的关系——的言论是否只说对了一半？既然问题不在于事物真的很遥远，而是它们就在我们面前，甚至它们就是我们的脸，那么是否没有什么可以"回归"的？这种环保主义是否就是为了抵御事物近在眼前的威胁？"自然"这个概念是一个"镜中之物"，它的指称对象比我坐在一辆驰骋在青藏高原上的越野车前座上看到的景象，或者比我站在犹他州拱门国家公园时从相机后面看到的景象，甚至比我在"它"的中间拉开帐篷拉链时看到的景象要近得多得多？

在第一部分的各节中，我试图越来越精确地描述超客体。从我将超客体描述为黏性物体的这节开始，这一系列的描述是有逻辑性的。

虽然超客体近在眼前，它们也非常古怪。有些时候，全球变暖并没有让我感到炎热。相反，天气出奇地凉爽或是暴风雨肆虐。我后颈感受到的切身的灼热只是全球暖得烫手留下的扭曲印记。在生物圈里，我没有"在家"的感觉，但它就像《星球大战》里的"原力"一样，围绕着我，穿透了我。我对全球变暖了解得越多，就越能意识到它是多么无处不在；我对进化了解得越多，就越能意识到我的整个身体是如何卷入进化网中的。超客体的症状切近而密切，生动且往往令人痛苦，但又带有一丝不真实感，让我不再确定自己身在何处。我明明在家，却感觉很不自在。超客体，不是什么霍比特人的洞穴，也不是什么故乡的民族神话，它终于迫使我看清了海德格尔思想的真相。

我越是努力去理解超客体，就越是发现自己被它们困住了。它们都围绕着我。它们就是我。我觉得自己就像《黑客帝国》里的尼奥，惊恐地抬起头，发现手上沾满了门把手溶解后产生的像镜子一样的物质，自己的虚拟身体也开始解体。"镜子里的物体比看起来更近。"镜子本身已经成为我肉体的一部分，或者说，我已经成为镜子肉体的一部分，四处反射出超客体。我可以看到自己血液中汞和其他毒素的数据。在福岛灾难发生几周后，由于从东京转机，我在台北机场接受了辐射扫描。每一次试图通过某种认知行为解放自己，都让我更加无望地困在超客体里。为什么会这样？

因为超客体已经在这里了。后来我遇到它们，发现自己深受其害，头发都掉光了。就像大卫·林奇电影里的邪恶角色，或是 M. 奈特·沙马兰电影《灵异第六感》里的鬼魂一样，超客体总是-已经困扰着我的社交和精神空间。我通常觉得时间是一个容器，一条赛道，或一条街道，所以从未注意到时间从这种"总是-已经"状态渗出和流动，这一点我将在后面的章节（《时间波动性》）中详细讨论。就我们的目的而言，《双峰镇》里恶魔般的角色鲍勃所展示的是一些关于超客体的东西[2]，也许是关于一般客体的东西。超客体是媒介³，它们确实有几分魔力，因为就像光缆或电磁场一样，它们似乎跨越了世界和时代。其魔力就在于，通过它们，因果关系像电流一样流动。

从柏拉图时代开始，我们就没有这样思考过事物。伊安和苏格拉底称之为"神灵"的东西，在我们看来是电磁波，它通过扩音装置将弹拨吉他的弦声放大并播放出来⁴。自从人类世开始以来，特别是自大加速（20世纪40年代）开始以来，这些魔力波段变得越来越强大。人类艺术家已经变成了狂想诗人，如杰克逊·波洛克、约翰·凯奇和威廉·巴勒斯①。在这种情况下，就有可能理解为何许多人将艺术视为邪恶的领域。

在听"我的血腥情人节"乐队的歌时，我并没有去感触歌声，相反，我的内心受到了一种脉动的冲击，这种脉动也是声音，是一种几乎要把我从地板上掀起的物理力量。凯文·希尔兹的吉他声像X射线一样穿透我的身体，扫描我，扫射我。这些和弦相互缠绕，时而搭调，时而走调，通过不

---

① 杰克逊·波洛克（Jackson Pollock）、约翰·凯奇（John Cage）、威廉·巴勒斯（William Burroughs）是现代艺术史上的重要人物，他们的作品和艺术实践不仅仅是艺术创作，更是对现代社会、文化和技术发展的响应和反思。他们的艺术风格和方法挑战了传统艺术的界限，探索了新的表现形式和意义，因此被比喻为现代社会中的狂想诗人，即以非传统方式创造并塑造艺术的艺术家。

和谐的声音堆砌起一连串的和声。这种畸变将声音捣得支离破碎，使它变成一团团碎石和浓油。尽管如此，无论我怎么努力，也无法将耳朵移开，音乐是如此美妙，我好奇奥德修斯被绑在桅杆上听到海妖塞壬的歌声时作何感想。我想我听到了那歌声，它宁静而忧伤。气泡内吉他的失真混合着铙钹的击打声，如水般啪啪嗒嗒地流动。我觉得这音乐能让我的内脏液化，让我的耳朵流血（这确实发生过），让我癫痫发作，甚至能杀死我。被浓烈的美杀死，这真是一种济慈式的死法。我想起道格拉斯·亚当斯的《银河系漫游指南》中灾难地带乐队那摧毁星球的音响系统，这引发了厄休拉·海斯探讨星球意识[5]。

"我的血腥情人节"乐队的歌手贝琳达·布彻把她的声音放在了立体声图像的两端，即最右端和最左端。她的歌声就变成了脆弱的泡沫容器，收纳了凯文·希尔兹那闪耀的吉他袭来的迷雾，将它塑造成环境音乐（ambient，拉丁语ambo 的意思是"在两边"），我们却几乎听不到，就好像她的声音包含了一个超客体，即吉他澎湃而令人作呕的滑音、急促的节奏和敲击声。从这个意义上说，"我的血腥情人节"乐队的音乐比代表性的"自然"音乐更具有真正的生态性，也比安静的环境音乐具有更强的不妥协性。

康德认为，审美体验是一种调适[6]，但我没有去适应"我的血腥情人节"的音乐。相反，"我的血腥情人节"适应了我，追寻我的内心，寻求与我的胃、肠子和脸上的软骨共振的频率。然而，这些美妙的和弦总是把你牢牢地绑在桅杆上。地下丝绒乐队在《海洛因》中开创的电器回流噪音是超客体的声音，是一种黏稠的声波胶乳，让我无法逃脱，它伤害了我。在"艺术客体"和我之间似乎存在着一种完美的康德式心灵交融，这种心灵交融打开了审美体验中一个奇特的受虐维度。在这种美感出现之前，一定已经有一个黏稠的网眼结构，我发现自己身处其中且为客体所调整，这个客体是一个审美子宫，甚至抑制了我所谓的超越行为。超客体艺术使萨特抵触的这种子宫内经验变得可见、可听、可辨，即事物之间"狡诈的团结"："黏糊糊的就是我自己。"[7]对萨特来说，黏性就像是一手插入一大罐蜂蜜时的感觉——它开始溶解："'自为'的甜蜜死亡（就像黄蜂沉入果酱，淹死在其中）。"[8]如此，将甜蜜与力量割裂开来的旧艺术理论轰然倒塌[9]。原来，甜就是力量——最有力量的东西。

可以想象出有某种非常刺耳的声音，它可以重新排列我们的内部结构，并导致我们死亡。毫无疑问，五角大楼现在正在研发它，甚至有可能部署这种声音武器。当一个物体的内部与其外部完全重合时，就是所谓的解体或死亡。只要有足够大的超客体（比如说整个宇宙的熵值），那么所有生命都存在于某种形式的死亡之中，这就是为什么佛教唐卡的生死轮回图描绘出六个生命境界在阎罗王张开的大嘴中不断循环。雷扎·内加尔斯塔尼将地球表层下的阴谋诡计想象成人类无意间向自己和地球的其他部分释放的一系列化学剂，这

是对环保主义非虚构作品的邪恶戏仿："地表的生物圈从未
脱离过阴界的克苏鲁式建筑①。¹⁰"尘土和风被想象成产生
"迷雾梦魇"的旋涡生物，将人类笼罩在字面意义上的"战
争迷雾"中，美国和中东无助地代表他们不了解的阴魂发动
战争：天气就是怪物¹¹。

　　婴儿吐出的牛奶是凝乳状的，由此他学会区分"呕吐
物"和"非呕吐物"，并认识到"非呕吐物"就是自己¹²。
每一个主体的形成都伴随着黏的、微毒的物质，它们有可能
充满细菌，并与胃酸相伴。父母会用纸巾擦干吐出的脏奶，
然后把它揉成一团，冲进马桶。现在我们知道它的去向了。
曾几何时，我们可能认为马桶的 U 形弯道是本体论空间的恰
当弯曲，能把我们冲下去的东西带到被称为"别处"的一个
完全不同的维度，好让此处保持干净。现在我们更清楚了：
我们知道垃圾并非被带到神秘的"远方"地带，而是被送往
太平洋或废水处理设施。我们了解了超客体地球和超客体生
物圈，也就明白了没有什么能被强行剥离于其黏性表面。在
这个表面上没有"别处"，没有"此处"和"彼处"。实际
上，整个地球就是一张包裹着呕吐出的牛奶的被揉皱的纸巾。

――――――――――

　　① 这个词源于克苏鲁神话（Cthulhu Mythos），即由 H. P. 洛
夫克拉夫特（H. P. Lovecraft）及其继承者创作的一系列神秘且恐
怖的幻想故事。在这些故事中，克苏鲁式建筑通常指的是一种神
秘、古老且难以理解的建筑，与超自然的存在有关。

尝试在心理和社会空间引入一致性导致了这种褶皱纸巾的回归，这不是地球的复仇，而是一种更令人不安的平庸，但也带着阴魂不散的诡异[13]。光本身就是最有黏性的东西，因为没有什么能超越其速度。辐射是萨特笔下一罐优选的蜂蜜，是一种光亮的蜂蜜，它渗入我们周围时，我们的骨骼结构就会显露出来。同样，这不是一个跳进蜂蜜里自杀的问题，而是一个发现我们自己已经身处其中的问题。就是这样，朋友们，这就是生态的相互联系，进来一起玩吧！不过我知道，你们已经在这里了，因为超客体是黏性的。

伴随这种生动的亲密感而来的是一种不真实感。因此，在 1945 年后的艺术中，当代生态体验恶魔般的品质完全显现出来了。超客体审美痕迹的强度在它极度的明亮性中显得不真实。超客体的巨大规模使得更小的存在者——人、国家甚至大陆——看起来像是一种幻觉，或者是一个巨大的黑暗表面上的一小块彩色补丁。我们怎么知道它是真实的？真实又意味着什么？全球变暖的威胁不仅是政治层面的，还涉及了本体论。非实体的威胁正是实体本身的标志。就像噩梦会带来某种真正让人心理紧张的消息一样，超客体的影子也宣告了超客体的存在。

我们发现自己陷入其中，这个陷阱就是黏性。在《双峰镇》的最后一集中，戴尔·库珀进入了恶魔般的黑屋，他得到了自己最喜欢的饮料——一杯咖啡。我们经常用咖啡来标记时间（比如工作间隙喝杯咖啡或早晨来杯咖啡）。然而，他想喝的时候，却发现咖啡已经冻成了一个漆黑的固体塑料块，时间好像停止了。他试着再倒一次，液体却溅到他腿上，把他烫伤了，时间以人类可感知的速度流动。然后，他再次尝试倒时，咖啡就像"烧焦的机油"一样从杯子里渗出来，气味覆盖了黑屋入口的表面。什么是真实？这就好像我们从不同人的角度看到同样的事件发生时，具有非常不同的时间性。《双峰镇》中预言性的梦和像梦一样的时序（我们如何才能真正区分什么是梦，什么只是"像梦"？）与这个融化的时间是一体的。在劳拉·帕默被谋杀之前，库珀在黑屋内向她发出了警告。黏性是时间从物体中发散出来的一种特征，而不是它们飘浮在其中的连续体。

2010年英国石油公司深水地平线钻井平台漏油事故发生时，人类和非人类一样，身体从内到外都覆盖上了一层石油（图3）。当媒体转而报道其他奇观时，石油却仍在继续扩散。切尔诺贝利周围有一个异常的"隔离区"，这是一个死亡区，因树木变成姜黄色并枯死而得名"红森林"（"区"的概念将在后面成为本书的重要分析工具）。2002年，在格鲁吉亚北部利雅村附近的森林里，三个流浪的樵夫发现了两个装有放射性锶-90的小圆筒，这两个小圆筒让他们温暖地睡了几个小时，而后他们就被辐射病和灼伤折磨至死[14]。这是因为锶-90能发射β射线，即一种能穿过皮肤的量子。β射线撞击其他量子时会释放大量热量。所以暴露在外的锶-90放射源各释放出35000居里的辐射，两分钟内就会产生致命的辐射剂量。锶-90被应用于辐射热发电装置，苏联在偏远地区使用了许多辐射热发电装置，旅行者1号和2号上也装有辐射热电池，它们现在正在离开太阳系，穿过日光鞘。日光鞘是一个由减速的湍流太阳风组成的超客体，这些太阳风在与星际介质相互作用时形成数百万英里宽的气泡。

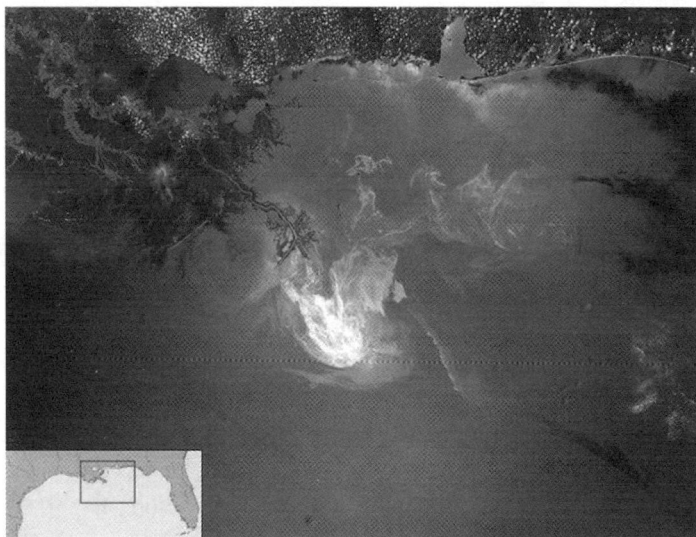

图3. 2010年5月24日，美国宇航局的Terra卫星捕捉到深水地平线漏油事故。人类现在有能力追踪像这样的巨大流体形态，也有能力制造它们。

2006年，人们在通往加州大学戴维斯分校的高速公路出口附近挖出了被混凝土包裹的小猎兔犬。从20世纪60年代到

80 年代，科学家们在与能源研究相关的实验室将一些狗暴露在锶-90 和镭-226 的环境中，让它们度过了必然短暂的一生。他们从妊娠 21 天后开始喂食（狗是"母体喂食"）。接受最大剂量的狗每天摄入 12 微居里的辐射，平均在 5.2 年后死亡[15]。1 微居里是 1 克镭-226 的百万分之一的放射性活度。实验表明，同位素释放的电离粒子的大小与辐射对生命体和其他实体的长期影响之间存在着最惊人的标量差异。

在新墨西哥州的三一核试验场，核爆炸把沙子熔化到比太阳表面温度的一万倍还高的温度时，奇异的浅绿色玻璃（三硝石）（图 4）形成了。罗伯特·奥本海默将其命名为"三一"，取自约翰·邓恩《神圣十四行诗》中的一句："三位一体的神啊，求你破碎我的心[16]。"爆炸发生后，奥本海默想到了湿婆："我成为了死神，世界的毁灭者。[17]"但奥本海默并没有变成死神。这个角色完全属于超客体。

图 4. 三硝石是一种全新的矿物，由首个核装置"小玩意"爆炸形成。沙道克供图。

我们必须感谢石油，是它在"世界"的概念中烧出了一个洞。什么样的洞呢？一个黏稠的洞，就像一团焦油。回到《黑客帝国》中尼奥触摸镜子的场景，镜子似乎熔化了，包裹住了他的肉体，他举起手，惊骇地看着镜子。镜子不再仅仅是一个反射面，而是变成了一种黏稠物质附着在他的手上。我们用来反射的东西本身变成了一个物体，在尼奥服下红色药丸的那个房间里的微弱光线下，它像油一样呈现液态和暗色。我们通常将这个场景解读为尼奥的实体正在消解，然而，如果我们停留在黏稠油腻的镜子层面上，就会得到同样有力的解读。消解的不是实体，而是主体，是"反射"事物的能力，是与世界分离的能力，就像一个人看着镜子里的身影被本体论的反射玻璃外壳从世界中剥离。黏稠的镜子展示了现象学所谓的天真或真诚的真理[18]。客体是怎样就是怎样，因为无论我们意识到什么，或者如何意识到，它们就在那里，无法摆脱。在反讽中，你就在那里，被反讽着。就连镜子也是如此，无论它反射的是什么[19]。在它的真诚中，实体像一层油膜包裹着我们。镜子变成了一个实体，一个客体。超客体按下了"真诚"的重启键，就像尼奥发现镜子不再以一种美观、可控的方式将他的镜像与他拉开距离，而是紧紧黏着他。

我们越是用理性对抗现象学的真诚，就越会发现自己被黏住了，这就是生活在风险社会的感觉：在这个社会中，对风险（比如有毒化学品的风险）日益增长的科学意识改变了民主本身的性质²⁰，但这也意味着我们已经脱离了现代性。油性、熔化的镜子的美丽可逆性揭示了全球变暖时代正在发生的事情，而这正是由于超客体的存在：实体和超客体的压倒性存在同时消解，它们黏附在我们身上，它们就是我们。希腊人称之为"污浊之气（miasma）"，就像血债血偿一样²¹。胡塞尔所注意到的——客体无法被完全感知——具有黏性的后果。在看待客体时，并不存在恰到好处的黄金位置。客体导向本体论所主张的是，我们可以将这种洞察力扩展到非人类实体。从某种意义上说，所有客体都陷入了黏性的黏稠物中，因为即使迅速地相互碰撞，它们也无法在本体上完全消耗对方。放射性物质就是黏性的一个很好的例子。你越想摆脱它们，就越会意识到自己无法摆脱它们，它们严重破坏了"别处"的概念。眼不见不能再心不烦，因为如果你把它们埋在尤卡山，那你就知道它们会渗入地下水中，而2.41万年后，那座山又会在哪里呢？

当人类发现自己置身于地球实体之中而非在地球静止轨道上盘旋的时候，尼奥的溶解之镜完美地再现了"大加速"所蕴含的现象学真诚。这一发现正是通过我们先进的技术和测量仪器，而不是通过破旧的农夫鞋和回归"自然"的节日来获得的："通过与越来越多的客体建立联系，人类并没有成为虚无主义的黑暗王子，而是成为地球上有史以来最真诚的生物。"²²事实上，拉康所说的"没有元语言"并不意味着我们永远飘浮在外太空，恰恰相反，我们被黏附在我们的现象学情境中[23]。

　　科学的镜子熔化了，黏在我们手上。我们用来物化物体的工具以及用收缩膜覆盖地球表面的工具变成了一个喷灯，烧掉了隔开人类和地球的玻璃屏幕，因为量子尺测量表明，现在每一次测量都被认为是一种改变。量子物体是黏性的，互补性意味着当你轻推一个量子时，它会黏在轻推装置上，让你无法将它们分开。量子理论并没有将物体分解成虚无，而是使它们具有黏性。如果你把这黏性拉长，它能延伸多远？在量子层面，测量仅仅是用光子或电子（等等）进行偏转，因此互补性随之而来，我们看到的东西与看到它的设备黏在一起。

　　不要把量子现象看作是真实的，而要把它看作（人类）仪器的相关性，尼尔斯·玻尔认为这是一个警告。仪器和量子构成了一个无法进一步分析的整体[24]。就此而言，正如玻尔所说，"没有量子世界"[25]。但有一种同样可信的观点打破了本体论解释的禁忌，认为仪器和量子的纠缠之所以发生，是出于量子（甚至亚量子）层面某些深层次的事实[26]。同样，爱因斯坦的相对论也被认为是为相对主义开了绿灯。然而，相对论振振有词地把非人类客体从它们与人类的专属联系中解放出来，这是对延续哥白尼革命的人类中心主义的一次打击。现在可以肯定，无论人类是在地球上还是在星际飞船上，他们的宇宙观都只是基于相对位置和速度的众多观察角度之一。

非定域性

当我看着阳光照在我家屋顶的太阳能电池板上闪闪发光时，我就目睹了全球变暖的过程。高层大气中的碳化合物和其他分子使得加利福尼亚中央大峡谷的太阳灼烧强度倍增。然而，我并不认为全球变暖就是这样。我半眯着眼睛，看着灿烂的阳光从太阳能电池板抛光的蓝宝石表面反射过来，几乎灼伤了我的头顶。我目睹的这一切并不仅仅是一种"主观印象"，而正是阳光、太阳能电池板、屋顶和眼睛交织而成的综合体验。不过全球变暖并不在此处，因为超客体具有非定域性。

人类肉眼看不到核辐射。切尔诺贝利和福岛的核事故让放射性微粒随着气流飘过欧洲和太平洋，数千英里之外的生物因此暴露在看不见的 α、β 和 γ 粒子中。几天、几周、几个月或几年后，一些人死于辐射病，奇怪的诱变花开放。

同样，内分泌干扰物也会通过我的皮肤、肺部和食物渗入我的身体。杀虫剂中的干扰物，如"橙剂"的表亲农达（也是孟山都公司生产的）通常是某种二噁英，会在我体内引发一系列反应，干扰荷尔蒙的产生和循环。我不知道它来自我吃的什么东西，还是我十几岁在英格兰诺福克度假时走过那片田野的，空气中弥漫的杀虫剂的强烈刺鼻气味导致的——你几乎可以看到它在肥沃耕地里的秸秆上闪闪发光，还说不定是源自其他一些记忆不那么深刻的时刻。不过，数据隐约地告诉我，我的癌症可能是由内分泌干扰素引起的，但却无法指出直接的因果关系。超客体似乎居住在休谟式的因果系统中，在这里，联想、关联和概率是我们目前唯一的依据。这就是为什么大烟草公司和全球变暖否认者会如此轻松地应对：当然没有直接证据来证明因果关系。

后休谟的因果关系绝不是"客观"与"主观"印象之争，更不是人类实体与非人类实体之争。相反，它是一个不同层次的因果关系的问题。这是一个实体如何向其他实体显现的问题，不管它们是人类，是有生命的，抑或不是。核辐射导致花朵的叶子变成奇怪的红色，全球变暖导致番茄农场主的番茄腐烂，塑料导致鸟类被缠绕在（用来固定罐子和瓶子的）六连环中窒息而亡。我们在这里讨论的是具有直接因果关系的审美效果。作为超客体的章鱼在退出时会喷出一团墨汁，然而这团墨汁是一团效应和影响的集合体。这些现象本身并不是全球变暖或辐射，但涉及远距离作用。γ粒子就是一个绝妙例子，它深刻地混淆了"认识"与"实践"、"感知"与"行动"。作为一种超高频光子，γ粒子在照亮物体的同时也改变了物体，如肉体、纸张和大脑。

γ射线的话题引出了本节标题的来源：量子理论。量子理论是关于物理物质的非唯物主义理论。反实在论挪用了量子理论，因为量子理论表明现实是模糊的，或者与感知等密切相关。量子理论是现有理论中唯一能牢固确立物体确实存在于我们的思维（或任何思维）之外的理论，它从正面保证了真实客体的存在！不仅如此，这些物体的存在还超越了彼此，正如客体导向本体论哲学家伊恩·博格斯特在《单位运算》一书中所描述的那样，量子理论将现象视为量子，视为离散的"单位"[1]。"单位"与客体导向本体论的"客体"非常相似[2]。单位思维抵消了系统思维的问题特征。想想所谓的黑体辐射问题。经典热力学本质上是将不同波的能量结合起来，计算出系统的总能量。这个黑盒子是一种烤箱，随着炉内温度的升高，根据经典理论对波态求和得到的结果会变得荒谬，趋于无穷大。

　　将黑箱中的能量视为离散的量子（"单位"），就能得到正确的结果。马克斯·普朗克发现的这种方法催生了量子理论。现在来看看感知，反实在论通常会引用量子理论来解释感知。量子理论对我们与物体的心理互动有何启示？感知、感官现象，如硬度和亮度，归根结底是量子力学效应。我不能把手穿过这张桌子，因为从统计学角度来看，我指尖的量子不可能穿透桌子表面量子的阻力井。这就是稳固性，它是对离散量子集合体的平均正确体验。这种统计特性非但没有成为问题，反而是人类第一次能够将诸如"稳固性"这样的所谓经验现象形式化。有些人认为的量子理论令人不安的地方（我能把手指穿过桌子的概率有千百万分之一），恰恰是事物实体性的证据[3]。

量子论指出，量子彼此分离，包括我们用来测量它们的量子也是如此。换句话说，量子具有离散性，而这种离散性的一个标志就是一个量子不断被另一个量子传递或误传。因此，当你设置量子来测量一个量子的位置时，它的动量就会撤回，反之亦然。海森堡的不确定性原理指出，当"观察者"——不是主体本身，而是涉及光子或电子（或其他）的测量设备——进行观察时，被观察者的至少一个方面会被遮蔽[4]。观察者与被观察者一样，都是客体宇宙的一部分，而不是某种本体论上不同的状态（比如说主体的状态）。更广义地说，玻尔所谓的互补性确保了任何量子都无法完全接触到任何其他量子，就像聚焦透镜使一个物体看起来更清晰的同时也使其他物体看起来更模糊一样，一个量子变量的高清晰度是以牺牲其他量子变量的清晰度为代价的[5]。这不是人类如何认识客体的问题，而是光子如何与光敏分子相互作用的问题。有些现象是不可还原、无法判定的，展现出波粒二象性。电子与原子核相遇的方式也有一个阴暗面，客体在深的物理层面上彼此分离。客体导向本体论与现有的最深刻、最准确、最可检验的物理实在论高度一致。实际上，换一种说法会更好：量子论之所以有效，是因为它是客体导向的。

探索量子世界是一种自动感应：人们正在利用量子来探

索量子。玻尔认为，量子现象并不是简单地与测量设备结合在一起。它们是相同的：设备和现象构成了一个不可分割的整体[6]。这种"量子相干性"适用于接近绝对零度的温度，在这种温度下，粒子变成了"相同"的东西（玻色—爱因斯坦凝聚物），或在高温等离子体中（粒子变成费米—狄拉克凝聚物）。对于电子来说，超冷或超热物质可能看起来是透明的，就好像它根本不存在一样[7]。宏观尺度的客体近似于看似独立的实体，但在更深层意义上却是同一种东西。纳米级齿轮之所以会卡住，是因为当微小物体相互接近时，卡西米尔力会将它们粘在一起，让这些齿轮变得无法区分[8]。它们不再因外在于彼此而机械地相互运作[9]。没有任何事物从根本上外在于其他任何事物：粒子不会像办公室小玩具中的小金属球那样相互碰撞[10]。尽管有一些近似性，但实体并不是一台机器[11]。量子论扩展了相对论内在的非机械性："将世界分割成不同但相互作用的部分，这一经典观点不再有效或合适。[12]"量子论也具有表演性：如果它像电子一样行走和嘎嘎作响，那么它就是一个电子[13]。量子表演性与进化表演性非常相似，通常被称为"满足"：作为一只鸭子，你不得不长得像鸭子，叫得像鸭子，以把基因传承下去[14]。超客体所做的就是让我们承认客体导向本体论所说的"执行"的真实性。

非定域性是量子论的一个专业术语。阿兰·阿斯佩特、爱因斯坦的学生戴维·玻姆和安东·蔡林格等人已经证明，

关于量子论的爱因斯坦—波多尔斯基—罗森悖论是一个经验
事实[15]。爱因斯坦、罗森和波多尔斯基认为，如果量子论告
诉我们宇宙的一些真实信息，那么你就能够纠缠粒子[16]。你
可以向一个粒子发送一些信息（让它以某种方式旋转），而
另一个（多个）粒子会立即以互补方式旋转，这在任意距
离内都有效，无论是相隔两码、两英里还是两光年。根据公
认的观点，这种情况应该不会发生，因为这意味着信号的传
播速度比光速还快。但蔡林格利用在维也纳两侧、两个加那
利群岛之间以及轨道卫星之间的纠缠粒子证明了非定域
现象[17]。

除非你愿意相信光速可以被超越——这种想法让物理学
家们惶恐不安——否则你可能不得不承认实体具有非定域
性。非定域性沉重打击了离散的微小事物在无限的虚空中飘
浮的想法，因为严格来说，这些物体飘浮的"周围"并不
存在：人们无法将它们定位在时空的某个特定区域。这种虚
无是基督教本体论的残余，是 1277 年巴黎主教在教皇约翰
二十一世的祝福下谴责限制上帝力量的教义时遗留下来的：
你不应该认为上帝无法创造任何他喜欢的东西。上帝的力量
足以创造无限的虚空，因此，他做到了[18]。17 世纪的科学采
纳了这一观点，但并没有经过深思熟虑。在某种深层意义
上，不存在这样单一、坚固、独立的光子。如果生物学发现
了生命形式如何纠缠在一起，那么量子纠缠则开启了更深刻
的相互联系。

非定域性意味着原子论有严重的问题[19]。此外，客体模糊了边界，其尺度比我们过去想象的大得多。叶绿体中的光合作用分子（使植物变绿的共生细菌）使光子具有相干性。一个光子进入分子时，它马上占据许多位置[20]。其他最近的发展表明，非定域性在像分子和巴基球形状的富勒烯这样大的客体中也起作用。这些客体与电子和光子相比是巨大的，它们与电子相比就像你我与富勒烯相比一样巨大。2010年初，加州大学圣巴巴拉分校的亚伦·奥康奈尔和其他物理学家在一个肉眼可见的客体中建立了量子相干性：一个同时振动和不振动的小叉子[21]。奥康奈尔他们把30微米长的叉子冷冻到接近绝对零度，将其置于基态，然后让一个声子——一种振动量子——穿过它。他们可以通过肉眼同时看到它振动和不振动，从量子理论的标准模型的角度来看，这是一个令人惊叹的结果[22]。不久之后，人们发现鸟类眼中微小的量子级磁铁可以引导鸟类飞行，这种引导不是通过物理电磁场，而是通过对这些场的审美（非定域）形式进行感知[23]。

本体论如何看待非定域性？玻尔率先提出的量子理论哥本哈根诠释认为，尽管量子理论是一个强大而准确的启发式工具，但通过窥探这一工具的底层来看其背后可能存在的实体的想法是荒谬的，因为量子现象"对我们来说不可还原、难以接近"。玻尔认为，我们的测量与被测量的东西"不可分割"[24]。然而，拒绝本体论本身就已经是本体论了：牛顿的原子论及其对物质的颗粒观点实质上大部分已经被抛弃了。在哥本哈根，事情并没有像胜利者所描绘的那样平静下来[25]。玻姆、巴西尔·黑利、齐林格、安东尼·瓦伦蒂尼等人沿着德布罗意确立的路线前进："本体论解释"认为，玻尔的"不可分割性"涉及（人类）认知之外的客体[26]。玻姆假设了一种"隐缠序"，在这种秩序中，粒子展现了某种更深层过程，就像海上的波浪[27]。就像海浪消退一样，粒子也会折回隐缠序。"粒子"是莱布尼茨式实体的抽象物，在莱布尼茨式实体中，万事万物都包含在其他万事万物中。

本体论解释对整体论和原子论都不利。整体论要求存在某种顶层实体，由与整体分离且因此可替换的部分组成，这实际上是对机械论的另一种调整，尽管整体论者对此表示抗议[28]。根据玻姆的观点，你并不是更大整体的一部分。万物以"流动运动"形式被包裹在万物之中[29]。与哥本哈根诠释不同，本体论解释是非关联论的：粒子彼此分离，不是因为人类以某种方式观察它们，而是因为隐缠序从自身抽离。如果超客体真实存在，那它就是一个存在于电子大小（10^{-17} 厘米）和普朗克长度（10^{-33} 厘米）之间的自我作用的海洋。这个整体可能在严格意义上无法分析：隐缠序具有不可还原的阴暗面，因为它由旋转中的旋转组成，或者如哈曼所说，是"由被包裹的客体包裹的客体"[30]。

隐缠和显析表明，我们所认为的"物质"是由更深层的东西包裹和展开的。即使客体导向本体论应该服从物理学，但根据物理学本身设定的术语，客体并不是"由"任何一种特定的东西构成。就像不存在顶层一样，可能也不存在非实质成形物体的底层。电子来来去去，变成其他粒子，辐射能量。电子是真实存在的，然而在成为或不成为电子的行为中，它只是一种统计表现："量子理论要求我们放弃电子或任何其他物体本身具有任何内在属性的想法。相反，每个客体都应被视为只包含未完全定义的潜能的东西，当物体与适当的系统相互作用时，这些潜能就会被开发出来。"[31] 这样的论述接近于哈曼将具有抽离性的客体形象地比喻为"地下生物"[32]，因此电子展开的"更深层的东西"也具有抽离性。

如果缺乏这种隐藏的本质，那么客体就必须像机器零件一样在空间上外在于彼此。这样的观点使工具化合法化，工具化将客体归结为其他客体，客体之间的关系是外在的。然而，即使在原则上，我们也无法预测实体的未来状态，因为我们无法预测每个粒子的位置。我们无法预测不仅是因为这会需要很长的时间（的确会这样）或者会打破光速，也不仅是因为互补性，而是因为一个更根本的原因，与认识论或关联论无关：没有所谓的粒子，没有所谓的物质，只有离散量化的客体[33]。如果在我们目前所知的最精细的层次上都是这样的话，那么在更高的尺度上，也就是进化、生物学和生态发生的尺度上，情况就会更加如此。

在量子层面，存在真正的非定域性：两个纠缠的光子、两个纠缠的电子确实可以在一定距离内相互影响。爱因斯坦恰恰发现这一点极度令人不安，并将其称为"怪异的远距效应"[34]。这种影响似乎是同时发生的，换句话说，它可能比光还快。既然我们现在已经知道，即使是一个光子也服从光速，那么所谓的信息传递确实是诡异的。为了让我们能够继续坚持离散粒子本体论，类似心灵感应或时间倒流的因果关系可能是必要的[35]。

如果非定域性确实存在物理基础——一个次量子层次，其中看似两个粒子的东西只是涟漪的波峰——那么这个层次就是一个超客体[36]。在 10^{-17} 厘米（电子的大小）的尺度以下，电子和普朗克长度（10^{-33} 厘米）的差异就像你和电子之间的差异一样大。这个次量子层次里可能会有什么呢？真的什么都没有，只是纯粹的关系吗？这样一个超客体将以最激进的方式大量分布在时间和空间"里"。事实上，"里"并不十分准确，因为在这种观点中，时间和空间只是大于某个阈值尺寸的物体的涌现特性，所以假设的次量子超客体"无处不在"[37]。然而，我并不想说，真正的非定域性适用于所有超客体。超客体的远距作用是非定域的，但不是量子意义上的非定域性。

不过，有两种方法可以用来更仔细地思考这个问题。第一种方法是考虑电子等远不及传统量子那么小的实体似乎表现出非定域性的方式。正如我们看到的，已经观察到非定域效应现在存在于比传统量子大得多的客体中：球形富勒烯，由纳米技术制造的某些碳构型，以及一个 30 微米长的微小金属叉处于量子叠加状态时，会进行肉眼可见的"呼吸"，同时振动和不振动[38]。光子进入叶绿体的光合作用分子时，会进入叠加状态——相对于普通量子而言，这种分子是银河尺度的物体[39]。同样，鸟类通过眼睛里的量子尺度磁铁，探测到的是电磁波的量子特征，而不是电磁波本身。鸟类感知到的不是一些传统的物块，而是一种审美形态。

无论在传统意义上（但仍然是非凡的）还是高度非传统的意义上，量子物体都是分布广泛的。首先，从传统意义上来讲，德布罗意认为，波包是一个团块，包含类似粒子的东西，它们以一定概率分布在波包中的一系列位置上。波包可以被想象为分布在时空中的一片广阔区域。一些物理学家把太阳系作为一个足够好的参照点，那里的某个地方一定会出现神秘电子。这听起来像个笑话，但它并非笑话，而是玻姆在他的量子理论教科书中向本科生展示的求解粒子位置的方法。

其次，从非传统意义上来讲，毫不夸张地说，量子的非定域性严肃地迫使我们改变我们关于物质和唯物主义的观念。非定域性正是一种量子层次上的文本性理论，该理论认为信息分散在似乎占据不同时空区域的粒子中。如果我说，就我和你以及这篇论文而言，实体本质上并不存在，那么这意味着我是消极的后现代主义者，还是披着学术外衣的新时代主义者？然而，我在物理楼的一位同事声称，宇宙一定是从黑洞内部刻有信息的表面上投射出来的全息影像——也就是说，我们存在的程度与信用卡上的图像存在的程度并无二致。玻姆使用全息图的类比来描述"浩瀚的宇宙能量之海"，看似微粒的东西从巨大能量之海中解析出来[40]。通过镜头"捕获"的图像是单一、坚实、看似独立的事物。你无法直接看见全息图，它是光波从物体上反射和光波通过分光镜时产生的干涉图样网眼结构。当你将光线穿过这个干涉图样时，图样前方会呈现出物体的三维图像。即使你剪下全息图的一小片，或者只让光线穿过干涉图样（同一物体）的一小部分，你仍然能看到整个物体（稍微模糊一点）的版本，这是因为全息图的每一部分都包含了整体的信息。

量子实体是一种差异游戏，粒子般的现象在其中产生，这就好比解构主义认为语言是一种差异游戏，意义在其间生成。全息图则是一种书写形式[41]。全息宇宙模型有助于解释非定域性。引力波探测器揭示出从宇宙背景辐射的可疑的有规律的图样，仿佛在某个层级，实体被像素化，即如果实体真的是由全息投影所形成的，那么这种规律性正是我们预期会出现的[42]。若宇宙是一个全息宇宙，那么它将是一个超客体，在时空上分布广泛，展现出无视位置和时间性的非定域效应，可以被切割成许多部分而保留连贯性。

那么，除了维多利亚时期的伟大发现——进化论、资本论、无意识——我们现在必须加上时空，生态的相互联系和非定域性。所有这些理论都具有一个共同点，即它们羞辱了人类，决然地将我们移出万物格局中娇生惯养的特权地位，尤其是非定域性，它暗示了位置本身只是一个更深层次、超越时间的隐缠序的表象，因此是所有发现中最激进的。

现在让我们从这个角度来考虑超大客体。非定域性暗示的客体内在不一致性——如小叉可振动也可立马停止振动——在我们研究超客体时会变得非常重要。虽然目前这一点可能还不明显，不过本节末就会明确显示，超客体是充满矛盾的野兽。此外，超客体似乎运作于一种美学因果领域，从某种意义上讲，这个领域是非定域且超越时间的。也就是说，它涉及的尺度极其巨大，而且巨大尺度与微观尺度之间存在着复杂的交织关系，以至于我们无法将超客体简单地想象为占据了一系列时间或空间的"现在点"。这种尺寸巨大的物体让我们用于度量它们的社会及心理工具也为难，甚至数字化设备也难以将其准确捕捉，比如全球变暖需要庞大的计算能力来建立真实有效的模型。

非定域性意味着在深层次上不存在定域现象。定域性是一种抽象概念，这一点在比喻层面上同样适用于超客体。2011 年初北加州落在我头顶的雨水，可能是太平洋地区由海啸搅动引发的拉尼娜现象将其水分倾泻到陆地上所致，而拉尼娜现象本身就是全球变暖的一种表现形式。2011 年日本发生的地震也很有可能是全球变暖的表现，因为海洋温度的变化会影响地壳所承受的压力。暴雨仅仅是我们无法直接观测到的某个巨大实体的局部显现，因此右翼评论人士对全球变暖的担忧并非毫无道理，因为它揭示了我们世界本体论层面的可怕真相：不仅万物彼此相连——这对各地的个人主义者构成了致命打击，而且也说明，我们所期待的反对派那种踢石头表明"我直接反驳"的举动①也不再奏效[43]。"既然爱达荷州博伊西市下雪了，那就说明全球变暖纯属无稽之谈"，这种论调不过是试图把本体论的魂灵重新塞回瓶子里去的绝望之举。

把进化过程的录像带暂停在任何地方，你都无法看到它；站在乌云之下，你无法感受到全球变暖；将你的外套剪成一千片，你也无法从中找到资本的踪迹。现在尝试指向无意识，你抓住它了吗？超客体迫使我们做生态思考，而不是相反，即并非某种抽象的环境系统让我们这样思考，而是诸如钚、全球变暖、污染等问题催生了生态思维，反之则会导致将地图与领土混为一谈。超客体概念的兴起的确源于对原子核和电子轨道的量子论思考（如核武器的研究），也源于对大量气象数据涌现特征的系统理论研究等。但是，超客体并非数据，它们就是超客体。

当你感受到雨滴时，从某种意义上说，你正在体验气候，特别是当你经历被称为全球变暖的气候变化时。然而，你从未直接这样经历过全球变暖。在长长的灾难性天气事件

---

① "I refute it thus" stone-kicking 是指一种对观点或论据的传统、直接的反驳或质疑方式。这个短语源自英国作家萨缪尔·约翰逊（Samuel Johnson），据传他会踢一块石头表示反驳某种观点。

列表中（随着全球变暖加剧，这类事件将会增多），你永远不会找到"全球变暖"这个词眼。然而，全球变暖就像这句话一样真实存在，并且其黏性极强，不论你挪到地球上的何处，它都会紧随其后，挥之不去。如何解释这一点呢？通过论证全球变暖像所有的超客体一样，是非定域性的，它在时空上大规模分布。这意味着什么？这意味着，我在此时此地感受到的天气并非单纯的即时现象，那些雨滴绝不只是恰好落在了我的头上！它们始终是全球变暖现象的体现！在生态危机的时代，在超客体以其恐怖而又陌生的特性开始对我们造成压迫的时代，我们需要适应这样一个事实：定域性总是具有虚假的即时性。当你看到一幅魔眼图片时，会发现原本以为独立的小方块其实都是高维物体离散的碎片，只有当你交叉注视它时，这个物体才会浮现出来。在魔眼图片中，杯子或花朵的形状布满整个由物体的模糊小块组成的网格。这个客体实际上已经在那儿了，早在我们看到它之前就已经存在。全球变暖并非我们的测量设备得到的结果，但由于它分布在整个生物圈内外，所以很难将其当作一个独一无二的客体来看待。然而，它就在那，让雨落在我头上，令火山爆发，使大地震动，引发巨大飓风。海啸席卷日本小镇的街道，海底不断变化的压力增加了地震。全球变暖就像是一个由众多分散部分组成的客体：无论是哪一个地方的降雨、升温、地震或是极端气候事件，都是其表现的一部分。就像魔眼图片的图像一样，全球变暖是真实存在的，但要想认识和理解它，就需要进行一次大规模且违反直觉的视角转换。要说服一些人相信全球变暖的存在，其难度之大，如同要说服二维平面上的人物凭借他们世界中变幻的圆圈形状来证明苹果的存在。

《广岛》一书收录了原子弹投放时该城居民们的所见所闻[44]。每一位目击者都提供了关于原子弹爆炸的独特叙述，却没有任何一位目击者能够完整掌握原子弹爆炸的全部情况，也没有人过于靠近爆炸中心，否则他们会被蒸发、迅速烧焦或被炸得粉身碎骨。目击者讲述所见场景时的核心要点就是人类一声不吭，他们讲述的都是原子弹爆炸的局部表现（按照布莱恩特的说法），有些目击者误以为自己离一枚威力巨大的常规炸弹非常近，实际上他们距离首枚核弹还相对较远。每一个故事都在叙事的当下展开，这个当下必然不同于原子弹实际爆炸的那个瞬间。人类的生理和记忆局限使得原子弹的实况发生了位移：出于同样的原因，它同时变得既遥远又贴近。或许原子弹最令人惊异的特质在于，目击者们所经历的能量闪光如同对万物的一次静默而突然的洗礼，强烈的光照亮一切，以至于他们无法完全看见。光不再是一个中立透明、照亮万物的媒介，而是变成了一种强有力的驱动力量：

　　佐佐木辉文医生左手紧握着血液样本，沿着走廊走向楼梯。可能因为昨晚的梦境让他辗转难眠，他一上午都心神不宁。正当他离一扇敞开的窗户一步之遥时，原子弹爆炸的光芒如同巨大的摄影闪光灯，在走廊中反射开来。他赶紧屈膝蹲下，鼓励自己："佐佐木，振作起来！要勇敢！"就在那时（建筑物距离爆炸中心大约1650 码），冲击波猛烈地穿透了医院。他佩戴的眼镜从脸上飞了出去，手中装着血液的瓶子撞到了墙上，脚上的日式凉拖也被震飞了。幸运的是，由于站的位置较安全，他本人并未受到伤害[45]。

从"血液样本"到"爆炸波冲击医院"，从拖鞋到能量闪光灯，规模和物理特性的错乱是巨大的。佐佐木医生并没有直接看到原子弹本身，而是看到了它"在走廊中反射"的景象。就像史蒂文·斯皮尔伯格对詹姆斯·格雷厄姆·巴拉德小说中的角色吉姆的诠释一样，他将原子弹视为一道闪光灯。原子弹是非定域的，即便在"爆炸波冲击医院"那一刻，它仍存在于别处。正如吉姆所说，"今天我学到了一个新词：原子弹。它就像天空中的一道白光，就像是上帝在拍照[46]"。现代性的巅峰浓缩在罗伯特·奥本海默那句"我成为了死神，世界的毁灭者"之中，它标志着海德格尔所说的最后一位神祇的到来，前提是他能够将非人类因素纳入其视野[47]。海德格尔未能预见到这位最后的神祇将在技术构架的核心如何显现[48]。就像上帝拍照一样，非人类在炽热如太阳般的火球的白光中注视着我们。它像上帝一样，却又不同于栖息在超验世界的学术因果关系；相反，这段文字提醒我们，我们面对的是一个实实在在的物理实体。然而，这是一个奇特的物理实体，带着该术语所有决定性的重要力量。当我们与超客体调适时，我们到底是在调适什么呢？这种不确定性难道不正是我们应该关注的吗？雨水、怪异的旋风、油污等带给我们的影响难道不是不可思议吗？

故事中最触动人心的部分在于，它们如何与叙述的当下时间交织在一起。每一位讲述者都逐渐将自己的故事带到当下的情境，缓慢揭示出原子弹自爆炸那一刻起如何影响了他的一生。随着爆炸事件距离我们越来越远，超客体的现实存在感越发显著。这就好比华兹华斯的自传性长诗《序曲》中的那一幕，小男孩华兹华斯偷了一艘船[49]。当他划船远离山峰时，山峰似乎在他的视野中越来越大，仿佛在追赶他。这是一种奇特的视差效应，即随着离足够庞大的物体越来越远，反而能看到它更多的部分。这一事件无疑是前一部分所提到的黏性的一个绝佳例子。那座山仿佛黏附在了华兹华斯身上，不肯放他走，而《序曲》中对这一幕的长长叙述表明这座山仍然萦绕在他心头。那一刻对华兹华斯而言是一个"特定时刻"，是他持续存在中的一次创伤性断裂，他的心灵围绕这个伤口分泌出记忆、幻想和思绪。从这个意义上讲，自我无非就是由这样的创伤及其保护自己的心理分泌物构成的历史。弗洛伊德这样表述：自我是"被放弃的对象力比多的沉淀物"，就像一块神秘写字板，底层的蜡上铭刻着曾经画过的每一样东西[50]。自我是一首关于陌生人的诗：一次出手打击、一次放弃、一张硬板床、一个泰迪熊的温暖。

对于那些在肉体中留下 α 粒子、β 粒子和 γ 粒子痕迹的物体来说，情况更是如此，这些痕迹数十年来改变着你的脱氧核糖核酸，这绝不能仅仅被当成一种心灵体验（它仍然是一次审美体验，但严格说来，审美涉及一个物体对另一个物体影响的方式），而同样，我们也不应将华兹华斯的经验仅仅视为心灵体验。正如我们在"客体间性"章节中将看到的，这远非是"纯粹"感觉的小问题，而是与因果关系本身相关。令年轻的华兹华斯感到惊异的视差效应实际上更真实地反映了某种实际存在的事物。某种程度上，我们可以期待人类的自我会留下超客体的印记。我们都受到紫外线的灼烧，我们身体内水分的比例大致与地球相同，体内的盐水比例也与海洋相近。我们本身就是关于地球这个超客体的诗篇。

显然，脱氧核糖核酸有时已经"学会"应对超客体。像耐辐射奇球菌这样的极端微生物提示我们的，生命及其构建块（氨基酸）可能在看似对大多数现存生命形式不友好的环境中诞生，如彗星表面、古代火星表面、高温深层岩石内部、冰层深处或是沸腾的海底热泉里。耐辐射奇球菌惊人地记载了被遗弃物体遭遇极端温度、高压和辐射、基因毒性化学物质和脱水的过程。它是关于超客体的一首诗，因此人们现在正在改造这种细菌，以应对汞泄漏等人造超客体。

在这里我感兴趣的不是精确解答生命形式如何起源的问题，而是生命形式本身实际上是关于非生命体，特别是那些可能毁灭生命的高危实体的诗篇。弗洛伊德曾指出，死亡驱力恰恰是为了抵御死亡，约束刺激。我已经论证，死本能先于生命本身，你可以就从字面意义理解这句话，而非像一些精神分析哲学家那样，认为仅仅是在打比方。核糖核酸和它在生命出现之前的"核糖核酸世界"中依附着的硅酸盐复制体是一种严重失衡的分子，类似说谎者悖论："这句话是假的。"复制过程正是此类分子试图解决其内部悖论，从而消除自身的不平衡状态的过程，有点像水"寻求自身水平面"一样[51]。然而，正是这种寻找解决方案，即试图抹去其存在痕迹的尝试，导致了它以复制品形式持续存在。在试图抵消自身影响的过程中，复制体变得更加适应环境。我们的存在不仅仅是得益于一点点死亡的驱力，而是一头奔向平衡状态。

生命体是一首描述肉身所承受冲击的诗歌，既吸收又排斥致命物质。或者说，生命体同时包含并排除了死亡，正像一首诗总是在谈论写在纸上的内容，却又从不直接谈论纸张本身。因此，在太古代地球表面充斥着氰化物。然而，氰化物引发的能够杀死生命体的化学反应也正是基于相同的机理，能够产生复杂的碳化合物，即构成氨基酸的基本元素。更令人惊奇的是，地球上丰富的氰化物可能源自彗星穿越地球大气层时产生的反作用，这带来了外太空级别的创伤，特别是地质创伤[52]。显然，这是涉及超客体的创伤。设想我们脚下蕴藏的石油是一种我在此称之为"超客体"的东西，即"无所不在的行星式的实体"：一个分布广泛的行动者，拥有自己的黑暗设计，参与将地表变为沙漠的行动，仿佛它是某种阴险神秘的伊斯兰教义的先知[53]。纳格阿斯塔尼写道，"石油以绝对疯狂的方式毒害了资本"，因为它实际上并不站在人类一边，而是"作为地球这一感知实体所属的一种自主化学武器，一种有感知的实体"[54]。《风暴全书》结合了小说、非虚构文学与哲学元素，充满了邪恶的紧张感，随着阅读的深入，纳格阿斯塔尼那近乎谵妄的散文风格开始看起来像是石油本身在涌动，他将石油想象为"深渊凝胶——一种非有机合成的材料，源自地球深处原始星际细菌群落（受托马斯·戈尔德的深部高温生物圈理论启发）[55]"。纳格阿斯塔尼的文字是对"自然"写作的恶魔式模仿，直接采纳了非人类在制定剧本这一观点。

广岛事件、极端微生物和核糖核酸的故事揭示了艺术作品的普遍属性，从而也揭示了因果性。艺术作品向我们传递来自另一个地方的信息。雪花在诗中飘落，但实际上并未真正落下[56]。读者想知道他们认为自己在诗的背后或内部看到的幽灵般的作者意图[57]。画家生活在社会之中，也许画作是对社会组织享乐方式（也就是经济学）的扭曲记录。或者，我们听到的音乐揭示了无意识世界，它源自原型的某个地方，或源自不可言说的秘密创伤。这里有一首诗，但诗并不在此处。

在解释诗歌时，所谓诗歌的"彼岸"是否比诗歌的"此地"更为真实？这我们无从得知。正如任何陌生人一样，诗歌也处于两个世界的交汇之处，过渡地带使得这样的世界显得脆弱且是被建构出的，而这当然是真的——世界确实脆弱且由各种建构过程形成。熔化的黏稠镜子带领尼奥到达了一个介于两个世界（黑客帝国的世界和机器世界）之间的地方；而在《双峰镇》中的黑屋里，浓稠的咖啡从杯中喷涌而出，这些区域并非真正存在于"两界之间"，因为它们之间并不存在任何东西，所有实体都是"中阴"，就是"之间"，按照藏传佛教的说法，实体即一系列"中阴身"，而驱动这些中阴状态的是业力，即事物集合起来的习惯和趋势。这些中阴身仅仅是实体之间的关系，超客体迫使我们体验这些中阴身。

从某种意义上讲，我们的认知就是"昆虫的清醒梦境"[58]，这便是超客体演化的强大作用力。在某种意义上，现代性讲述了石油如何渗透到万物之中，这就是超客体石油的力量所在。在某种意义上，癌症是物理身体对放射性物质的表达，体现了超客体辐射的力量。在某种意义上，万事万物都在不断变化，这便体现了超客体宇宙的力量。然而，相反观点也同样成立。从宇宙终结的角度看，一切事物都将归于无意义，最终都被抹平成最大的熵，然而，这个宏大无比的客体并不比一枚安全别针或一个蜗牛壳更加真实。从辐射的角度看，柔软的组织是不可见的；但从我的角度来看，它们是当我从中暑中恢复时背部令人痛苦的渗出性病变，与淋巴液一起黏附在马耳他别墅里的枕头之上。从石油的角度看，我的汽车不过是一个可笑的玩偶之家的小顶针；然而从我的角度来看，石油塑造了美国现在的面貌：它覆盖了修有高速公路的平原，而铁路上的朽木中野草丛生。从进化的角度看，我只是脱氧核糖核酸短暂的表达形式；但从我的角度来看，我居住在一个由电脑、办公桌、灯光、街道、孩子、餐盘构成的延伸表型中。

当我以这种方式思考非定域性时，并不是在否定事物的具体性，也不是将它蒸发到一般、更多或更少定域性的抽象迷雾中，非定域性远比这更奇特。在说到超客体时，非定域性意味着一般性本身被特殊性影响。当我试图寻找超客体"石油"时，并没有找到它。石油只表现为点滴、流体、河流和油膜等形式。我不是通过永恒视角来找寻这种客体，而是通过宏大视角、非人类视角来找寻它。这就引出了我们的下一节，我们将通过探讨时间性，将超客体置于更清晰的焦点之下，以便更好地理解和把握其本质特征。

时间波动性

当你接近一个客体时，更多客体随之显现，这就像置身于芝诺所描绘的梦境之中。超客体包围着我们，但它们在时间上分布如此广，以至于看起来似乎逐渐消失在远方，犹如一条延伸至远方的漫长街道。时间将它们弯曲并压平，就像电磁波前沿在传播过程中逐渐缩短一样。由于我们无法看到其尽头，超客体必然显得诡异。如同乔治·德·基里科画作中的空旷街道和敞开的门廊，超客体似乎在召唤我们迈步走进去，使我们意识到我们早已迷失在其中。认识到被困在超客体之中的感觉既熟悉又陌生。我们对天气了如指掌，但全球变暖带来的却是反常气候。我们熟知光线，但辐射却带来怪异光线。布莱恩特对此做了如下描述：

> 超客体就像我们在游泳时对泳池的体验。无论在何时，我们都沉浸在水池中；无论在何地，随着身体的移动，清凉的水不断抚慰我们的肌肤，然而我们又是独立于水的存在。我们在水中产生效应，如同衍射图案一般，引发特定涟漪；同时，水也在我们身上产生效应，

导致皮肤起鸡皮疙瘩[1]。

空间不再被视为一个绝对的容器，而应当被理解为一个时空流形，它从根本上说是在宇宙之中，属于宇宙，而非在本体论意义上位于宇宙之外。

《轮盘记》是一部德国喜剧动画短片，讲述了两块石头目睹人类兴衰的故事[2]。在影片中，时间被加速处理，以适应岩石在更广阔的时间尺度上发生的事件。这两块石头以简洁的语言讲述着周围看似瞬息万变的一切。《轮盘记》存在的背景是人类对深层时间的认知和对我们创造的危险未来的意识。偶尔，时间会放慢以适应尘世的视角，比如当一个小男孩似乎发明了轮子时，背景音乐恰到好处地采用了施特劳斯风格。然而，这个发明被其中一块石头自己预料到了，它悠闲地像轮子一样转动着自己的身体——起初那只是石头身体的一部分——然后吸引了小男孩的注视。海德格尔指责的不可思议地框定了客体的人类技术，被放回一个更大的设备背景中，其中包括石头及其玩具，在这个扁平的本体论中，石头和人类并没有什么不同（图 5）。

图 5. 汤姆·高尔德于 2010 年创作的作品《两块岩石的对话》。这幅漫画作品与德国动画短片《轮盘记》都以幽默的方式展示了地质变化所发生的时间尺度，以及这种地质时间与人类时间，即人类行为如何相互交织。《轮盘记》中的一块岩石与被一个孩子发现并当作轮子的东西嬉戏。版权归汤姆·高尔德所有。经许可转载。

　　费利克斯·赫斯的作品《气压波动》是一件利用大幅度时间加速原理创作的声学艺术作品，它让我们能够听到通常无法察觉的声音。赫斯在他纽约公寓的窗户上安装了接触式麦克风，它们可以记录五天五夜的声音。之后，他将录音以 360 倍的速度加快播放。交通噪音变得如同微小昆虫发出的叮当声，一种缓慢而周期性的嗡鸣逐渐变得清晰可闻。当我们聆听《气压波动》时，实际上是在聆听大西洋上空气压变化所产生的驻波效应，我们听到的是跨越大西洋上空的空气之声。这件作品把一个巨大的实体，转化为人类可以听见的声音记录[3]。

　　哈曼在其著作中指出，由于客体具有不可还原的抽象性，我们实际上无法真正接近它们[4]。这一观点在我们面对生态危机时变得更加明晰："危机是否已经开始？我们现在身处其中多深？"这种焦虑实际上是超客体现象浮现的一个标志。就好比试图通过朝着月亮奔跑来接近它，却忘记了自己正站在地球表面。我们对生命体获得的数据越来越多，然而也越发意识到我们永远无法完全了解它们，这种认识局限部分地与发生在从时间上看奇怪的事物相关。浮动的时间性和空间性像海浪般前后飘荡"在事物之前"：这里的"之前"并非指空间上的位置关系，而是本体论意义上的"之前"，如同剧院舞台上随风飘动的红色帷幕。

　　佛罗里达州的大沼泽地已经存在约五千年之久。有些人将其称为"自然"，因为他们习惯于这样称呼。然而，除此之外，它们更是一个超客体，其时空上的分布极为广阔，让人类感到困惑，也让它与人类的互动变得令人不安、困扰和惊奇。乔尔·特雷克斯勒是一位生态学家，他在大沼泽地如鱼得水。他的这种归属感在拾起一株多肉植物囊泡苔的方式中，或是对活化石之一的鳄雀鳝表现出的热情中可见一斑：许多事物都难以直接观赏或拍摄却引人遐想。特雷克斯勒认为，有可能将大沼泽地恢复到五十，一百乃至一千年前的状态。不存在什么"原始"或"自然"状态，只有历史。的确，正如阿多诺所言，所谓"自然"其实就是具体化的历史[5]。

我发动了汽车，液化的恐龙骨形成的汽油瞬间燃烧起来。我步行登上一座白垩丘陵，数十亿远古海底生物的粉末紧紧抓住我的鞋子。我呼吸，吸进的是远古时期某些灾难性事件产生的细菌污染——我们称之为氧气。我敲击键盘写下这句话，细胞内躲避氧化灾变的厌氧细菌（线粒体）赋予我能量，它们有自己的 DNA。我钉钉子，在一层层均匀分布的铁矿石中，细菌使铁沉积在地壳中。我打开电视，屏幕上一片雪花，雪花中细微的一部分则是来自宇宙大爆炸后遗留下来的宇宙微波背景辐射。行走在生物体顶端，我们肺部吸入的氧气实则是细菌排放的气体。石油是数亿年前岩石、藻类和浮游生物之间某种黑暗而又隐秘的合作的成果。当你注视石油时，实际上就是在凝视过去。超客体因时间跨度极大而几乎无法被记住。

看着戈达德太空研究所绘制的气温曲线图（图1），我发现一个世纪内全球变暖的曲折走势。我读到，全球变暖75%的影响将持续到未来500年。我努力想象1513年的生活情景。3万年后，洋流将吸收更多碳化合物，但仍会有25%会留在大气中。钚-239的半衰期长达24,100年。这些时间跨度几乎相当于迄今为止所有人类可见历史的长度。法国肖维岩洞中的壁画可以追溯到3万年前（图6）。然而，即便是十万年后的今天，全球变暖效应7%的影响仍将继续，到时候火成岩会慢慢吸收最后的温室气体[6]。我决定把这些时间尺度命名为"恐怖""骇人"和"石化"。最后一个词"石化"尤为贴切，因为在十万年后的未来，人类肉身可能

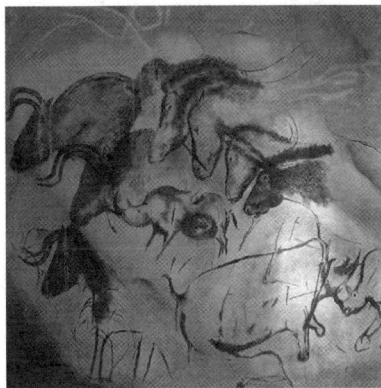

图6. 肖维岩洞壁画复制品。很难将想象力投射回这人类已知最早的艺术实例，因为这也是将想象力向前延伸至钚-239半衰期结束（24,100年）。

真的只剩下化石；而且，人类快速制造出了新的"矿物"，比如混凝土（我们已经使地球上的这类人工合成矿物数量翻倍），建造了各种建筑并生产了材料（摩天大楼，立交桥，用于激光器的石榴石，石墨烯，砖块）。这些届时将成为地质层的一部分，更不用提玻璃和陶瓷等"准矿物"以及塑料等材料了。时间宛如蛇发女妖美杜莎，将我们变为石头。如今我们已然对此知晓，正如我们知道我们已经改变了地球未来的化石一样。未来掏空了现在。

这些巨大的时间尺度确实令人羞愧，因为它们迫使我们意识到自己与地球的联系有多紧。相比之下，无限反而更容易应对。无限让人联想到我们的认知力量，这也是为什么康德认为数学上的崇高在于认识到无限不可胜数，超越了一切尺度[7]。然而，超客体并非永恒不变，它们提供的反而是一种非常庞大的有限性[8]。我可以想象无限，但我无法逐一数到十万。我已经断断续续地写下了十万字，但要说到十万年，那是难以想象的。然而，它就那样直愣愣在我面前，以超客体全球变暖的形式注视着我。而我正是造成这一切的帮凶。我对遥远未来的生命负有直接责任，因为有两个事实会同时存在：那时的人们将不再与我有实质联系，而我现在最微小的行为也将对那个时代产生深远影响。一个泡沫塑料杯将存在超过四百年，在拉敏·巴哈尼的电影中，塑料袋（通过沃纳·赫尔佐格的声音）渴望与丢弃它的那位女士交谈——她曾经用它装过杂货："如果我能见到让我成为垃圾的人，我会告诉她一件事：我希望当初她创造我时就让我消亡掉⁹。"听到塑料袋有这样一个愿望，与抽象地思考无限是截然不同的。从某种实际意义上讲，想象"永远"远比想象巨大的有限性容易得多。永远会让你觉得自己很重要，而十万年则让你怀疑自己能否想象出十万年的任何事物。想象一本书有十万字之长，似乎非常抽象。

广阔宇宙空间的思想首先由天主教开启，教会认为，若不认定上帝创造了无限的虚空便是罪恶¹⁰。笛卡尔继承了经院哲学实体观的同时也继承了这一虚空观念；帕斯卡尔曾写道，虚空的寂静让他心中充满恐惧¹¹。自浪漫主义时期以来，随着玛丽·安宁在1811年发现第一具恐龙化石，以及自然历史学家计算出地球的年龄，非人类的巨大时间与空间尺度就已经在物理意义上靠近人类。然而，直到爱因斯坦提出空间和时间本身是物体的涌现属性时，我们才最终拥有了理解和构想非常庞大的有限性的概念工具。

爱因斯坦发现时空也就是发现了超客体——这样的大块物质攫住空间，从内部扭曲空间，将时空拉伸成轮状和旋涡状。在爱因斯坦看来，实体（不论是否包含有生命的观察者）构成了不可分割的"世界管"。相对论中的"世界管"是指将实体的认知与其存在两个方面相结合。世界管就是个超客体，也就是说，世界管首先拉伸并颠覆了我们对物体的理解。每个世界管根据其质量和速度，面对根本不同的宇宙。世界管彼此间以一种不可避免且不可还原的形式相互远离。这种现象的产生有两个主要原因。

（1）光线从物体上反射出来，只能在赫尔曼·闵可夫斯基（证明了相对论几何表述的数学家）所说的光锥范围内产生影响。相对任何参考系，都存在着绝对的过去和绝对的未来，这一概念接近于德里达提出的"未来"概念[12]。相对论将预测范围限制在光锥之内。宇宙中每个物体都有一个根本不可知的未来的未来，也有一个根本不可知的远方的远方。然而，这个未来的未来和远方的远方确实存在。用我的术语来说，它们是"奇怪的陌生者"，既可知又神秘。我们很快将会重新探讨这个话题。

（2）当我们近距离观察世界管时，会发现它具有各种奇特属性。由于时间在其表面波动和融化，不同世界管之间的物理交互总是处于流动和滴落状态，而非僵硬和千篇一律。因此，时间和空间并不是物理上真实存在的；相反，物理事件才是真实的，并且它们内部包含了时间和空间——这是爱因斯坦的一个观点，哈曼则以另一种方式阐述了这一点[13]。只有无穷小的空间—时间区域才能被视为伽利略式的，即僵硬且类似容器[14]。

在爱因斯坦的理论框架下，客体并非一个统一整体。因此，"在相对论中不可能获得一个延展刚体的一致定义，因为这意味着存在超光速信号"[15]。这就意味着你握在手指间的铅笔只是一个刚性的延展体，因为它具有虚假的即时性。实际上，在宇宙中没有任何事物是以这种方式感知到铅笔的，甚至铅笔自身也不能这样感知自己。物理宇宙中的客体更像是溪流中的旋涡，而非（黏稠或坚硬的）延展体[16]。"世界管"因其不可还原的过去和未来而成为一个抽离实体。相对论保证，真实客体将永远远离任何试图接触它们的客体（包括客体自身）。广义相对论给我们最明显的抽离客体——黑洞。

当考虑到某些超客体如行星时，融化状的高斯时空观不仅是一种类比，这些客体的时间确实沿着表面融化，并通过引力场向外扩展。当然，相对论同样适用于铅笔或者你的脚，只是在小尺度下这些效应可以忽略不计。但是，超客体的持续时间足够长，体积足够大，能展现真正的相对论效应。

爱因斯坦的整个宇宙像一条充满无数能量旋涡的河流，区分一个旋涡与另一个旋涡只是相对意义上的，因此这样的客体的意义会随着环境的变化而变化。这种观点比起说"你可以随意解读一个物体"和"你可以从不同角度绕着一个看似坚实的物体随意观看它"更为奇特。能量在被感知的客体一方，而不是感知事物的一方（无论是我们、铅笔还是反推力装置）。我们所拥有的是透视主义的反面，一个充满强制的世界，在这里"世界管"把我们拉进其引力井。正如林吉斯所说，随着时间的波动，客体引诱其他客体进入其影响范围，即它们的"层次"[17]。这些物体对感知它们的客体（例如人类神经系统、天线和磁头带等）施加各种必然影响。

时空不再是一个网格状的盒子，而是变成了爱因斯坦奇妙的"软体动物参照系"。参照系式的软体动物正是由于那些散发出引力场的超客体而存在的。在这些引力场中，几何结构不再是欧几里得式的[18]。由于缺乏能够模拟并拉伸网格来展现高斯非欧几何坐标的图形软件，软体贝壳类生物是爱因斯坦所能想到的最好的比喻。但在某种意义上，软体动物这个比喻恰到好处。时间和空间就像是从物体中涌现出来的，如同海胆或章鱼那样波动起伏的肉体。这种肉体源于脱氧核糖核酸和核糖核酸分子的旋转运动，它们努力解决内在的不一致，并在此过程中最终不断重复自身。类似地，时间则从我所说的事物的现象与其本质之间的"裂隙"中绽放出来[19]。

以这种方式思考时间的是一种深远的后康德式转变，而我们至今才刚刚开始赶上这种转变。认为我们已经把握了相对论的意义，这其实是一个错误的陈词滥调。事实远非如此。在我们的日常社会和心理实践中，我们仍然是牛顿主义者，仍然对无限空间感到敬畏，进而敬畏那个主宰无限空间的无限上帝。我们顶多像康德那样，将无限和空间视为先验范畴。讽刺的是，康德最愿意让空间和时间成为客体导向本体论意义上的"客体"。梅亚苏指出,康德的伪"哥白尼式"转向实际上更接近托勒密的反革命[20]。相反,正是爱因斯坦延续了哥白尼的遗产,他揭示了时间和空间是如何从客体中产生出来的,而非从预先理解存在是如此这般的综合判断中产生。

起伏的时空波纹在客体面前飘荡。某些思辨实在论主张存在着一个深渊,一个比思想更深、比物质更深的"无基",即一种充满活力的旋涡[21]。然而,要理解超客体,就是要思考这个事物面前的深渊。炎炎夏日,加州阳光透过全球变暖的放大镜照射下来,当我伸出手去擦拭额头上的汗水时,我的手潜入了一个无底深渊。当我从灌木丛中摘取一颗黑莓时,我陷入了表型的深渊,我伸手这一动作本身就是基因表达的一部分,这部分基因不仅仅属于我,也不仅仅属于人类,甚至不仅仅属于生命体。接下来的部分将详细讨论超客体的阶段化,我们将更详细地探索浮现在物体之前的深渊。

超客体具有高斯特征,呈现出软体动物般的柔韧形态,令人不安。时空软体动物般的波动永远不会归零。从宇宙边缘、"时间之初"传来的引力波此刻正穿过我的身体,仿佛我们就置身于一个巨大的章鱼体内。霍华德·菲利普·洛夫克拉夫特便以这种方式构想了疯狂神祇克苏鲁[22]。克苏鲁居住在一个非欧几里得城市中,恰似高斯时空。通过理解超客体,人类思维已经将克苏鲁般的实体召唤进社会、心理和哲

学空间中。当代哲学对怪诞事物的痴迷，为我们提供了跳出
人性化思维的崭新途径。认识到不仅存在怪异的生命，而且
还存在一些完全不可思议的生物，且其存在并不直接与思维
相关联，这是极其有益的。这就是梅亚苏所说的"伟大的外
界"。尽管作为一位古怪的生态学家，我在看到这个词被翻
译为"伟大的户外"时，内心闪过一丝抵触情绪[23]。我担心
这会导致对"内向"和"反常"的又一次攻击。我更高兴
的是，这个"室外"已经在室内了，因为我的思想并没有
成为它所思考的对象。

　　相对论确保客体永远不像它们看上去那样简单，并且这
不是因为它们是我头脑中的想法，而是因为它们不是我头脑
中的想法。大型客体释放出引力场，使光线弯曲，从而产生
从遥远恒星发出的光的红移现象，这一谜团直到爱因斯坦提
出相对论才得到解释[24]。时空并非空洞的容器，而是一个由
客体散发出来的波动的力场。在超客体这一从人类视角来看
极为庞大的物体中，时间的波动特性是可以通过测量明显感
知到的。当你乘坐飞机在 39000 英尺的高空穿越海洋时，由
于地球引力井的作用，离地面越近的地方时钟运行速度越
慢，所以飞机内部的时钟会稍微快一些。2011 年的一项实
验涉及多个极高精度的陀螺，它确认了地球周围存在一个巨
大的时空旋涡[25]。时间沿着物体表面波动，使它们发生弯
曲。更有意思的是，如果我乘坐航天飞机在飞机上空飞行，
并且能够读取飞机上的时钟，由于飞机与航天飞机之间的相

对运动，我将能再次看到两架飞机的时钟上显示着不同的时间。这与观念论或相关论无关，这种相对性是物体本身的固有属性。客体在时空波动形成的交叉网状结构中相互纠缠。

一旦我们意识到这种波动的时间特性，它就会腐蚀掉我们身边较小物体所固有的稳定状态。对超客体而言的时间波动规律也同样适用于我手中转动的铅笔。铅笔末端旋转的橡皮擦上的微小时钟记录的时间会与静止不动的石墨尖端上的微小时钟记录的时间略有不同，而我鼻尖上的微小时钟也是如此。当然，人类或许察觉不到这样的差异，但人类体内的电子却始终在感知它们，笛卡尔本体论中最基本的空间延展观念也因此受到质疑。那种平淡无奇、稳定的实体观念还不够深刻，不足以解释超客体。稳定实体的概念本身就是个意外，与具有颜色、形状等的常规糖果上的点没有什么不同。萨尔瓦多·达利那幅熔化中的时钟画虽有些俗气，但恰恰反映了现实世界的这种状况。

超客体终结了时间与空间是实体所处的空荡容器这一观念。牛顿及后来的科学家们基本上沿用了这一空荡容器模型，将其作为奥古斯丁新柏拉图主义遗产的一部分。细想起来，这显得相当奇特。这肯定是欧洲走出中世纪时对亚里士多德的普遍过度反应的一部分，这种过度反应就这样假定了现代性。讽刺的是，现代科学（在这里，我沿用了拉图尔意义上的现代性和现代）仍然延续了这种基督教新柏拉图主义的观点[26]。直到1900年，人们才开始把时间和空间视为客体的效应，而非绝对的容器。因此，思辨实在论运动不仅要解决相关主义问题（即将思维简化为人与世界的关系问题），还要面对反亚里士多德主义的悠久历史。

北非及西亚地区的文明在时空观上并未受到某种特定的柏拉图主义的影响，因为它深受亚里士多德的影响。亚里士多德是首位以客体为导向的思想家，他认为事物的本质在于其形式（形态），而不是在其外在。基于这一理念，宇宙有限论就变得合理起来。试看阿尔·拉齐对希腊医生盖伦的质疑，他认为，假定时空无限且永恒的人是错误的，尽管这并不是因为他们错误地批评了盖伦和亚里士多德。然而，拉齐是从亚里士多德的角度来探讨无限的问题。他认为所有被创造出来的实体都是会腐败的（即它们会降解，并无法永恒存在）。因此，即使是那些我们认为永恒不变的天体，实际上可能仅由一些寿命极长、在人类看来似乎是永恒的物质组成。否则，你就是在声称它们是未被创造的，这显然荒谬至极。（回想一下，这一时期的亚里士多德主义者持有类似于托勒密的观点，即认为星星固定在由类似于玻璃的物质构成的球体上。此处忽略这一假设的错误，因为它与当前讨论无关。）

接下来是真正令人惊叹的部分。拉齐写道，黄金、宝石和玻璃也会分解，只是其分解速度远低于蔬菜、水果和香料的分解速度。因此，我们可以设想，无论天体由什么物质构成，它们在数千年内都会降解。天文事件发生的时间跨度甚至比人类历史时代之间的跨度还要巨大。拉齐举例说，像洪水或瘟疫这样的灾难能够造成时代间的断裂，使得一个民族的时代转变为另一个民族的时代。那么，在喜帕恰斯时代到盖伦时代之间，一颗红宝石会降解多少呢？因此，天体的衰减速率可能与红宝石的降解速率相似，就像红宝石的降解速率与一堆草药的降解速率相似一样。再想想空间尺度，如果给太阳添加一座山的质量，首先由于太阳本身质量巨大，地球上的人类实际上无法检测到这个变化[27]。通过深入研究亚里士多德的哲学思想，拉齐在 10 世纪就已经发现了"超客体"的观念。现在是时候重新审视亚里士多德，他的思想比我们通常想象的更为深邃和奇异[28]。

　　既然客体不是飘浮在无限的虚空中，那么每个实体都有自己的时间性，这既体现在物理意义上，也体现在深层次的本体论意义上。闵可夫斯基关于相对论的几何证明揭示了这一事实的深刻内涵。由于光速是不可逾越的极限，每一件事情都发生在界定过去和未来的光锥之内。在光锥内部，可以确定与所指事件有关的事件是发生在过去还是现在、此处还是彼处，然而在光锥之外，区分"现在"与"过去"以及"此地"与"彼地"就失去了意义。无法确定光锥之外的事件发生在某个地点和某个时间，我无法判断它是在"现在"还是"过去"发生。这样的时间被理解为一串延伸自过去、指向未来的、类似于笛卡尔实体那样的点序列，它实际上是一种美学现象，而非支撑事物的根本事实。

因此，正如陌生的陌生者那样，存在一个未来的未来，存在一个超出可预测性、定时性和任何伦理与政治计量的时间。有一个彼处的彼处，也有一个真实的"乌有之乡"：它不是新柏拉图式的超越，而是在真实宇宙中存在的真实实体。由此，我们应该思考这样一种可能性，即超客体让我们看到，物体本身就具有某种未来性。如果时间不是让物体浮动的中立容器，而是物体自身发射出来的东西，那么至少从理论上讲，相比于物体存在于倾斜朝向某个方向的时间容器中，物体能够对其他实体施加逆向因果关系就变得更加合理。这种因果关系似乎会回溯，"流入"当下。事物奇怪的陌生性带有未来性质，它的影子从未来投射到当下，如雪莱看到的未来阴影在诗歌的洞壁上投下的闪烁光影[29]。

如同所有客体一样，超客体迫使我们以特定方式处理它们，它们强有力地施加着林吉斯所谓的命令式要求。但由于时间缩短，我们无法完全正确地处理超客体。这种困境催生了一个两难问题：我们没有足够的时间充分了解超客体，但无论如何我们都必须对其进行处理。这种处理过程会引起一层又一层的涟漪效应。时间上大规模分布的实体对寿命较短的实体施加向下的因果压力，因此全球变暖的一个显著影响便是生态节律失调，植物和动物生活周期的同步性被打乱[30]。当一个实体发射的时间与另一个实体发射的时间相交时，我们会看到一种干涉模式，就像布里奇特·赖利或尤库尔提·纳邦贾蒂等艺术家作品中的波浪线一样。在这个研究中，我们将频繁回到这些艺术家的作品，特别是在接下来的部分。这种干涉模式被称为"相位"。人类正处于时间交错的相位中，而现在，正是超客体的庞大性使相位问题变得尤为显著，现在我们将转向对该问题的探讨。

相位性

　　当我凝视澳大利亚原住民艺术家尤库尔提·纳帕甘蒂创作的《无题2011》时，我立即被画作的引力场牢牢吸引，似乎它在注视着我，甚至比我注视它还要强烈。仅从一幅简单的JPEG格式的图片来看，这幅画并无特别之处：它是一幅相当大的方形作品，由手工绘制的棕色细波浪线构成。然而，当我靠近它时，画作仿佛向我涌来，锁定我的视神经，将我置于其强大的磁场之中。纳帕甘蒂的作品以一层又一层的干涉图案冲击着我，相比之下，布里奇特·赖利的欧普艺术显得颇为简约，尽管我认为两位画家都让人惊叹不已。

　　我并未将纳帕甘蒂的画作视为一系列线条，再将其整合成一个整体来欣赏，相反，整幅画面作为一个整体跃然眼前。这幅画作再现了"梦幻时代"——澳大利亚原住民的超客体——的场景，同时也是沙漠沙丘地带的写照，那里曾有一小群女性采集食物、举行仪式。尽管《无题2011》描绘的是一个更大的空间，既宏大又接地气，但作为一件艺术品，它自成一体，绝非残缺不全的部分。我并不需要"组装"这幅画，它的每一部分都充满活力，绝不被动、死寂，等待被解读或完成。我发现自己无法离开这幅画，身上的毛发竖立起来，泪水滑落脸颊，我缓慢地泪别画作，但仅仅一个小时后，我又被其引起的共鸣吸引，再次沉浸其中。

我对于身处时间"之中"、栖居于一个"地方"之内的体验取决于规律的形式，比如昼夜交替的周期性节奏、太阳"升起"的景象——如今我才明白，太阳并非真的升起。现在众所周知，月亮的"月相"只不过是地球与月亮围绕太阳公转过程中二者相对位置关系的体现。超客体似乎在人类世界中忽隐忽现，它们处于相位之中，占据着高维度的相空间，这使得它们不可能在常规的三维的人类尺度上作为一个整体来被观察。

我们一次只能看到超客体的一部分。它们之所以呈现非定域性、时间上被压缩的特征，恰恰是因为其跨维度的特质。我们一次只能看到它们的部分面貌，就像海啸或辐射病的症状那样。若一个苹果侵入二维世界，二维居民首先会看到当苹果底部触及其所在宇宙时显现的一些点，随后会看到迅速出现的一系列形状，它们仿佛是不断扩张与收缩的圆形斑块，逐渐缩小至一个微小圆圈，甚至可能缩成一个点，然后消失。我们所体验到的熔岩灯般的流动性——在新唯物主义中，流动和渗出的隐喻比比皆是——恰恰是我们对更高维度结构感知不足的表征，而超客体正身处其中。

这就是为什么你看不见全球变暖。你必须置身于某个高维度空间才能清楚地看到其展开的过程。想象一朵水仙花，花朵就是其基因组中脱氧核糖核酸和核糖核酸执行算法的三维地图。褶皱茎尖展示了该算法在三维相空间中展开的最新状态，而花蕊底部则展现了花朵算法的起始阶段。你的脸庞就是其经历的一切的映射。现在再来思考全球变暖。我们看到的只是快照，一个实际上非常复杂的图像是一套超复杂的算法在高维相空间中执行运算。当天气降临在你头上时，你所体验到的只是那幅图像中一小部分的模糊复制品。你曾经以为真实的事物原来只是一种感官表现，是图像的一个薄片，是对全球气候变化的漫画式描绘。一个过程其实就是一个真实客体，只不过它所占据的维度高于我们所习惯的客体。

相空间是系统所有可能状态的集合，相空间中的对象既引人入胜又奇特。例如，如果你在相空间中绘制天气事件的总和，你会发现一个吸引子①，它看起来像一个折叠的数字8（如图7所示），爱德华·洛伦茨正是通过这种方式发现了第一个奇异吸引子（即洛伦茨吸引子）。一个足够高维的存在能够将全球变暖本身视为一个静态客体。这样一个实体——我们称之为全球变暖的高维客体——会有多么复杂且恐怖的触须呢？

①　吸引子：在动力学系统中，特指一种状态或一组状态，系统随时间演化最终趋向于此。洛伦茨吸引子是其一个著名的例子，用于描述天气模式。

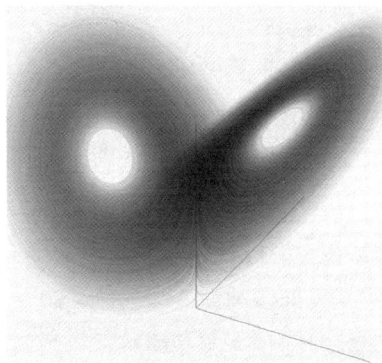

图 7. 洛伦茨吸引子。这一图案是首个被发现的奇异吸引子，它由适当高维空间中绘制的天气事件形成。

事实上，我只能看到这个巨大客体与我的世界相交时的片段。我称之为飓风的片段摧毁了新奥尔良的基础设施；我称之为干旱的片段将俄罗斯的平原和美国中西部烤焦；昨日晒伤的后颈令我瘙痒难耐。珀西·雪莱写道："某种不可见的力量的可怕阴影/在我们中间无形地飘浮[1]。"雪莱是在谈论"智性美"，但现在这句话在一个推测性的实在论宇宙中回响，就像他的诗《勃朗峰》一样，该诗在开头写道："万物的永恒宇宙之物/流经心灵……"[2] 在这首诗中，山峦如同一座灯塔，时隐时现："勃朗峰依旧在高处闪耀。"（第127行）山峰在相位中进进出出。

将事物视为"自然"，就是视其为一种或多或少静止或处于准稳态的连续体，被时间和空间所限定。大自然的经典形象是浪漫主义或赏心悦目的风景画。它就在那里，在画廊的墙上。画面中处处蕴含着"远方"的意蕴：看那些遥远的山丘，那分支引导我们沿着透视线朝向消失点，等等[3]。

我们可以让这幅画动起来，制作出一幅渗出的、流动的、熔岩般的版本。我们应对这些新改良版的"自然"保持警惕，他们只是将静态画面变为了流动画面。某种东西始终未变，那就是将时间视为容器的感觉。画面看似复杂——电影般的、德勒兹式的：德勒兹对电影的精彩理论化并非偶然。但这种电影般的流动早在浪漫主义时期就已被预见。在银幕出现之前，大量描绘主体流动的无韵诗篇开辟了一片意识形态空间，让电影能在其中显现。华兹华斯是第一位电影艺术家。论述这一过程关系论的理论家——怀特海、德勒兹——将时间视作图像在其中溶化与流动的液体。当代思想中这种流动美学正体现在它使我们能够追踪超客体的程度上。以电影《人造景观》为例，该片是对摄影师爱德华·伯汀斯基的研究[4]。摄影机追踪生产过程、电子废弃物堆积等现象。影片的开场镜头不可思议，穿越一座异常庞大的中国工厂时，其中的悲伤之情正是凝视时间飘浮的悲伤之情——我们无从知晓镜头何时结束，同时也不清楚工厂究竟有多么庞大。过程不过是从比客体低 $1+n$ 维度的视角观察到的对象。随着伯汀斯基在每个镜头中纳入越来越多的内容，影片越来越展示了工业如何"运行"只是更大范围的"非-

运行"空间中一个微小且被常态化的区域：我用连字符连接这个词，意指这个空间涉及一种黑暗或奇异的运行状态，其中的每个动作，即便是"正确"的运行，都显现出扭曲或"错误"。这就是生态视野令人不安的特质，而非某种整体的统一性。

过程哲学有助于我们想象高维实体的运作方式。因此，一种略微升级的看待超客体的方式便是图表或图形。从电影美学出发，我们可以进一步进入在相空间中执行的算法制作的图表和地图。如今，当描绘天气图时，功能强大的处理器就能够做到这一点。描绘气候图所需的数学计算，即所谓的浮点运算以每秒千万亿（10^{15}）次来衡量。绘制吸引子的图形并非仅仅为了提供附带的视觉辅助，而是科学工作本身。现在，软件所看到的东西确实已超出了审美容器和审美距离的世界，因为我们不再将时间和空间视为容器，而是将其作为高维相空间的维度包含在内。如今，时间深嵌于物体内部，正如我早前所述，时间如涟漪般贯穿客体，而空间则位于客体内部，将各个部分区分开。问题在于，当我们以这种方式绘制高维实体时，我们无法直接看到它们。软件为我们"看见"它们，然后我们看到的是数据或相空间的切片以某种方式呈现以便使用。

将超客体视为跨维度的真实事物是有价值的。全球变暖并不仅仅是一个与这个世界无关的抽象数学概念，超客体并不栖居于我们头脑中的某个概念彼岸或外界的某处，它们是真实存在的客体，影响着其他客体。事实上，那种认为物体是一回事，而关系（这是当我们谈论数学或超验时实际上探讨的东西）是另一回事的哲学观点，虽然提出了关于涌现或过程的复杂理论，却实际上阻碍了我们向生态时代过渡。

相位化意味着从某种饱和状态逐渐接近，然后减弱。在听者耳中，吉米·亨德里克斯风格吉他的相位仿佛忽远忽近，这是因为相位踏板限制声音的谐波范围，随后又解除限制。超客体似乎时隐时现，但这种现隐其实源于我们人类对其有限的感知力。我们所体验到的诸如日食或彗星等天体事件缓慢而周期性的再现其实是一个连续实体，其印记仅在我们的社会或认知空间中短暂出现。据此观点，我们所谓的天气观念就如同认为月亮盈亏存在于月球本身而非月球与地球的关系之中一样都过时了。相反，天气是人类对气候的感性印象，它既发生在人类身上，也发生在人类关注的实体上：奶牛、防洪堤、苔原、雨伞等。埋在我花园里的雨量计为我选取了这个超客体的小样本供我观察，即一管几英寸高的水。同样，走廊里温度计中收缩与膨胀的水银告诉我室内温度的变化，而我车内的传感器则在我驾驶时告诉我气候的一丝状况。我的注意力每天只能在全球变暖上集中几秒钟，然后回到其他事情上。一系列政府法规解决了气候变化的一个方面（灭绝），却忽视了其他方面，如失控的化石燃料消耗。人类对超客体的认知类似于建筑制图中的剖分技术。由于超客体占据的相空间比我们直接体验到的相空间维度更高，我们在同一时间只能体验到超客体的有限片断。超客体全球变暖持续搅动，释放出自身的幻影供人审视，人类无法将这个可怕的庞然大物可视化。我可以粗略描绘出洛伦茨吸引子，但要想象这么一个巨大的系统，其中洛伦茨吸引子本身只是一个小脚印，那至少可以说是令人发怵的。

纳潘加蒂的《无题 2011》是梦幻时代的一个相位，是一幅如同亨德里克斯吉他声波般起伏波动的相位画作。这幅画本身迫使我看到其越来越高的维度，仿佛相空间的层次层层叠加于其他层次之上。这些层次显得深邃，仿佛我能伸出手臂探入其中。它们悬浮于画面前方。这幅画将我牢牢吸引，使我如痴如醉。它看起来像一幅相空间的地图或图表，从某种意义上说，又只是一幅描绘女性如何穿越沙丘的地图。然而，看似地图的东西实则是一件武器。这幅画散发出时空感，散发出审美场域。它是一个单元，一个发挥功能的量子。它是一个装置，不仅是地图，也是一个工具，如同萨满的铃鼓或计算机算法。这幅画的功能似乎是在我身上烙印一个超客体的鲜红阴影——澳大利亚内陆、梦幻时代、历史悠久的皮努皮九族、失落部落、地球上最后一批新石器时代的人类。当我们谈论超客体时代的艺术时，将会看到纳潘加蒂以某种方式成功地将地图与装置结合这一点多么重要。

这里重要的是，我们面对的情况与认为可数学化的实体支撑着其他实体的观点相反。本书所倡导的观点认为，客体蕴含了可数学化的形式。换句话说，数实际上就是可计算性:"一"意味着可数的一。这并不意味着我在"硬性"数学之外补充了一些温暖模糊的语言,海德格尔本人和他的辩护者们(更是)有时会陷入这种语言。这种防御性思维无济于事,正是它在过去两个世纪中将所有人文科学局限于越发狭小的人类意义孤岛上,大加速进程要求我们在这一方面团结一致。

数学实体是转述——数学实体是"温暖模糊"的实体,处于人类意义的此岸。超客体对于我们来说就像高维相空间中的地图,因为我们无法凭借感官从整体上把握它。但这与认为数学关系支撑着事物的柏拉图主义恰恰相反,这只是意味着数学本身就是mathēsis,这是一个接近藏语gom(意为冥想)的希腊术语。gom和mathēsis都表示类似于"习惯""逐渐适应"的意思[5]。就此而言,数学超越了数字,是心灵适应现实的方式。洛伦茨吸引子是我们呼吸更高维存在——气候——的稀薄概念氧气的一种方式。气候并非"空间"或"环境",而是一个我们不能直视的高维客体。当雨水打在我头上时,是气候在下雨,是生物圈在下雨,但我感受到的是雨滴以及雨滴之间的间隙,正如我在"存在的地震"这一章中所示。事实上,康德用来说明自身抽离的例子正是不起眼的雨滴。当我感受它们时,我从人的角度解读它们:湿漉漉的、冷冰冰的小东西敲击着我的雨衣。雨滴本身则彻底抽离[6]。

我的大脑意识到超客体的时刻和意识不到超客体的时刻

之间存在间隙，而我感知到的间隙并不内在于超客体本身，这并不仅仅是我的"主观"意识与"客观"世界之间的问题。与超客体相比维度更低的物理客体同样如此。一座城镇在遭受一组龙卷风袭击与遭受另一组龙卷风袭击之间经历的间隔，并不标志着两个超客体之间或是一个超客体内部的虚无间隙。全球变暖并不会像人一样在周末去打高尔夫球。这些间隔和断裂仅仅是超客体本身不可见的存在，超客体始终环绕着我们。在这种观点下，超客体就像是表现主义画作中令人不安的小丑，它们覆盖画面上可用的每一处，无情地窥视我们的世界。"背景"及其"前景"的概念只是根本不会"离开任何地方"（至少在人类或城镇规模上不会）的客体的相位而已。

表现主义绘画、诗歌和音乐的那种精神强度，远比冷静的相位流动数学图表更能有效地传达有关超客体的内容。图表是漫画，而非窥视的小丑。一个幽闭恐怖的宇宙向我们揭示自身，其中充斥着各种事物：辐射、太阳耀斑、星际尘埃、路灯柱和虱子。表现主义消解了背景与前景之间的游戏，客体在逼仄或幽闭的画幅空间中奋力向我们逼近。按照这种观点，对世界的感知是对事物之间和事物背后的间隙与背景的虚假意识。如此看来，超客体带来了世界的终结，这一点我将在第二部分论述。

当声波呈现出时宽时窄的相位时，另一个声波与一系列声波相交。在更低层次上，当一波抵消另一波的部分时，就

会产生节拍。要形成节拍，必须有 1+n 个波相互交叉。相位
是一个物体转变另一个物体的结果，这是物体间相互影响的
一个特征，在更充分解释超客体如何相位化之前，我们应该
对此稍作探讨。

　　MP3 样本通过删减部分内容的"有损"方式压缩声波。
音乐录制时首选的采样率为每秒 44，000 次，因此在一秒钟
的声音中，两面各有 44，001 个空洞（现在他们知道了填满
阿尔伯特音乐厅需要多少个空洞）[7]。类似地，JPEG 是对图
像的一种有损压缩样本，当你复制一个 JPEG 时，副本中的
空洞比原件更多，所以每次复制都会导致 JPEG 质量不断降
低。制作 JPEG 时，芯片上的光敏电子元件受到光子轰击，
其中一些被转化为屏幕上以像素表示的可见信息。一系列工
具执行一项功能，并撤退到背景中，与所产生的图像形成对
比。当我们仔细审视整个系统时，会发现一堆相互作用的装
置，它们将诸如光子或声波等印刻事件转换成电子信号或电
化学信号，或以其他方式改变这些信号。

　　超客体穿越千层滤网，在网状格的另一端以转码信息的
形式显现。硕大的雨滴预示着即将到来的风暴，闪电以一种
不寻常的方式闪烁着，而这正是全球变暖的标志。相位是客
体在相空间中大规模分布的索引标志，而相空间的维度高于
用来探测它的设备（如我们的耳朵、我的头顶或风向标）。
索引是一种直接作为其所指示内容一部分的符号。在互相联
系的网格中，超客体穿过的滤网，使得其中较小的事物成为

其所处超客体的索引。一群鸟在湖上停留很长时间，青蛙挤在潮湿的门阶上取暖和保湿。

我们在处理相位现象时，面对的是作为超客体转喻的索引性符号。转喻是处理部分与整体及其关系的修辞手法。当我们研究超客体时，遇到的是一个奇特的构成论，其中部分并不消失于整体之中[8]。相反，似乎我们所拥有的是拉康术语中所谓的"非全集"，客体似乎包含超越自身的更多内容。湖上的一群鸟是一个独特的实体，同时又是多个超客体——生物圈、进化、全球变暖——的一部分。超客体与其索引性符号之间存在着不可避免的错位，否则又有什么好大惊小怪的呢？地球会清除病原体，继续其自我存在的历程。但一个物体既是它自己，又不是它自己，因为它包含无法完全被吸纳进自身的部分。否则，相位、节拍以及作为事物间相互作用的一个方面的索引性符号就不会出现。相位客体是存在核心断裂的标志。

此断裂并非一个如裂缝或接缝那样可以作物理定义的地方。它不能在物理上被定位于空间或时间"之内"，因为空间与时间恰恰处于其"此侧"。超客体相对于我们足够庞大，所以我们能察觉到这一断裂。遵循海德格尔的思想，我开始将此断裂称为"裂隙"。裂隙存在于一个本体论交界处而非物理交界处，该交界处介于一个事物与其对另一个事物或多个事物的显现之间。因此，关系网位于裂隙的一侧，即近侧，而我所谓的"奇怪的陌生者"则位于另一侧，即远侧——再次强调，这种远近并非指空间上的远近，而是本体论意义上的远近。

由于我们谈到的奇怪的部分论，这些"其他事物"中的一个可能就是所讨论的客体！一个客体可以是自身的成员，这就引发了困扰罗素的集合论悖论。如果一个集合可以是自身的成员，那么我们可以想象一个不是自身成员的集合。为了应对这样的悖论，我们可以采取以下两种方法中的一个。一种是忘记我们刚刚发现的关于超客体的一切，另一种是允许矛盾实体的存在。在本书中，我们将选择第二条路，这条路已经被逻辑学家格雷厄姆·普里斯特在一系列开创性的书籍和论文中有效确立[9]。

罗素集合悖论可以看作类似于数学超客体的继子，即乔治·康托尔发现的超限集合。想象一条线，现在通过去掉中间的三分之一将这条线分成两段，于是你就有两条被空隙隔开的线。接着用这两条线重复这个过程，无限重复，你就得到了一个康托尔集，一个包含无限多个点和无限多个非点的实体：一个令人难以置信的双重无限，仿佛我们突然发现某些无限比其他无限更大。无限不再是一个模糊的抽象概念，而开始变得非常精确，可以计算。正如威廉·布莱克所写的那样，我们可以将无限放在手掌中[10]。一个被称为谢尔宾斯基地毯的二维康托尔集构成了手机的天线，因为电磁波是分形的，并包含了它们自身的无限小的副本：分形天线比简单天线收到的波更多。如果一个实体的部分多于其整体所能包含的，那么在某种意义上，客体就是超限的，其分形比其外表所透露的更多。

那么，客体就如同《神秘博士》中的塔迪斯——一艘内部比外部看起来要大得多的时间旅行飞船。塔迪斯拥有一套"变色龙电路"，使其能与附近的其他客体步入相位；遗憾的是，对于博士而言，变色龙电路被卡在了 20 世纪 60 年代的警用电话亭。当塔迪斯出现与消失，与特定时空区域进出相位时，产生的令人不安的、摩擦般的轰鸣声恰是超客体相位的一个生动图像。然而，《神秘博士》每集都会出现时空隧道图像，并非事物的基础；相反，它是实体与其表象之间的裂缝两侧的网状物，一个飘浮于事物前方的深渊。这个深渊并非事物的基础，它是事物的非空间性"间性"，使事物得以共存。每当我将手伸入烤面包机，便是将身体的一部分投入了深渊。

深渊在任何两个或更多客体相互作用时开启。实际上，由于客体内在不一致（这一点我们会回头说），深渊仅仅由于裂隙而开启，这是一个客体能够"与自身互动"的事实，因为它是一种间隔和定时，而不是一个给定的、对象化的实体。我们已经看到，在量子层面，系统似乎能自动产生影响，循环作用于自身。相位是事物之间或者说是事物内部某种相互作用的证据，如果此刻这么说不算太矛盾的话。（这让人联想到那个笑话："鸭子之间有什么不同？它的腿是相同的。"）实体似乎来来去去，在载波的微风中来回摇摆，时弱时强。一个物体在一种传递的意义上乘以另一个物体。月亮乘以地球，太阳以另一种方式乘以地球。季节是地球轨道对太阳的转换。日光与黑夜影响着房屋，使之有阳面和阴面。闪烁的转向信号使我的汽车、道路与其他车辆彼此进入相位。电磁波使水呈现不同的相态（例如液态或气态）。平滑相变是对我而言，而不是对从一个轨道跳跃到另一轨道的水分子中的电子而言。相变事关审美，对其他实体或更多实体而言是种感性存在。

深渊并非空洞的容器，而是一群汹涌澎湃的生命，就像是《神秘博士》片尾中对超空间的遐想，这一遐想在《星球大战》第四集中千年隼号以超光速飞行时再现[11]。超客体的"超"性，正是我在意识到湖面上一群鸟因全球变暖而在此栖息时所感知到的深渊特质，深渊生动且位于事物的"此"侧。我们已看到，正如美国汽车右后视镜上所标注的那样，"镜中物体比看起来更近"。

客体间性

身处台湾中部奇莱山的一片广袤竹林之中，人仿佛被空气、叶片与竹竿构筑而成的剧场环绕。竹子随风摇曳，时而猛烈，时而轻柔，每一阵风都会引发前后左右的竹叶发出阵阵清脆的碰撞声。一种复杂得让人啼笑皆非的声音组合悬浮其中，如同打击乐与搅动一碗鹅卵石或细小水晶的手。风声蕴含在竹林中，这片竹林宛如一个巨大的风铃，将风的律动转化为竹语。竹林无情地将风"竹化"，将风的压力转化成运动与声音，形成了一片竹风交织的深渊。

这种事物面前的深渊是客体间性的体现。它飘浮于客体之间，在它们"之间"，尽管这个"之间"并非处于时空之内，而是时空本身。从这一视角来看，我们所谓的客体间性（人类意义产生共鸣的共享空间），只是更大的客体间配置空间的一个小区域。超客体揭示了客体间性。我们称之为主体间性的现象，实际上只是更普遍现象的一个局部的、人类中心主义的例子，那就是客体间性。请不要误以为我指的是先于主体间性或在其之下或背后的东西。不妨将主体间性视为人类熟悉的客体间性的一种特殊情况。换句话说，"主体间性"实际上是划定了界限以排除非人类因素的人类的客体间性。这一点在对主体间性的解构批评中尤为明显：这些批评往往依赖于主体间性这一概念排斥组织和传递人类信息的媒介的方式，比如教室、手机和市场，抑或是纸张、墨水与书写，或者是两台复印机或视频显示器，正如史蒂夫·卡尔弗特的艺术作品所示，其中不同设备相互反馈，类似于将电视摄像机对准电视显示器的情形（图8）。我家中的电线布

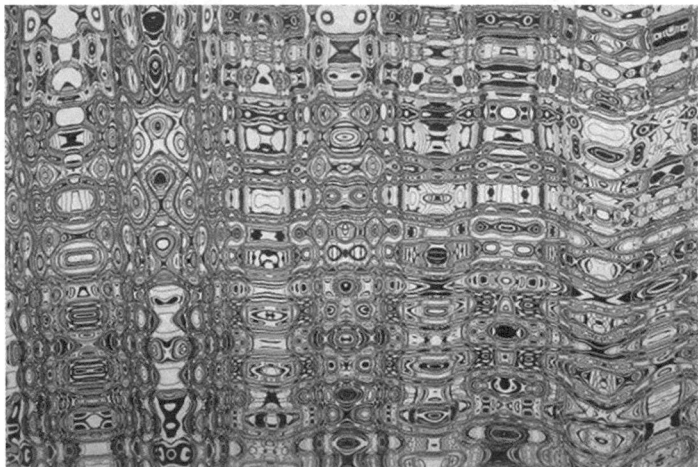

图 8. 史蒂夫·卡尔弗特，《电磁生命3》，视频反馈。当一个实体与另一个实体产生足够的共鸣时，就会产生反馈回路。按照本书使用的术语，这样的系统是有客体间性的。主体间性可以被视为具有更大客体间性可能性的空间中的一个较小区域。经许可转载。

局就是一个客体间性的系统。电灯泡、微波炉、电线、保险
丝、三台电脑、太阳能电池板和插头等物品分布得如此巧
妙，它使能量尽可能均匀且平等地在它们之间流动。若这些
物品以不同方式排列，例如将电路设计为串联而非并联，则
它们的表现将会迥异：有些物品可能完全无法运作，而有些
则面临更高的起火风险。同样地，我家街道上的房屋与街道
本身、车辆、流浪狗及弹跳的篮球共同构成了一个客体间性
系统。我们可以按这种方式随心所欲地不断扩展规模，最终
会发现，所有实体都交织在一个我在别处称为"网眼结构"
的客体间性系统之中[1]。

　　网眼结构由纵横交错的金属线以及线条间的缝隙组成。
这是一个强有力的隐喻，用于描述事物之间奇特的相互联
系，这种联系导致信息无法完美、无损地传输，反而充满了
间隙和缺失。当一个客体诞生时，它立刻就会被编织入网眼
结构中，与其他物体建立相互关系。海德格尔将这个网眼结
构称为器具的关联结构，这一术语大致源自相同的隐喻[2]。
从本体论的角度（客体导向本体论的立场）来看，网眼结
构并不潜在于事物之下，而是悬浮在事物"顶端"，位于事
物"之前"[3]。

　　网眼结构由链接及其间的间隙组成。当我们以一种扩展
方式来思考因果关系，使之包括我所称的"转化"时，这
些链接及其间的间隙就产生因果性。MP3 是声音的高穿孔
版，JPEG 则是图像的高穿孔版。每个物体展示的网眼结构

也同样存在于较少穿孔的链接集合以及不太规则的链接集合中。正是事物之间以及事物内部的这些间隙，使得实体能够像汽车手动变速系统的同步啮合装置那样对它们进行有效抓取。"网眼结构"意味着线与线之间存在缝隙[4]。

这一事实深刻地影响了我们对因果性的理解。正是在这种因果维度中，事物发生或不发生。无论是诞生、消亡还是持续存在，都是网眼结构经历的某种程度的扭曲，如果仪器足够灵敏，这种扭曲可能会在整个网眼结构中引起感知。如今，伊利诺伊州的引力波探测器已经能够检测到已知宇宙诞生之初的物体发出的引力波[5]。迄今为止接收到的信息呈现出奇特的周期性，像是像素化的，如同工业生产出的网眼结构中规律排列的空隙一样。有趣的是，"网眼结构"（mesh）一词在词源学上有与质量（mass）和面具（mask）相关的含义，即事物的实质性和它的幻象性质（正如我在此处简短论述的那样，这种幻象性质具有因果影响力）[6]。

受肯·威尔伯理论的启发，整合研究领域的作者们创造了"客体间性"这一概念，用以描述相关客体相互关联的系统，与相关主体系统形成对照[7]。以这种方式使用这个词，就相当于什么都没有改变，反观我此处阐述的观点，何为主体、何为心智只是客体间性的效果，是网络结构中客体之间关系的特征。神经元在大脑内部交织成网，大脑位于生物体颅骨之内，而此刻，此生物体正端坐于计算机前敲击出这些文字。用海德格尔的话来说，思维并非居于大脑之内，而是被"抛"到一个客体间性的空间，构成它的有银行家台灯①、颅骨、计算机、键盘、手指、神经元、在 iTunes 上播放的马勒第七交响曲、由迈克尔·蒂尔森·托马斯指挥的旧金山交响乐团、一双眼睛、一把覆盖着黑色天鹅绒的中型丹麦实木餐椅、肌肉系统等[8]。

人工智能中的"联结主义"思想所产生的能动智能理论也认为，心智是客体间性的。根据这一理论，若某实体展现出具有心智的行为特征，即可视其为有心智之人。换言之，个体的心智实为某个"观察者"眼中的效应，它并非寓于任何实体"之内"，也非先于客体存在，而是这些实体的后效应。断言心智是客体间性的，实质上是接受艾伦·图灵在其开创性论文《计算机器与智能》中提出的基本观点：无论是人还是运行着复杂软件的计算机，皆不可见，它们只是对观察者的提问给出回应。若观察者判定答案出自人类，则答案便被视为出自人类[9]。此种人格形态是非常弱化的：这意味着，实际上，我并非非人类，因为机器给出的答案和人给出的答案之间没有区别。因此人格也是网眼产生的效果，远观似乎坚实稳固，而靠近审视却发现其中遍布洞隙。

①　银行家台灯起源于英国，由灯泡、绿宝石色的玻璃灯罩和铜质的台座组成。其形状像只倒置的浴缸，灯罩还可旋转以调出不同的照射角度，且铜质的台座稳重而坚实。

如果我们认为意识是某种神经结构的突现属性，我们将陷入索李斯特悖论：何为堆？或者说，意识究竟是从哪里开始从非意识中显现的呢？

所谓的意识是一种审美效果：意识为了自身的存在而存在。但这并不意味着意识是虚幻的。譬如，当我谨慎地穿越布满尖石的地面时，在一位手持望远镜、路过此处的热气球驾驶员看来，我最明智之举无疑是避免失足摔倒。蚂蚁爬过沙粒的行为中亦蕴含相同的智慧[10]：智慧不必表现为头脑中的现实愿景，而应被视为"观察者眼中"各类实体之间的相互作用，此处的观察者自然包括我本人，我在冰川上蹒跚而行，自以为颇为聪慧，直至自己的倒影使我失衡滑入冰冷的水中。我的身体、冰川、冰冷的水、大脑以及靴子共同构成了一个客体间性系统，在网格状的相互作用中形成一种亚稳态的旋涡结构。然而，正是超客体让我们生动地瞥见了客体间性。由于我们仅能窥见其影子，我们很容易就能看到它们的影子所落在的"表层"，而这正是它们所组成的系统的一部分。我们眼前呈现的是一系列相互作用的索引符号。

基于上述观点，心灵哲学最喜欢的对象"桶中之脑"确实可能是一个心智系统，它由桶、水、大脑及电线等要素共同构成。然而，有可能这个大脑不同于充满果冻的游泳池中的大脑，或是活生生、会呼吸的身体内颅骨中的大脑。既然超客体被定义为我们所知的最大、最持久的客体，且如《星球大战》中原力的某种恶魔化身，善于抓住一切机会侵入并渗透进物理躯体，那难道我们的心智作用方式不是很有可能在某种程度上（甚至很大程度上）受到超客体的影响吗？这样一来，当我们探讨超客体时，难道不是也在某种程度上反思人类心智的潜在条件？换言之，用马克思主义的话说，对超客体的思索难道不是触及心智的物质基础，而不止于（意识形态、文化层面的）上层建构吗？这就意味着对超客体的解释在一定程度上也是对人类心智构造的解释。由此，我的思维是对超客体（如气候、生物圈、进化）的心智转换，这并非仅停留在比喻层面，而且是字面上的。某些思辨实在论哲学确实以这种颇具挑战性的方式认识到思维的物质根基，其中尤以伊恩·汉密尔顿·格兰特[11]的研究为代表。

客体间性构建了一个在传统客体"前面"的本体论空间，此空间产生了诸如思维等现象。超客体的宏大规模及分布迫使我们正视这一事实。超客体展示了"客体间性"的典范，即在某一共享的感知空间中，任何事物都无法被直接体验，只能经由其他客体被认知。正如海德格尔指出的，我们实际上从未真正听见风本身的声音，而是听见风穿过门扉、拂过林木的声音[12]。这意味着对于每个客体间性系统，总有至少一个实体不可见。我们看着某块古岩上留存的恐龙足迹（参见图9），恐龙这一实体便栖身于客体间：在岩石、我们自身与恐龙之间存在着某种形式的共享空间（尽管恐龙并未直接在场）。恐龙在泥泞中留下的足印，历经六千五百万年变迁，成为人类眼中的岩石上凹陷的足形图案。因此，尽管有巨大的时间跨度，恐龙、岩石与人类之间仍维系着某种感性联结。

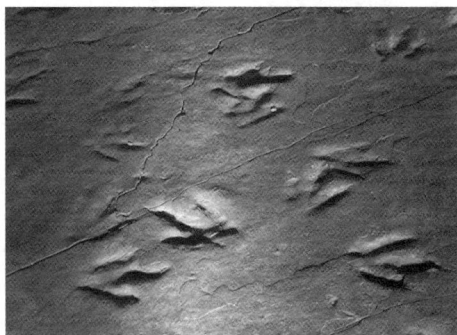

图9. 康涅狄格州洛基山的恐龙州立公园与植物园的恐龙脚印。这是客体间性系统的一个例子，（至少）包括一只恐龙、泥浆、一位人类摄影师和电磁波。照片由达德罗拍摄。

当我们的思绪回到恐龙繁衍生息的远古时代，我们发现了一种奇特的现象。在那里，我们面对的是又一个客体间性空间，它传递着对恐龙的种种印象——一些不幸的猎物身上留下的牙印、恐龙看着下一个受害者时冰冷的眼神，还有她皮肤光滑、有鳞的触感。恐龙在泥土上踩踏出足迹，但足迹并非恐龙本身。一只苍蝇落在恐龙左眼睑上，它恐惧的是恐龙眼睑而非恐龙。恐龙眨眨眼，那瞬息间的动作亦非恐龙。恐龙豌豆大小的脑中记录着苍蝇的脚，这记录也不是恐龙。恐龙尚未灭绝时，其痕迹甚至更多。哪怕恐龙自身也不能完全认识自己，只有一个粗略的译本对其存在进行取样和编辑。无论是蚊子还是小行星，它们各自携带着独特的恐龙样本，但这些样本同样并非恐龙本身。为何如此？

因为有一只真正的恐龙，它甚至从自身抽离。真正的恐龙是神秘的，但并不模糊——就是这只恐龙，这只踏在泥里的真切的恐龙。神秘（mystery）一词来自希腊语 muein（关闭）。恐龙封闭、神秘、难以言说——不仅是对我们而言，对她自身亦然。与她有关的任何事——她微弱心智的思索、脚的印记、苍蝇精巧的花纹、我对恐龙的思考——均发生在一个客体间性空间，这个空间在本体论意义上位于这神秘领域之前。经过足够长的进化历程与地质时间，这一客体间性空间逐渐显现。

奇莱山上的古竹林就是一个超客体。观看一部竹林影片时，我们能看到风穿过竹林，听到竹竿相互碰撞发出咔嚓声。然而，我们能看到的画面是 QuickTime 格式视频，它以特定速率对视觉图像和声音进行采样，并将它们转化为或多或少有孔的版本。你能看到的是我的手因右前臂肌肉难以维持静止而轻微颤动。你能看到的是来自太阳的光子，它们从叶绿体的量子中反射出来，使竹子变绿。你现在看到的是叶绿体，一种躲避 25 亿年前它们造成的环境灾难的细菌，这种灾难被称为氧气。客体在其他客体上留下印记，所有这些采样事件的总和构成了历史，"历史"这个词在希腊语中蕴含矛盾而奇妙的双重意涵，既指事件本身，也指对事件的记录。

超客体拥有自己的历史，这不仅源于它们与人类的交互。

严格来讲，这段历史是超客体的时代。雨滴洒落在加州西部的土地上，它们记载了拉尼娜现象的历史，拉尼娜现象是太平洋的一个大型气候系统。特别是，它们记录了日本海啸是如何舀起拉尼娜的一部分，并将其倾倒在美国这一客体中的树木、山丘和其他物体上。拉尼娜现象自身又记录了全球变暖这一超客体。同样可能记录了这一超客体的还有日本地震，因为海洋温度变化可能改变地壳压力，触发地震。地震摧毁了四座核反应堆，其中释放出的量子被称为 α、β、γ 粒子，它们深深嵌入全球的软组织中。我们成为全球变暖与核物质的活教材，在这本书上，客体间性的笔迹纵横交错。

恐龙在泥浆化石中留下的足迹并非恐龙本身，而是超客体演化的痕迹，它将我、恐龙、泥浆以及我有意识地记住这一切的行为串联起来。在宇宙微波背景中，有一个巨大的空洞，对某些天体物理学家而言，它讲述了与我们的宇宙相碰撞的泡沫宇宙的故事[13]。超客体留下的痕迹无处不在，如同隐身的正义女神阿斯特雷亚一般"永远离开了这个世界"[14]。尽管这种视角富有启示性，但也有让人困扰之处，一些略显不可思议的东西迫使这些哲学家：（1）严格区分因果层面与审美领域；（2）将审美领域视为某种"恶"的领域。

超客体的足迹内含更让人惊异之处：这些足迹标识出的因果关系既有主观性又有客观性。因果关系与审美（符号、意义和感知领域）在此合二为一。超客体如此宏大，它迫使我们接受这种反直觉的认识。客体间性消除了因果与符号之间的差异。让我们暂停片刻，去体味其中蕴含的非凡之处。

要做到这一点，就要绕过一个看似无关紧要的区域，即认知与意识，这样将使其更有启发性。绕道的益处之一是有助于揭示为何客体间性的观点令人如此惊讶，这与关联论——将思维局限于人类与世界的关联的观点——的悠久历史有关，它导致了语言学和人类学（等）结构主义论述中的纯粹关联论，以及斯宾塞·布朗的控制论等理论的产生。

神经科学对神经元如何产生思维感兴趣，当它思考卢曼的系统理论①及其背后的斯宾塞·布朗《形式的法则》[15]的"标记"（Mark）② 时，它就能体会到将符号和因果关系结合起来的神奇力量。超客体视角则进一步深化了这一理论，如同解构主义为结构主义理论添加了对关系意义的理解。或者说，它可能揭示了解构所消除的部分：每个意义体系内必

① 德国卢曼的社会系统理论将"沟通"（而非"人"或者"行动"）看作社会系统的基本要素。它认为社会系统是一种在一个封闭循环的过程中不断地由沟通制造出沟通的自我制造系统，它既具有（操作上的）封闭性，又具有（对于环境的）开放性。他的理论强调了系统的自我组织能力和环境的复杂性。

② 标记（Mark）是斯宾塞《形式的法则》（Laws of Form）一书中的基本术语，在斯宾塞·布朗看来，"标记"区分了"此物"与"除此之外的其他事物"，是形式逻辑的基础。斯宾塞·布朗通过这个概念来探讨信息、通信和认识论的问题。

然存在某种系统无法解释的不透明性，体系必须包容并排除这种不透明性以保持自身的完整。这便是斯宾塞·布朗的"标记"（Mark）与雅克·德里达同期的"重新标记"（re-mark）① 之间本质的区别——符号并非符号，而是一个污点、痕迹，或仅仅是写有标记的可刻字的表面[16]。在这种情况下，解构主义看似怪异的言论比其解构的关系论更能揭开神秘面纱。

每个客体间性空间暗示着附近至少还有一个客体，我们称其为"1+n"。书写依赖于纸张、墨水、字母、惯例等1+n个实体。人类将杯子拟人化，杯子反过来将人类杯子化，如此循环往复，在这个过程中总会有1+n个客体被排除在外。回到意识问题上，我们可以看到客体间性运作的方式与解构揭示"重新标记"的方式颇为相似。解构或许只是冰山一角。心智由神经元与其他客体的互动产生，这正是因为这些互动本身总是蕴含美感、具有因果性。系统思维的魔力在支撑客体系统的客体所散发的更深层次的魔力面前黯然失色，

———————————

① 在德里达的哲学中，"re-mark"可以被理解为一种重新标记或注释的行为，它质疑和挑战传统意义上符号和文本的固定性和确定性。德里达认为，文本、语言和意义都是流动和变化的，没有一个绝对的中心或本质可以固定它们的意义。"re-mark"在这里可以被看作是一种对传统意义的重新审视和重写，它强调了文本的开放性和多义性。

这些客体引发了时间、空间与因果性。超客体只是让我们看
到了一般情况：

1. 尽管普罗泰戈拉①可能不同意，但客体并非专为
人类量身定制。

2. 客体并非出现在时间和空间"之中"，而是投射
出时空。

3. 因果关系并非像地下室中的机器般在客体下面搅
动，而是浮于它们前方。

4. 爆炸等事件发生的因果维度，也是画作《下楼
的裸女》等事物产生的审美维度。

因此，将因果关系视为地下室的机械装置而审美是上面
的糖果的观点，类似于吞吃水手的女海妖斯库拉和卡律布狄
斯的观念，已经过时了，因为中型客体（如全球变暖、恐
龙、一滴酱油）的观念已被取消唯物主义②粉碎。超客体这

---

① 普罗泰戈拉是智者派的主要代表人物。他主张"人是万物
的尺度"。

② 取消唯物主义（eliminative materialism）认为我们从日常，
或基于常识来理解心智从根本上是错误的，并且由常识所假定的某
些甚至全部心智状态实际上并不存在，在成熟的心智科学中也没有
任何作用。

一概念的出现让我们得以超越这种陈旧观念。

现在，我们对超客体的时间特性得出一个令人震撼的结论。如前所述，超客体的显著痕迹表现为指示性符号，它如同隐形人在沙滩上留下的清晰脚印：阿斯特里亚正"不停地远离这个世界"[17]。这引出一个令人惊讶的结论，挑战了在场形而上学①，即时间是一系列现时刻的集合、存在即为实体等观念。相反，我们发现"当下"是一个不断变化的、模糊的舞台，如同刚刚被潮水冲刷、带有阿斯特里亚足印的沙滩。事物的外观，即沙滩上的指示性符号，是超客体的过去。我们通常认为，对于某些实体（如雨量计、传感器、哲学家）而言，潜伏在当下事物下的是其过去状态，即其表象，其因果痕迹漂浮在表象领域（即审美维度）的前方。

设想一座城市，它有各种道路和街巷，也许这是你日常生活中未曾留意的。然而更重要的是，即使你在伦敦这样的城市生活了五十年，你仍无法彻底领悟其辉煌、压抑、欢乐的本质。伦敦的街道、公园、居民、行驶过街道的车辆共同构成了伦敦，但它又远不止是这些元素的简单叠加。伦敦的整体价值不只是各部分的总和。伦敦也不能被简化为这些部

---

① "在场形而上学"（metaphysics of presence）将存在理解为某种静态的、永恒的实体或本质，这些实体或本质以某种方式"在场"或显现出来。这种形而上学将重点放在了事物的显现状态和可感知的在场性上，而非它们的变化过程或动态存在。

分。它不能被向上或向下"还原"。同样，伦敦并非只是我头脑的产物，不是人类建构的概念——想象伦敦特拉法加广场上的鸽子。伦敦也不仅存在于你乘坐维多利亚线地铁穿越隧道抵达皮姆利科站的那一刻，也不仅存在于当你想到伦敦或是当你写下关于伦敦的文字时。伦敦不能被"向上还原"为思维、驾驶或写作等（人类行为）过程的事后影响。在此意义上，创作音乐确实像在建筑上跳舞一样美妙。万物皆如此。

地下街道、罗马墙、封闭的房屋、未爆的炸弹，都是伦敦历史的见证。伦敦的历史塑造了它的形态，形态即是记忆。奇怪的是，我们又回到了亚里士多德那里。他指出事物的形态即其本质，而物质（"质料因"）只是一种视角把戏，是对客体——如采石场、沙粒、碾碎的恐龙骨骼的回眸，这些客体被挪用来形成相关客体。伦敦是其过去的写照，当你漫步街头时，你正在走过历史。建筑上的尘土是建筑的一部分，约翰·拉斯金称之为时间的斑点[18]。如同硬盘是刻有数据的表面，伦敦是一系列刻有因果关系的表面。因果关系与审美表象（感知）并无二致。

表象是过去，本质是未来。超客体怪异的陌生感与不可见性，即其未来，以某种方式被送到"现在"。其未来性就是所谓的"吸引子"，如洛伦茨吸引子，是占据高维相空间、追踪天气模式的实体。很难将吸引子想象成与目标、命运、目的地或终点完全相反的东西，但这恰恰是吸引子的含义。吸引子并非通过时间将事物拉向它。从这个角度看，吸引子这个词具有误导性。相反，吸引子从未来向现在发送时间性，用《时间波动性》这章阐述的术语来说，吸引子是超客体的未来的未来。未来的未来在本体论上位于过去"之下"！吸引子的任何局部表现不过是一张旧照片，是表象，因为它存在于客体间性区域，这一点甚至比"表象是过去，本质是未来"这一事实更令人惊奇。

因此，我们所需要的不仅仅是我所论述的无自然生态学。如我将在本研究的后面部分中提出的，我们还需要无物质的生态学。总而言之，我们需要无当下的生态学。实际上，可以有力地论证，当代环保主义的现在主义①使其站在了历史的错误一边，这种现在主义体现在多种形式。考虑我所称的生态模仿中常用的即时性修辞手法②：停止思考，走进自然，停止反讽。现在主义还体现在停止思考、立即行动的命令中，这是当代美丽灵魂③所采取的矛盾形式，它是现

---

① 现在主义（哲学）认为过去和未来都不存在。

② 即时性的修辞通常指的是一种强调直接体验和即刻理解的表达方式，它否认或排斥传统中介，如经文、仪式和善行等在达到精神或知识目标上的作用，常见于文化和宗教传统中，特别是在强调直接体验和个人启示的领域。

③ 美丽灵魂（beautiful soul）在哲学中通常指一种理想化的人格，它追求高尚、纯洁和道德上的完美，有时可能因为过于理想化而忽视了现实世界的复杂性。此处用来批评那些倾向于立即行动而不考虑长期后果或不进行深入思考的当代环保主义者。

代性的一个决定性、主导性的主体立场，自 18 世纪末以来一直与我们在一起[19]。如今，美丽灵魂的诱惑之歌往往以号召人们立即行动的形式出现！从这个意义上说，它似乎与自身相反。以我近期在推特上的一段简短交流为例，请看我在那里读到的一条评论："迈克尔·摩尔是自私的，因为他的电影未能引发真正的、实质性的社会变革。关键是要改变事物，现在就行动。"这听起来像是"自然"的命令："关键是要停止思考，停止反思，去行动。"所以，当我读到布拉西耶翻译的昆汀·梅拉苏的思辨实在论宣言——"伟大的户外"[20]时，我感到不适。

这些行动指令维持着现代性特有的玩世不恭的意识形态距离，而这种距离又会诱发内疚感，使真正的行动——当然也包括反思和艺术——陷于瘫痪。然而，对我们的目的而言更重要的是，超客体本身阻止了我们成为现在主义者。在未来与过去、本质与表象之间敞开的巨大裂隙中，当下实际上是无迹可寻的。我们只是根据意愿放大它，这种想象的产物是一种癖好、一种虚构：一秒，一小时，一天，一个世纪，乃至一千年或一个地质时期。每一台计时装置（尤其是数字设备）都烙印着这种霸道的在场形而上学观念，我认为（虽无确凿证据），这在某种程度上加剧了现代人的心理困扰。对此困扰有一种非常简单的解释：当下并不存在，而时钟却在不断地尖叫，要求你立刻转移注意力，参加会议，在访谈节目中露脸，签署离婚协议，购买产品。

切勿将此观点误解为卢德原始主义①。这一言论仅仅基于对不同类型时间性的一些相当生动的体验。诚然，当一个人被周围无处不在的在场形而上学包围时，这些观念被刻入人们身边的每个设备中，要相信这一点是困难的。我提出的应对现在主义的方案并非那种在自然神秘主义中盛行的准佛教式②的"活在当下"。非人类的有感知的存在物因其生活在"当下"而得到我们的尊重（或同情），这样，在尊重（或同情）它们时，我们只是将它们视作我们技术时代的工具，是形而上学存在滴答作响的时钟的延伸。这绝非一种进步的生态策略。同自然、物质一样，"当下"并未给生态学带来益处。

我并不提倡以一种现在主义对抗另一种现在主义。相反，我建议采取合气道式的策略，即放大当下缺失这一事实。在佛教冥想理论中，"现在"无论多么宽广，都并非一个点，甚至不是一个泡泡，而是一种流动的、神秘的来回涤荡，如同一股洋流与暗流。本质与表象之间存在一道裂缝，未来与过去之间存在滑动[21]。超客体放大了当下的缺失这一鸿沟。

实际上，当下并不存在。我们身处一组相互交织的力场

---

① 卢德主义广义上是指对新技术和新事物的一种盲目反抗。

② "准佛教式的"通常用来描述那些在某些方面类似于佛教，但并不完全符合传统佛教教义或实践的现象、观念或行为。

之中，这些力场是由众多客体释放出的审美—因果场。对相对论有所了解的人会发现这一观念相当直观。所谓的"现在"不过是一种重构，是由特定实体———一个国家、哲学观点、政府、家庭、电子、黑洞等———在实物周围划定的任意边界。时间并非一连串现时点的串联（亚里士多德本人已驳斥这一观念），而是一种令人晕眩的涌动，如同交叉路口的汹涌车流，又如同马克·夏加尔的一幅画作的标题——"一条无岸之河"[22]。时间是由客体自身施展的一系列咒语与解咒语。过去与未来并不以人们通常想象的方式相交，如屏幕上光标的左右两侧那样。相反，我们面对的是过去与未来之间非空间性的裂缝，这与表象与本质间的裂缝相对应。在这两种基本力量之间，当下根本不存在：客体从不在当下存在。当下甚至不是像光标那样的微小片段———一个现时点，也不是一个远端是过去，近端是未来的气泡（或以任何我们所能设想的形式存在）。现在，超客体与人类相比如此巨大，本质是未来、表象是过去的方式变得比我们思考一颗豌豆或一只雄猫时生动得多。让我们举一个简明的例子。

在电影《太阳帝国》中，小男孩吉姆目睹第一颗原子弹爆炸产生的能量闪光时，将其形容为"如同上帝在拍照"[23]。起初，我们可能会把这句话当作对中世纪末世论①的评判和恶魔式复现。然而，照片并非客体的本质：世界依旧存在，超客体能量闪光让人震撼的显现让我们看到了未来的这一面，事物的这一面。未来是原子弹爆炸后的世界，一个加速发展的世界。上帝的照片并没有使世界末日等同于事物的彻底消亡，而是以更抽象的方式宣告了世界的终结。这种终结不是物质上的毁灭，而是作为界限或视域的世界的终结，这界限或视域就像大自然，或者说，就像上帝，存在于"彼岸"。

一种奇异的存在状态被注入地球上万物共生的图景之中，注射针即核爆瞬间辐射出的每一个 γ、β 和 α 粒子。这场灾难封闭了地球之外的地方，使之无论成为意义之地或无意义的虚无，都与这个"单纯"的地球截然分离。一个超客体实实在在地给我们拍照，将奇诡的阴影投射在广岛的废墟之上，用光镌刻我们的肌肤。简单纯粹的存在与不存在连同生命体一起消逝。事物的隐秘灵魂、内在本质，仍停滞在闪光的那一侧，这也是为何至少有两部电影选择以"次日"为题，来探索超客体[24]。我们绝不应因那天我们启动了核爆

---

① 中世纪末世论：基督教神学中关于世界末日和最终审判的教义，认为在世界末日之前会有巨大的自然变异和灾难，以及天使和撒旦之间的激烈战斗。之后，基督将再次降临，在地上建立一个新的秩序，以基督为首的义人将统治世界，恶人将受永刑。

而感到庆幸。事情更像是这样：这场灾难的规模之巨，足以迫使我们直面现实。超客体带来了现代性的终结。

未来性被强行嵌入当下，终结了在场形而上学：这不是通过某种精妙的哲学手段达成的，而是由于超客体的巨大有限性迫使人类与一个异乎寻常的未来，一个"没有我们"的未来共处（回想下，钚和全球变暖的半衰期分别为24,100年和100,000年）。幸亏有超客体，那种认为事件正朝着未来某个不可避免的终极目标发展的想法定然被证明是人类对美学—因果表象的具体化。正因如此，当我们以这样的视角审视世界时，我们已然置身于一个由实体划分的客体间性空间内。

超客体的庞大迫使我们接受了这一结论。非人类生物对目的论造成了毁灭性打击，达尔文揭示了这一打击，马克思也为之欢呼，并作为粉丝给达尔文写了封信反对目的论[25]。目的论的终结意味着世界的终结，这个终结并非骤然发生，而是与奇怪的陌生者持久共存。因为世界的终结即终结的终结，目标的终结，以及充满不确定、犹疑不决的未来性的启幕。因此，让我们以此方式结束本书的第一部分，并一窥第二部分开头所描述的"世界末日"。现在我们必须转向"反应镜头"，因为本书的第一部分如同超客体本身震撼力量的微弱回声，充分震撼到了我们。人类现在所居住的现实是什么？人们应该如何对待他们所揭示的这些实体？

图 10. 朱迪·纳塔尔（Judy Natal），《未来完美：蒸汽肖像#28》。云的神秘虚无推着观众与穿着衣物的人物建立令人不安的亲密关系。这张图片是纳塔尔的《未来完美》系列的一部分，戏剧性地展示了环境侵入人类社会、心理和哲学空间的方式。版权归朱迪·纳塔尔 2012 年所有，网址 www. judynatal. com。已获得转载许可。

第二部分　超客体时代

"世间有很多奇迹，但没有比人更奇妙的。"

——索福克勒斯

世界末日

当你走出超市，走向汽车时，一名陌生人喊道："嘿！今天的天气真奇怪！"你心中闪过一丝警惕——她是不是在否认全球变暖？——你应声附和说"是"。你有短暂的迟疑，是因为她想要谈论全球变暖吗？无论如何，你的迟疑使你想到这点。恭喜，你已成为超客体时代的鲜活例证。为何？因为如今你已无法与陌生人展开有关天气的常规对话。全球变暖的存在如阴霾般笼罩着交谈，给谈话带来了异样的隔膜。或者说全球变暖已被提及，无论是否如此，现实情况都很奇怪。

超客体破坏了关于天气的对话，这种对话曾是一个中性屏幕的一部分，让我们在前景中上演一幕人类戏剧。全球变暖的时代没有背景，因而也无前景可言。这就是世界末日，因为世界依赖于背景与前景。世界是一个脆弱的审美效应，我们正开始看清其附近的各个角落。真正的地球意识不是逐渐认识到"我们就是世界"，而是认识到我们并不是世界。

何以如此？因为"世界"及其相关词汇——环境、自然——比我在这个研究中探讨的各种"客体"更客体化，这是如此讽刺。世界多少是一个容器，其中客体化的事物漂浮或站立着。无论"世界"语境下的电影是老派的、以意外装饰本质的亚里士多德式的①电影，还是更前卫的德勒兹式的②流动而有强度的电影，这并不十分重要。世界，作为事件背景，是超客体的客体化：生物圈、气候、进化、资本主义（没错，也许经济关系构成了超客体）。因此，当气候开始以雨水形式降落到头顶，我们茫然不知所措。在这样的认知空间中，否认变得轻而易举，比如围绕全球变暖开展不同"立场"的所谓"辩论"。这种"立场"选择将所有意义与行动权绑定于人类领域，而实际上，这不是一个立场问题，而是关乎真实实体及人类对其回应的问题。环保主义似乎在谈论一些看不见、触不着的事物。于是环保主义又加大了宣传力度，宣扬世界末日将来临，这种不断制造震撼和惊愕的企图激发了"辩论"对立方的更多反抗。

双方都聚焦于世界，恰似无神论辩论的双方现在都执着于现成的、客观存在的上帝。对理查德·道金斯等新无神论者而言，将无神论视作另一种信仰形式的言论令人愤怒，然

---

① 亚里士多德式的：强调目的论、实体的本质特征、逻辑结构和对事物进行分类。

② 德勒兹式的：强调流动、变化和过程，与亚里士多德式的本质和目的论相对立。德勒兹式的视角认为世界是由不断相互作用的力量和流动构成的，而不是由静态的实体和固定的目的定义的。

而，无神论确乎如此——至少，它对信仰的信念与原教旨主义无异。信仰是一种象征，如同钱包或车钥匙一样，是一个被我们尽可能紧握的精神客体。同样，对环保主义者而言，讨论没有自然的生态学令人反感，是一种虚无主义或后现代主义。然而事实上，环保主义本身才是虚无主义和后现代主义的，正如原教旨主义对信仰的坚守标志着它是一种本体论虚无主义。环保主义的终极论点将是放弃自然与世界的概念，不再认同它们，转而宣誓在没有世界、没有虚无主义的诺亚方舟的情况下与非人类共存。

在任何关于天气的对话中，总会有一方在某个时刻提及全球变暖。或者你们两人决定避而不谈，但它却如同一团乌云，笼罩于对话之上，徘徊在省略号的边缘[1]。这种正常修辞套路的失效，使那些对话残片就像破碎的锤子残渣一样到处都是（这种情况到处都有），它是人类意识中一场更大、更深的本体论转变的征兆。反过来，这又是我们本体论工具深度升级的征兆。任何曾等待苹果电脑上的彩色小圆环一圈圈旋转的人都明白，这类升级并不总是令人愉悦的。哲学家与其他人文学者的工作很大程度上是帮助我们适应升级过程，并为之提供解释。

何为升级过程？简言之，我们生活在一个名为自然的世界之"中"，这一概念除了用来怀旧或在临时有用的祈求和请愿的地方语言中使用外不再具有任何意义。我们不希望某个物种因过度捕捞而灭绝，故使用"自然"的语言去说服立法机构。我们普遍对生活感到疲惫和不安，于是创造出霍比特人世界①般的理想化怀旧愿景以栖居。这些症状自工业革命以来便已存在。

然而，由于那次革命，一股更庞大、更具威胁性的力量正在我们的地平线上若隐若现，似乎要抹去我们的地平线，或任何地平线。全球变暖已使天气状况发生根本性改变。为何？因为世界本身——不仅是对世界的某种特定理解，而是整个世界——已经蒸发了。或者，我们正意识到，我们原本就不曾拥有它。

我们可以运用亚里士多德的关于实体与偶然性的老式观念来解析这一现象。在亚里士多德这位实在论者看来，存在着具有各种特质或偶然性的实体，而这些特质并不构成实体的本质。在《形而上学》的 ε2 这一节中，亚里士多德勾勒了实体与偶然性之间的区别。气候变化所做的就是将大气从偶然性转变为实体性。亚里士多德写道："譬如在炎夏时节（三伏天），若突然异常严寒，我们将视其为偶然；而若遭遇热浪，我们则不然。因为后者与前者不同，总是或在多数情况下发生。"[2]然而，此类剧烈变化正是全球变暖所预测的。因此，每次意外的天气都变成了全球变暖这一实体的潜在征

_____

① 霍比特人世界：一个理想化的、人与自然和谐相处的地方，J. R. R. 托尔金的《霍比特人》中霍比特人的家园夏尔（The Shire）。

兆。突然间，飘落到头顶的雨水就成了我肉眼无法看到的某种更险恶现象的特征。要理解这一切，我需要动用数千兆字节的内存进行实时模拟（这种技术已有约十年历史）。

亚里士多德关于极寒夏季的设想引出了一个更诡谲的问题。倘若那些异常炎热的夏季持续下去，并且我们将其作为全球变暖的症状予以模拟，那么真正有意义的酷热夏季（至少对我们人类而言）将不复存在，取而代之的将是长时间的酷热，因为它反复上演，可能持续两三千年之久。全球变暖玩了一个卑鄙的把戏：我们认为稳定可靠的世界实则仅为一种习惯模式——这就像是阳光、水分，以及人们对这些现象在有规律的时间间隔内出现的期待，三者之间形成了一种默契，人们为这些现象命名，如"三伏天"等。过去我们将天气视作现实，而在全球变暖时代，我们将其看作偶然，视为对某种更隐晦、更黑暗现象（气候）的模拟。正如哈曼①主张的，世界始终近在咫尺，仅仅是对某个真实客体简单滑稽的模仿[3]。

接下来，我们从前景与背景的视角审视世界的蒸发。关于天气的对话为我们的日常生活提供了绝佳背景，使得我们

---

① 哈曼（Graham Harman）：当代哲学家，以其发展的客体导向本体论而闻名，该理论认为现实世界由不依赖于人类感知或社会构建的独立客体组成，强调客体的不可完全知性和现实的物质深度。

无须过分关注它。正因为它是背景，它就必须在我们的周边发挥作用，因此与陌生人闲聊天气成为一种确认我们在社交空间中共存的安全方式。依据罗曼·雅各布森①的六分沟通模型，这是"语用"层面的交流，即它引起我们对交流所依托的物质媒介的关注[4]。同样，天气本身也是背景现象。它可能以龙卷风或旱灾等形式跃入前景，令人惊恐，但通常这些只是暂时事件——在更大的时间尺度下，它们仿佛作为孤立事件出现。

当全球变暖入场，会发生什么？背景不再是背景，因为我们开始关注它。奇异的天气模式和碳排放促使科学家开始追踪最初仅在局部显现的现象。这是对天气的固有定义：气候曾经被定义为特定区域的气候，如秘鲁气候、长岛气候等。然而，气候的一般概念——气候是天气事件衍生物的总和，就如惯性是速度的衍生物——是一头野兽，近期才通过天气、科学家、卫星、政府机构及其他相关实体的协同工作而得到确认。这头野兽包含太阳，因为来自

① 罗曼·雅各布森（Roman Jakobson）：捷克裔美国语言学家，提出了著名的六分沟通模型，该模型包括发送者（addresser）、接收者（addressee）、信息内容（message）、语境（context）、代码（code）和接触（contact）。雅各布森强调了"phatic function"（仪式功能），即语言在建立和维持社会关系中的作用，它通过简单的交流行为（如问候）来确认参与者之间的社会联系。

太阳的红外线热量被二氧化碳等温室气体捕获。因此，全球变暖是一个庞然大物，涵盖地球大气层之外的实体，却又在此时此地密切影响着我们。它覆盖整个地球表面，且其75%的影响将延续至未来500年。还记得16世纪初的生活景象吗？

全球变暖已然现实存在，更令人不安的是，它早已存在并已影响了看似真切地落在头顶上的温润雨水，以及沙滩上灼烧脸颊的炽热的金色阳光。那些我们称为天气的湿润雨水与金色阳光实际上是全球气候这一更真实且不可见力量的假象。这种天气现象只是一种表面存在，而全球气候的现实则更加深刻和广泛。作为人类生活世界便利背景的天气已不复存在，随之消逝的是舒适的生活世界①的概念。生活世界仅是我们在一个广袤、分布广泛的超客体（气候）内部自说自话时讲的故事，一个关于不同群体如何因各自视野的不同而被划分为不同部分的故事，如今这些概念被揭示为潜藏于本体论领域的本体论偏见。全球变暖是个大问题，因为它不仅使冰川融化，更消解我们对世界及世界构建的理解。由此，人文学者用于讨论生态危机的工具，现在被全球变暖本身揭示为无效的，如同寓言中的巧克力茶壶一般，在实际应

---

① 生活世界：这一概念源自德国哲学家尤尔根·哈贝马斯（Jürgen Habermas），指的是人们日常生活的社会和文化背景，它为我们的互动和理解提供了一个共享的框架。

用中毫无用处，这好比将古董（或更确切地说是仿古）圣诞饰品用作武器。

令人惊骇的是，在我们意识到全球变暖存在之时，它早已存在，这如同骤然察觉自己已在一颗缓缓膨胀的核爆球体中生活已久。当你觉得自己生活在整洁、无缝隙的小世界中的幻象开始消退时，你会有几秒的震惊。从这一角度看，所有关于"世界末日"厄运的末日预言皆是问题的一部分，而非解决方案的一部分。通过将厄运推迟至某个假想的未来，这些叙事使我们对渗透进生态、社会和心理空间的真实客体产生免疫。正如我们随后将详述的，超客体现在就预示着厄运，而非在某个未来日期。（本研究的《虚伪》这一节将具体探讨"厄运"的技术含义）

如果没有背景——没有中立的、外围的天气舞台布景，而是一个可见、严密监测、公开讨论的气候——也就没有前景。前景需要以背景的存在为依托。因此，将天气现象拉入前景，作为我们感知全球变暖的一部分，这将带来的奇特效应是让我们逐渐意识到没有前景！我们被嵌入现象学的生活世界，犹如小霍比特人安逸地蜷缩在洞穴，这种观念已被揭示为一种虚构。我们作为宇宙意义的探索者被赋予的独特性，在海德格尔此在（Dasein）① 的特殊性中得以体现，但在缺乏前景与背景之分的世界中分崩离析。世界需要地平线，地平线需要背景，背景需要前景。当我们能看到任何地方（当我能在谷歌地球上看到位于伦敦的我母亲家花园池塘里的鱼），世界作为重要、有边界、有地平线的实体便消逝了。我们没有世界，因为构成隐形舞台的那些客体已然消失[5]。

"世界"被视为一种基于模糊性和审美距离的审美效果，其模糊性源于我们对客体的无知。只有在无知的情况下，客体才能像空白屏幕一样被投射意义。"夜晚红彤彤，牧人兴冲冲"这句古谚语生动勾勒出牧羊人生活的一个由地平线框定的世界，其中包含红色晚霞等景致。太阳东升西落，当然，今日我们已知事实并非如此：伽利略与哥白尼的发现颠覆了此类世界观。同样，随着人类对气候有所了解，天气转而成为脆弱、表层的现象，仅仅是更大的隐形现象的局部表征。气候看不见，闻不到，且由于我们大脑处理能力的局限，甚至难以对其进行具体思考。至此，世界的含义较之于以往大幅缩水——它不再意味着"对人类至关重要"

---

① 此在（德语：Dasein）：海德格尔在他的巨著《存在与时间》中提出的哲学概念。它由两部分组成，da（此时此地）和 sein（存有、是），指的是人类独特的存在方式，它具有意识到自己的存在和在世界中的位置的能力。

或甚至"对有意识的实体至关重要"。

一个简单的实验清楚证明，世界是一种审美现象。我将其命名为"《指环王》①与弹射球"。进行该实验需准备以下物品：一套《指环王》三部曲之第二部《双塔奇兵》的电影 DVD（该电影由彼得·杰克逊执导）[6]，以及一款孩之宝玩具公司出品的"Playskool Busy"弹射球。接下来，请播放影片中我认为最恐怖的一幕：当佛罗多被法拉米尔俘虏，在被战火摧残的城市奥斯基里斯的废墟中蹒跚前行时，一个"戒灵"骑着一头名为"魔兽"的恐怖飞翼怪兽对他发起攻击。

在播放电影的同时启动弹射球，你会注意到其播放的轻快儿歌旋律立马破坏了杰克逊构建的叙事世界的连贯性。

世界这一概念依赖于各类情感化的光影和配乐，而这些审美效果顾名思义包含着荒诞不经的无意义内核。严肃的瓦格纳式创世任务旨在消除这种无意义的痕迹。杰克逊的三部曲是瓦格纳式的，是一件完整的艺术作品，其中精灵、矮人和人类拥有各自的语言、器具和建筑，他们的行动过度夸张，这使他们似乎成了不同的运动队。然而，要从这片无缝的艺术天地中挖掘出无意义的踪迹并不困难——正如玩具实

---

① 《指环王》（The Lord of the Rings）：约翰·罗纳德·瑞尔·托尔金创作的奇幻小说，后被改编成由彼得·杰克逊执导的著名电影三部曲。

验所示，这种荒诞性实在过于明显。事实上，这款愚蠢的儿童玩具"翻译"了电影，与之相冲突，并以自身独特而有限的方式重塑了电影。

反对风力发电场和太阳能电池阵列的理由往往是它们"破坏风景"[7]。自然审美的确对生态学构成了阻碍，这也是为何生态学必须挣脱自然束缚的有力论据。为何风力涡轮机不如输油管道美观？为何它比管道和公路"对风景破坏更大"？你完全可以将风力发电机视作环境艺术品。风铃随风摇曳，一些环境雕塑在微风中摆动。风力发电场的规模和壮观令人略感恐惧，人们很容易将其解读为崇高（而非美丽）的美学。但这是一种伦理的崇高，象征着"我们人类选择不依赖碳能源"，这一选择体现在高大的风力涡轮机中。或许正是这种选择的可视化，使得风力发电场令人不安，这是可见的选择，而非在表面未受扰动的"风景"之下悄然运行的隐蔽管道（此处"风景"一词指代一幅画作，而非真实的林木与水域）。如同电视连续剧《X档案》中穆德办公室的海报所言，"真相就在那里"。意识形态不仅存在于我们思想之中，也潜藏于可口可乐瓶的设计之中，潜藏于某些看起来"自然"的事物之中——山峦起伏、绿树成荫，仿佛工业革命从未发生，仿佛农业即等同于自然。农业的"田园风光"外表便是最早的"漂绿"，即虚假的环保宣传。反对风力发电场的声音并非在呼吁"拯救环境"，而是在呼喊"别破坏我的梦境"！世界是一种美学建构，依赖于地下流淌的石油和天然气管道等事物。一种深刻的政治行动将是选择另一种美学建构，一种无须光滑、距离感和冷漠感的美学建构。世界并没有为生态批判提供助力，事实上，我们掌握的数据越丰富，世界反而显得越发支离破碎。

世界是一套持久而错综复杂的社会形态的函数，我们可以粗略地称之为农业物流。新西兰是一个令人惊讶的地方，那里几乎人人拥有十五只羊，这是英国湖区的夸张翻版。这是故意制造出来的。世界并不只是存在于我们脑海的概念，它实实在在地展现在广袤田野直抵地平线的绵延画卷中，尽头的红色夕阳预示着宁静与满足。世界也显现在被羊群啃食得如地毯般平整的草地间："首先劳动者被赶出土地，之后羊群占据了这里。"[8] 在这美丽的风景中，风力发电场就是个眼中钉。从这个视角来看，农业是一幅古老的技术世界图景，按照海德格尔的说法，是一种将实体转化为可利用资源的框架形式[9]。农业是全球变暖的主要推手，不仅因为奶牛的消化系统会产生甲烷，还因构建世界这一农业舞台布景需要大量机械。这世界或许能从大麻种植者研发的密集种植技术中汲取灵感，发现解决之道：在有限空间内实现高效生长。正如色情产业曾推动互联网发展，毒品行业或许将成为我们的生态救星。更离奇的事早已发生，然而维持农业世界的现状已成为一场代价高昂的灾难。

让我们聚焦于与新西兰精神紧密相连的案例——《指环王》系列电影，其中呈现了一幅从未自释的田园景观。就算有阿拉贡这样的游侠守护，其内在运作机制又何在？是谁与谁在耕耘、收获、交易？霍比特人之乡被设计成一个怀旧的田园诗般的地方，代表了一种人们理想中的郊区生活。要达成这一效果，需要借助各种灯光、渲染和氛围音乐，同时还需有邪恶之地魔多及兽人的威胁，以吸引人们关注这平淡的乡村。仅仅改动其中瓦格纳式的音乐就可能破坏其微妙的"平衡"。

位于美国加利福尼亚州戴维斯市西北部的霍姆斯村，犹如真实世界中的梦幻之地，这里的每条街道都以《指环王》中的地点或角色命名，如晚星巷、波姆巴迪尔巷。街道呈同心圆状，但在拓扑结构上不是等价的，让人极易在此感觉迷失。社区周边环绕着葡萄园和石榴树，还有一片类似村庄绿地的公共空间，包括一个露天剧场和一座名为"瑞文戴尔"的儿童托管中心。一切都布置得精美有序，弥漫着对过往的怀念，这既是对托尔金的怀念，也是对20世纪70年代生态设计理念的缅怀。然而，有一个小问题，在此生活需要财力雄厚。工作中还有服从集体分配的规矩，正如一位朋友所言，"业主委员会掌控着这里的一切"。

即便我们承认"世界"是一个完全有效的概念，也不能把它作为伦理基础，不能如此的理由众多。试想：惩罚女巫的浸水刑凳与锤子一样构成了一个世界。在中世纪，存在一个荒诞的女巫刑凳世界，人们将所谓的女巫捆绑在一种装置上，投入当地溪流中溺毙以"证实"其身份：若女巫未被淹死，则证明其为女巫，因而应遭受火刑。无论怎么说，浸水凳都构建了使用者的世界。再如纳粹徽章的世界，不能仅仅因为纳粹分子拥有一个世界，我们就应当维护它。因此，"它构成一个世界，所以它是美好的"这一论点也是站不住脚的。因为干扰了某人或某物的世界而不去干扰环境，这远非充足理由，甚至可能导致有害结果。世界与世界建构在晚期海德格尔概念[10]中是一个极度脆弱的联结。似乎人类在同时失去他们的世界及对世界的认知（包括他们曾有过一个世界的意识），这是一个令人困惑的现象。在这一历史节点，努力超越我们对世界的认知是很重要的。如同矫饰主义绘画将古典主义规则推向极致，全球变暖正将我们的世界推向极致。人类失去世界的理由足够多：因为实际上没有任何实体拥有一个世界，或如哈曼所言，"'地平线'[11]这样的事物并不存在"。"世界"作为事物重要的整体情境，严格来说是不可想象的，原因很简单：它并不存在。

当我们不再是"世界"时，还剩下什么？亲密。我们丧失了世界，却赢得了灵魂——与我们共存的实体越发紧迫地影响我们的意识。因此，让我们为所谓的"世界末日"欢呼，因为它开启了历史，终结了人类认为实体只对他们自身有意义的幻想。此刻，我们有机会建立人类与非人类的新联盟，因为我们已然破除了"世界"的茧房。

在皮埃尔·布列兹的《应答曲》① 中，约六分钟时，打击乐器群开始发声。它们围绕着音乐厅中央方形区域内的更柔和的乐器（如铜管与弦乐），这些打击乐器（包括钢琴、大扬琴、竖琴等）经由各种延迟与滤波器进行处理。此时涌现的声音引发了对思辨实在论的联想：或是广大世界涌入人类意识之声，或是反过来，飞机舱门开启之声，抑或是飞机本身消逝了，人仿佛置身于蓝天之下。这是一种既令人惊恐又极富美感的声音，康德式的内在自由的崇高让位于一种令人不安的亲密关系的崇高。这是世界末日之声，但并非末世启示，亦非可预测的终结，反而更似一个开端之声，一个身处某种境遇的自我觉醒之声。布列兹或许认为，《应答曲》探讨了现代人类技术之声，以及现代社会对"有机社群"等概念的侵入。或许它关乎平等伙伴间的对话关系，是有机与电子间的辩证游戏。这部作品远不止于此，它是真实实体呈现于人类面前的声音。如我一直论述的，真实的非人类实体最初显现于人类的监视屏幕上，但它们并非那些闪烁的影像。这是高维配置空间之声对极端西方音乐（全序列主义）的入侵，是超客体之声，是非音乐之声。听结尾：声音回

---

① 皮埃尔·布列兹的《Répons》是一部结合了现场乐器与电子音乐的现代作品，首次演出于 1981 年。它以其创新的音响效果和对音乐空间的探索而著称，被广泛解读为对现代技术、社会和人类与非人类关系的哲学反思。

荡、反复闪烁，然后突然结束了，而不是淡出。罗伯特·卡恩在其看似朴素的《应答曲》电影中巧妙地捕捉到这一点，将"人类之声"想象为传统的管弦乐团，与之相对的是全景拍摄的旋转着的树木，而打击乐器之声则被想象为被明亮海洋包围的人类[12]。当打击乐器开始发声时，镜头从管弦乐团拉回，揭示出它们围绕着其他演奏者，我们看到灯光设备，仿佛支撑着脆弱的世界幻象的结构已然消解。正如地球表面大部分被水覆盖，声域空间也被钢琴、竖琴和钟琴的冷冽、璀璨之声所环绕。

思想、艺术与政治实践应直接与非人类建立联系，而不是不断试图调整幻觉。我们永远无法做到完全"正确"，但构建理想世界的尝试只会阻碍生态进程。在超客体时代，艺术与建筑必须自然而然地直接融入超客体，即使它们试图回避这一点。当下人们有追求最大吞吐量的冲动，如让污浊的空气通过空调流通，空调已成舒适标配；习惯了现代建筑的均匀热舒适性[13]的新加坡年轻人开始在户外出汗。这类建筑与设计基于"远离"理念，而在世界末日之后，已无"远离"可言。更明智的做法是采用暗生态设计，承认我们与自己所创造及使用的有毒物质共存。故此，2002 年法国 R&Sie 建筑公司设计了位于曼谷的静电建筑"尘埃救济"，它收集周遭尘埃而非试图将其移除（参见图 11 和图 12）[14]。最终，建筑将被一层厚重的尘埃如皮毛般覆盖[15]。

从 20 世纪 70 年代末期的常规环保主义角度看，这些新

图 11. 新领地/R&Sie，尘埃救济（2002 年）。作者：弗朗索瓦·罗切、斯蒂芬妮·拉沃和吉恩·纳瓦罗。当代建筑和设计正在逐渐超越基于向量和流动模型的思维。当我们将地球或生物圈视为一个整体时，简单地将污染物"推到别处"只是在重新分配和掩盖它们。已获得授权转载。

想法是反直觉的。过程关系论一直主导此类思维，因其推崇流动优于固态，然而在全球范围内采用这种视角已变得荒谬。为何我们要搅动马桶中的排泄物而非任其原地不动？监控、调整与控制流动，这就是生态伦理与政治的全部吗？调控流动并引导其流向我们认为它们应该去的地方，并不能真正与非人类建立联系。调控流动不过是本体论虚无主义物质的一种当代装饰手法，是尼采想用以摧毁哲学的行动和过程。

"可持续性"是管理和调节流动的常见话语，但持续的究竟为何物？"可持续资本主义"或许与"军事情报"[16]一样是矛盾重重的术语。资本唯有不断增值，方能存续，这种奇异的悖论在根本上是结构性失衡。试以资本主义最基础的运

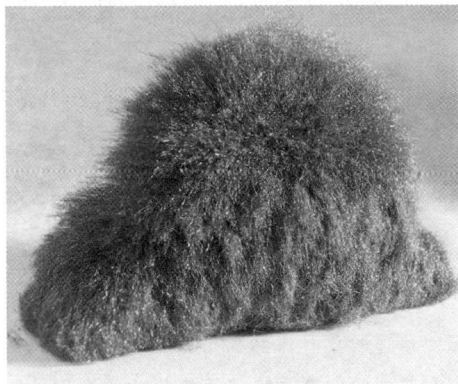

图 12. 新领地/R&Sie，尘埃救济（2002 年）。作者：弗朗索瓦·罗切、斯蒂芬妮·拉沃和吉恩·纳瓦罗。这座静电建筑吸引污染物而不是重新分配它。拟建的建筑是一座艺术画廊，它体现了对超客体的关注正重新定义美学。已获授权转载。

作——将原材料转化为产品——为例。在资本家眼中，原材料并非自然物，它们只是在资本尚未对其进行劳动改造之前就已经存在了。问题即在于此：任何在特定劳动过程启动前就已存在的物质，仅在劳动作用后才被视为具有价值的产品。

资本主义生产的是一种叫作资本的东西。在经济理论中，"原材料"的定义就是"从工厂大门进来的东西"。然而，再说一遍，它具体是什么并不重要。原材料可以是鲨鱼，也可以是钢制螺栓。在这个转化过程中，两端皆为无特征的大块物体，其中之一即人类劳动。关键在于将输入的物质转化为货币。工业资本主义乃哲学在股票、钢梁与人类汗水中的化身。什么哲学？若欲寻求"剩余物实在论"，只需环顾四周。"剩余物实体论"意味着，是的，可以肯定的是，确实存在我们无法直接触及的真实物体，它们对我们的探测进行抵抗，是一种灰色黏稠物，援引纳米技术的术语——微小机器吞噬一切，直至实体化为黏稠物。

工业资本主义将地球变为危险的荒漠，这不足为奇。它实际上并不关注通过厂门的是什么，只在乎能否产出更多资本。我们是否愿意坚守这样一个建立于灰色黏稠物哲学基础上的世界？（再次强调，这是未来学家的一个术语，用来描绘纳米级机器将万物融合为无色泥浆的噩梦）在生产过程的两端，自然表现为无特征的剩余物，或可供利用，或能增值。无论为何者，它们本质上都是无特征、抽象且是灰色的，与线虫、猩猩、彗星及岩石中蕴含的有机化学成分无关。你尽可遍寻地球，从山巅至马里亚纳海沟，却永不可能找到"自然"。自然只是一个空洞的范畴，在寻找填充物。

正如费尔南·布罗代尔所研究的那样[17]，资本主义并不只是将一切蒸发为崇高的虚无（马克思借《麦克白》之言说："一切坚固的东西都化为空气"），它也需要并保持家庭等长期惯性结构的稳固。科氏兄弟集团与通用电气是当今的两个典型实例。资本的一部分本身就是超客体，不断驱动生产方式的革新，而另一部分则保持巨大的惰性，并恰好存在于现代性的一侧。换言之，在政治本体论中存在"远离"；而在超客体时代，不存在"远离"。

资本主义推翻了封建与前封建时代的诸多神话，如神圣不可侵犯的等级秩序，但在这一过程中，它自身孕育了一个宏大的新神话：自然。自然，恰是先于资本主义劳动过程而存在的某种块状物，海德格尔对此给出了一个最贴切的术语——"Bestand"（持存物）。Bestand 意指"事物"，正如20世纪90年代百事可乐广告所言："喝百事，得好事。"资本主义生产内嵌了一种本体论观念：亚里士多德式的唯物主义。这种唯物主义并不关注物质客体的多维具体特性，而仅将其视为"事物"。这一视角构成了亚里士多德探讨唯物主义问题的基础。你曾看见或处理过物质吗？是否手握过一件"事物"？无疑，无数客体映入眼帘：商场里的圣诞老人、雪花、原子的影像。然而，我真正目睹过这样的物质或事物本身吗？亚里士多德认为，这就如同在动物园寻找"动物",而非猴子或八哥之类的物种[18]。马克思对资本的理解完全相同[19]。自然如此,物质亦然。我们时代两大最先进的物理学理论——生态学与量子力学,与此无关。

那么,何谓 Bestand?Bestand 即囤积(stockpiling)。一排排的集装箱房屋等人入住,一兆又一兆字节的存储空间等待填充。囤积是轭式修饰法的艺术,是你在"一浪接一浪"或"碰碰车"等短语中听到的事物之间的联系。它是社会存在的主导模式。大片空旷的停车场无车停驻,餐厅里宽敞的大餐桌让人无法牵手,广袤的草坪空荡无物。大自然同样在囤积,山脉连绵,消失在天际。落基山核弹引爆工厂选址于此,正是为了唤起这种山脉起伏的囤积感。这一奇特现实摆在我们面前,我们仍坚信自然"在彼处"——独立于技术,超脱于历史。然而,实情并非如此。自然乃囤积中的囤积。

当我们谈及可持续性时,究竟是什么持续?一个本质上失控的系统,一端吸食灰色黏稠物,另一端排出灰色价值,这是自然黏稠物,自然价值。其结果如何?惰性的山脉逐年累积,人类则在不确定性的苦痛中挣扎。看看《人造风景》① 中,中国某地被电话拨号器填满的画面,拨号器密密麻麻,望不到尽头[20]。再考虑一下塔拉·多诺万在《未命名

① 《人造风景》:一部纪录片,通过摄影师爱德华·伯汀斯基的镜头,记录了中国等地的工业发展对自然景观的改变,引发人们对环境影响的思考。

（塑料杯）》（2006年，图13）中塑造的巨浪般的塑料杯堆。这些杯子堆积成山，揭示出人们每次使用杯子时看不到的特性，即（按我所言）延展性。在多诺万的作品标题中，"塑料杯"被括在括号内，"未命名"则置于括号之外，似乎是强调这些杯子超越了自身的用途，"述说着"某种人类难以言表的东西。《未命名》的标题将该作品置于人类社会与哲学空间内外，犹如一个垃圾堆，其庞大规模无疑会引发观者的联想。

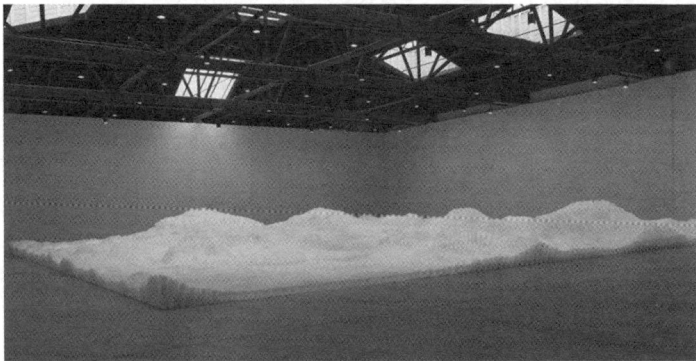

图13. 塔拉·多诺万《未命名（塑料杯）》（2006），塑料杯，尺寸不一。这是由普通塑料杯构成的一片翻腾的塑料云朵。多诺万利用人类计算能力的迷惑性来召唤实体，这些实体既像单个塑料杯那样真实存在，又占据了一个普通人类感知不太可用（或完全不可用）的维度。摄影：艾伦·拉本斯基。版权所有：塔拉·多诺万。佩斯画廊提供。已获得授权转载。

社会体现哲学。在现代社会，我们面临的不仅仅是工具性问题。在此，我们需要与海德格尔的某些观点划清界限。更严重的是，我们倾向于将本质归于某种超验状态，使之脱离了任何具体实在。就此而言，资本主义本身便带有海德格尔的烙印！无论我们称它为科学主义、解构主义、关系论或是古朴的柏拉图式形式之名，存在之物都没有本质。它要么超越自身存在（如解构主义或虚无主义），要么是某种真实的、超越"此地"的存在。因此，问题不在于本质主义本身，而在于这种超越观念。正是这种观念在多诺万的作品中遭到颠覆。

在深水地平线石油管道爆炸事件①期间，托尼·海沃德任英国石油公司首席执行官，其冷漠言论引发了全球关注。他将墨西哥湾形容为一片巨大的水域，与之相比，泄漏显得微不足道，自然会消化这场工业灾难。我不打算纠结于墨西哥湾与泄漏规模的对比，仿佛更大的泄漏就会让海沃德意识到事态严重性一样。我只想指出海沃德言论涉及的形而上学观念，不妨称之为资本家本质主义。在这一观念中，现实的本质是资本与自然，二者皆存在于某种虚幻的超验领域，因此尽管我们身处油污泄漏之地，但请放心，超验的力量会处

---

① 深水地平线石油管道爆炸事件：2010 年 4 月 20 日发生在墨西哥湾的钻井平台事故，导致重大人员伤亡和环境灾难，是历史上最严重的海上石油泄漏事件之一。

理好一切。

然而，尽管自然在场，尽管灰色黏稠物触手可及，真实的事物仍在涌动、相互碰撞。某些事物因工业运行不良或过度运行而泄漏出来：石油从古老的地质深处喷涌而出，淹没墨西哥湾；钚辐射出伽马射线，持续了两万四千年；飓风在化石燃料热量驱动的巨大气旋中凝聚。电话拨号盘的海洋越来越高。讽刺的是，资本主义向我们释放出无数客体，它们闪闪发光，却让人产生多种恐惧。历经两百年以人类为中心的观念论后，这些客体开始反击，它们非常庞大、古老、持久、细微且无处不在，侵入我们身体的每个细胞。当我们冲马桶时，会想象 U 型弯管将废弃物送往某个本体论的神奇领域[21]。生态学如今揭示了一个迥异的画面：一个没有本体论U 型弯管的扁平世界，一个没有"远方"的世界。马克思宣称，资本主义里一切坚固的东西都将烟消云散，这话不全对，因为他未看到超稳固性如何渗透回被资本主义掏空的空间。这种渗透已成为不容忽视的现实，即便泄漏看似"消失并被遗忘"，其影响仍在：石油在海面下绵延数英里，方形油块悬浮于海底[22]。这是一个不可能消失和被遗忘的事实，甚至美国广播公司的新闻现在也已意识到这一点。

一听到"可持续发展"一词，我就会抓起防晒霜。

可持续发展作为一个概念之所以失败，其深层原因在于，我们并非生活在一个单一世界中，因此是时候质疑"生态学"这一术语了。生态学是对家园的思考，它由"oikos"

（家）和"logos"（理性或话语）组成，因此也是关于世界的思考。在一个无家园、无世界的实体中，此类研究所称的客体构成了实体。客体独一无二，既不能简化为更小客体，也不能向上溶解进更大客体。客体是相互抽离的，也是自我抽离的，如同时间旅行机，内部比外部更为广阔。客体是不可思议的，它们组成一个非总体化的、非整体的集合，违背了整体论①与还原论②。因此，不存在赋予所有客体价值和意义的顶层客体，也不存在它们可以还原为的底层客体。若无顶层与底层客体，就意味着我们面临一个异常情况：部分的数量超过整体的数量[23]。这使得任何形式的整体论变得完全不可能。

即使你排除掉大量实体，你也会发现，在你划定的那一小块区域中，并不存在顶层和底层的客体。即使你只选择中间的某个实体区域进行研究，比如生态科学（中观世界），你会发现同样不存在顶层或底层客体，即使它只与该部分有关。就如同一块磁铁，即使将其一分为二，每一半依然包含南北极。在这样的磁铁中，并没有所谓"半个"或"整个"磁铁之分。

---

① 整体论：认为整体具有超越其各部分特性的特性，主张全面考虑整体。

② 还原论：认为复杂现象可以通过分析其基本组成部分来理解。

为何整体主义是一个糟糕的视角呢？当然，可能存在其他形态的整体主义，它主张某种"兼而有之"的思维方式，这样部分和整体（无论整体是什么）都不会更大。或许零件并非必然小于整体，而是以某种兼而有之的协同方式存在；你可能同时拥有"抽离"的客体以及一些其他东西（为了满足我们现代人对非静止事物的需求，姑且称之为一种开放、可能持续扩张的其他事物）。

首先，我们得讨论这一系列问题涉及的一些相关点。在我们有点消费主义的头脑中，"兼而有之"听起来比"非此即彼"更有价值（比如"买一送一"）。但我担心整体主义是一个非此即彼的问题：要么是整体主义，要么不是。部分并非可以替代整体的组成部分。我们越打开一个俄罗斯套娃，就越会发现里面有更多的娃娃，打开客体后，会发现远不止系列中的第一个客体，因为客体之间和客体内部的所有关系都算作客体。这是拉康派所说的一个"非全集合①"。从这个意义上讲，客体基本上不受阳物中心主义规则的约束。（商业广告时间：如果你在这一点上对"客体"感到困

---

① 非全集合（not-all set）：拉康理论中的一个概念，指的是集合中的元素并不完全代表整体的集合，它暗示了整体与部分之间复杂的非线性关系。在客体导向本体论中，客体之间的关系和客体的内部构成也被视为客体，这挑战了传统的对整体与部分的简化理解。

惑，为什么不尝试另一个术语，比如"实体"呢?）在我在前几页中阐述过的客体导向本体论中，我们遇到的是一种巴迪欧式的集合论①，其中客体之间可以建立任意数量的关联，这种类型集合的内容比容器更大。

有时候，儿童书籍会深入探讨本体论问题。《我的房子我的家》给一本关于生态的书做标题再合适不过了（参见我之前关于 oikos 和 logos 的解释）。这本书包含了大量杂乱无章的奇妙客体:

> 纸盒是饼干的家。
> 城堡是国王的家。
> 我们思考家越多，
> 万物都能成为家[24]。

家，oikos，是不稳定的。谁知道它从哪里开始，在哪里结束? 这首诗给我们呈现了一系列越发令人眼花缭乱的客体。它们可以作为其他客体的家。当然，反过来，这些家也可能发现自己不可避免地在其他"家"之内。

---

① 巴迪欧式集合论:巴迪欧认为，现实是由一系列事件构成，这些事件打破了常规状态，催生了新的主体和可能性。这种观点挑战了传统的整体论和还原论，提倡一种更为动态和开放的理解现实的方式。

"家"完全是"感性"的：它与一个客体一定位于另一个客体的内部有关。家的不稳定性，也就是生态本身的不稳定性，均与客体的这种特性有关。一个"房子"是一个客体体验到自己位于实体之中的方式。因此，这些东西也是房子：

> 镜子是影像的家……
> 喉咙是声音的家……
>
> 书是故事的家。
> 玫瑰是芬芳的家。
> 我的脑袋是秘密的家，
> 一个我永远不会说出来的秘密。
>
> 花儿在花园里安家。
> 驴子在畜栏里安家。
> 万物都有自己的家，
> 而地球，是我们共同的家[25]。

在超客体时代，我们发现自己身处一些比我们更大的巨大客体内部：地球、全球变暖和进化。再次强调，这正是生态学（ecology）中"eco"的本意所在：oikos，即家。《我的房子我的家》一书的最后两行非常明确地表达了这一点。

为了表现这首诗的轻松活泼，倒数第二节中出现了许多滑稽有趣的"房子"，当我们急切地朝着结论迈进时，作品通过谈论一个"真正的"家（地球）来澄清事实。但事实并非如此，客体导向本体论并不主张存在任何比其他客体"更真实"的客体。但它确实贬低了一些客体，称之为感性客体。什么是感性客体？感性客体是另一个客体的表象。对于我的铅笔来说，桌子是一个感性客体。对于我的眼睛来说，桌子是一个感性客体。对于我的晚餐来说，桌子是一个感性客体。感性客体精妙地相互纠缠在一起，令人感到困扰。因果关系在此发生，而不是在某个机械的地下室里。这是表象的神奇幻觉发生的地方。镜子是映象的家。是的，网状结构（一切事物之间的相互关系）是一个感性客体！奇怪的陌生者才是真正的客体！一些环保主义认为真实的、非常重要的实体，例如自然界，也是感性客体。对于体验者、使用者或欣赏者来说，它们是"作为"其本来面目出现的。它们是哈曼所称的"作为结构"[26]的表现形式①。尽管它们似乎是（人类）事件的某种深层背景，它们也是"作为"结构呈现的。

————————————

① 哈曼的"作为结构"强调了对象的不可知性和关系的表面性，他认为我们只能通过对象之间的关系来部分地了解它们，而永远无法完全把握对象的内在本质。这一观点挑战了传统的认识论和本体论。

用《我的房子我的家》一书中的话来说，将感性与真实混淆，就像认为面包确实是果酱的家，而且仅仅是果酱的家。不仅仅我这样想，或许果酱在被涂抹时也有了类似的想法。柑橘酱也想住进面包房子里？很遗憾，柑橘酱就像是人工的、非自然的寄生物！花生酱呢？简直就是非法移民！只有果酱才是"天然"的，因此面包只为果酱而存在。看到"自然"的问题了吗？用客体导向本体论的话说，实化就是将一个实体还原为另一个实体对它的幻想。

从这个角度来看，自然就是一种实化。这也是为什么我们需要一种没有"自然"的生态学。也许，如果我们将"自然"转变成更流动的概念，它才会有效。涌现本身也是一种感性客体，因此，尽管它作为"自然"等术语的替代品而大受欢迎，鉴于它因作为未被实化的、流动的东西而著称，它就有实化的危险。涌现总是具有目的性，然而，还有一种更深层的方式来思考涌现。自然、涌现、摇摆、花朵绽放的方式，似乎是存在的奔涌，这些术语被海德格尔用来表述他所认为的古希腊哲学家的主要概念。存在是一种"显现"，一种"涌现"。在海德格尔理论的最基础阶段，存在与显现并没有彼此分离。因此，只要你喜欢，没有理由不把一首诗理解为一个物理客体。只有当你认为实体具有两层结构时才会觉得这样做有违直觉：一层是地下室的机械，另一层则是上面的漂亮客厅。但对于客体导向本体论来说，海德格尔关于存在的术语只是对"作为结构"的阐释。无论你将其称为"涌现"还是"表象",我们所讨论的都是一种感性客体。

在地球尺度上思考意味着在一个客体内醒来,或者更确切地说是在一系列"被客体包裹的客体"中醒来:地球、生物圈、气候、全球变暖[27]。生态共存并不是简单地清扫客体的某个角落,以免感觉太脏。生态共存涉及承认事物的根本独特性和隐匿性,而不是一些模糊的 apeiron(这里使用了阿那克西曼德的术语,意为"无限")。一个圆圈,而不是一条无尽的直线,更能体现事物的约束性和开放性[28]。确实,这种模糊的无限性淤泥正是污染的问题所在。过程关系论不过是制造污泥的现代性的最后一种哲学反射。我们需要一种闪亮的单一性哲学,一种不可被还原为其部分或更大整体的量化单位;一种不依赖于观察者使之成为真实的尖锐、具体的单位。

这些思考涉及不同本体论的规范价值。最好将超客体视作其本身的真实实体而非过程,这背后蕴含着更深刻的原因。从恰当的高维视角审视,过程只是一个静态客体。在一个四维生命体眼中,我如同一条怪虫,一端是摇篮,另一端是坟墓。这并非是要观万物于永恒相中,而是如我之前论述的,观万物于主相中,即选择稍高维度的视角。过程从较低维度上看是复杂的。若我们真想挣脱人类中心主义的束缚,这或许并非最佳途径。颇具讽刺意味的是,把某些客体视为过程,就像过程哲学家的敌人把客体视为静态块状物一样,是把它们重构了。对静态块状物而言，洛伦茨吸引力是非常酷的。过程同样是对真实实体的实化，是一种感性转换，是低维存在对高维存在的模仿。超客体就像一座城市，事实上伦敦这样的城市就是超客体的一个典型例子。城市和超客体中充满了奇怪的街道、废弃的入口、死胡同和隐藏的间隙区域。

核守护运动倡导的核材料的处理方式，与静电建筑简单地累积污垢而不将其掩盖的方式惊人地相似[29]。我们无法有效地将放射性尘埃扫除到一个遥远的地方永久放置，相反，必须有意识地对其给予关注，这意味着要将其安全储存在地面上的受监控的可回收设施中，直至其不再具有放射性。记住，钚-239 的半衰期长达 24,100 年，几乎等同于肖维岩洞壁画的历史。钚的未来影响着当下，其因果效应如影随形，穿越时空。唯有直面放射性客体的现实，而非刻意遮掩，否则无法设想各种应对操作。与托马斯·塞伯克关于"原子祭司"那令人不安的想法相比，我们必须付出更多、更大努力来监控可回收的存储设备，因为"原子祭司"让人们对相关的超客体一无所知[30]。纪录片《核你到永远》[31]探讨了当前地球上庞大的核材料堆对人类思维与民主体制构成的巨大挑战，影片是为一个遥远未来的接收者讲述的，它取代了虚拟现在，将我们习惯性地想象为一个点或一个小而僵硬的泡沫的现在转移开了。

守护与关爱——策展是对展品的精心呵护。我们是一个庞大的非艺术品博物馆的馆长，发现自己早已身在其中，这是一个自发的超客体博物馆。民主与社会的本质面临深刻质询——它包含了什么？仅包含人类吗？是否应排斥某些存在？原子祭司们将阻止世人洞悉真相[32]，而一旦试图呵护超客体及其遥远未来的守护者，将极大改变人类如何思考自身以及自身与非人类的关系。这一转变将成为新兴生态理论与实践的征兆，其中包括社会政策、伦理道德、精神追求、艺术创作和科学研究。人类由此化身为海德格尔笔下未来性的守护者——"最后的神消逝后的静止"[33]。核守护将钚封装于世人敬仰且渴求的黄金之中，而非弃之于视野之外。黄金有吸收 γ 射线的能力，钚被包裹在黄金中，就成为值得人们深思的客体。不使用时，钚就成为超越人类的民主的一员，自然界由此被视为自动化的副产品。通过拥抱那些进入我们社会空间中的超客体，同时摒弃"自然"与"世界"等概念，我们有望在人类与非人类之间构建出更民主的共生模式。然而，这些模式在传统的西方框架内难以识别，因为后代乃至更遥远的未来，已然包含在任何伦理与政治决策的"这一边"[34]。

核守护将核材料视为整体化的超客体。超客体这一观念将已存在的实物召唤进人类思维与行动领域，这种召唤并非让核材料孤立于社会空间，而是使之融入其中，或者说，这表明人类承认核材料早已占据社会空间。尽管这一认识本质上令人不安，但回避它只是在延迟不可避免的结果。一厢情愿地将这种想法抛在脑后，无异于清理时只是将被污染的尘埃、废弃物与设备粗暴地扫到一些政治弱势的选区。作为社会的一员，核材料是一个整体，一个无法还原为部分或向上聚合为更大整体的集合体。核材料构成了一个统一体，有限性正是这个意思。尽管核材料可能给我们带来巨大约束，但并非无边无际。它们只是颠覆了我们所谓的有限性，它们不仅是时空上有限的实体块，更是独一无二的存在[35]，具备海德格尔所阐述的"此在"所有的特性。

正如《客体间性》一节所述，超客体具有未来属性，它们将当下客观化的现在舀出，放入变化和不确定性。超客体朦朦胧胧地出现在人类的时间，如同黄昏降临时，明亮的阳光下树影在草坪上铺展、延长。世界末日并非一个突兀的句点，而是深藏在时间流转中的谜团。24,000 年后，无人再与我有任何有意义的联系，然而我此刻的每个细微选择都将影响着一切[36]。在核辐射这个超客体内，我如同犯人，而未来的子孙则像是另一个囚徒。虽然我们被严格隔绝开，我依然能猜测到他的存在。在监狱中流传着一个谣言：若我与警方达成某种交易，将罪名转嫁于其他囚徒，而他保持沉默，我便可重获自由，而他则将背负更重的刑罚。若我们双双保持沉默，或许都能得到较轻处罚，但若背叛彼此，则都将面临更长刑期。我永远无法窥探到对方心中的选择，若我把自身利益放在其他考虑之上，那将是最佳选择，但最明智的选择应当是考虑到另一个囚徒的利益。

这就是囚徒困境。1984 年，德里克·帕菲特出版了具有开创意义的《理与人》一书，该书从功利主义内部彻底粉碎了长期以来关于效用和伦理的偏见。他指出，那些以自我利益为出发点的伦理理论，无论如何修饰，都无法成功应对这些困境。具体来说，帕菲特想到的是超客体，比如污染、核辐射等。这些超客体在所有与我的存在有意义相关的人消失后的漫长岁月中也持续存在。反过来，因为我的每一个细微之举都可能对未来产生深远影响，所以那就好像我的每次行动都是在一个巨大的、高速迭代的囚徒困境游戏中[37]。我们不妨把它改名为"约拿困境"或"超客体内部困境"。传统的资本主义经济学，是一个理性选择理论，其深层是自利理论。然而，囚徒困境却暗示了我们作为社会性动物的本质——即使在追求自身利益过程中，我们多少也要考虑他人。

帕菲特以"囚徒困境"为基础，对一系列惊人的自利理论（经各种修改，包括亲戚、朋友、邻居、后代等）进行了大量测试。囚徒困境激励人们思考变革是如何开始的：考虑他人，将他人纳入据称关乎自身利益的决策中。在这点上，囚徒困境形式上是集体主义的，尽管它不具备积极的集体主义或社会主义内容。囚徒困境所需的各种妥协可能让意识形态纯粹主义者感到虚弱无力。然而，正是这种"虚弱"使得所谓的妥协变得可行、公正。设想一下，未来自我与当下自我的利益存在如此巨大的差异，以至于在某种程度上构成了一个不同的自我：不是你的转世，也不是其他人，而是你自己。未来的这个人就像被关在另一个房间里审讯的囚犯，因此未来的自我在某种意义上遥远得难以想象，然而，超客体已经将她带入了相邻牢房。她是陌生的，又是亲近的，因此最佳行动方式是行动时想到她。由于超客体的存在，对这种自我构成方式的根本放弃已经成为必要。这种伦理立场的"虚弱"是由未来存在的彻底抽离决定的：我永远无法完全体验、解释或以其他方式理解她、他或它。世界末日是一个虚弱的时代。

能够处理超客体的伦理学面向未知和不可知的未来，即雅克·德里达所说的"未来"（"l'avenir"）[38]。这个未来并非我们可以预测和管理的，而是一个未知的未来，真正的未来。在当下，我们必须发展一种伦理学，以应对德里达所谓的未米，即绝对意外和无法预料的降临物，或者我所谓的奇怪的陌生者，其陌生性永远是奇怪的——它无法被驯化或理性化。它对我们而言也并非那么不熟悉：离奇的熟悉感是奇怪陌生者的特征之一。只要想想那些拥有长期伴侣的人：每天和他们一起醒来的是最熟悉的陌生人。未来的未来和奇怪的陌生者是真正的生态思维迫使我们去思考的奇异和不可预测的实体。当我们能够展望如此遥远的未来，环顾如此遥远的地球时，有一种奇怪的盲目会困扰我们，这种盲目比简单的视力缺陷更神秘，因为我们确实能够看到比以往更多的事物。这种盲目是我们与所有生命形式之间业已存在的亲密关系的一种症状，无论我们喜欢与否，对这种亲密关系的认知已经强加给了我们。

帕菲特对功利主义自利思想的抨击让我们意识到，我们与世界并非彼此分离。人类必须超越任何有意义的利己主义界限，学会关注致命物质，因为这些物质可能比他们自己及其后代存在的时间更长。我们需要的是一种以陌生人的亲近为基础的他者伦理。20世纪90年代人们曾将钚用于刀叉和其他家用物品的制作，这个决定带来了严重后果，也很快被推翻，其他任何试图将钚"加工"成方便物品的行为也是如此。超客体坚持要求我们在公开场合关注它们。"眼不见，心不烦"是绝对站不住脚的，钚没有"去处"。我们被它困住了，就像我们被自己的生物体困住了一样。钚就像亚伯拉罕宗教中的"邻居"，和我们同时保持陌生又亲密的尴尬关系。

巨大的有限性从内部掏空了我的决定。现在，哪怕我只是换个该死的灯泡，我都得考虑全球变暖。这是世界末日，因为我能看到人类世界的边缘。全球变暖深入"我的世界"中，迫使我使用LED灯，而不是带灯丝的灯泡。海德格尔遗产的这一方面开始在超客体的重压下岌岌可危。世界的规范防御看起来是错误的[39]。如果我们开始将污染、全球变暖和辐射视为超客体带来的影响，而不是可管理的流动或过程，那么伦理和政治选择就会变得更加清晰，分歧也会减少。这些流动最终往往会被转移到一些实力较弱群体的后院。例如，美国原住民部落必须处理放射性废料，非裔美国家庭必须处理有毒化学品排放，尼日利亚村庄必须处理石油泄漏。罗伯·尼克松将此称为"生态压迫的缓慢暴力"[40]。将全球变暖视为超慢动作的核弹或许可以帮助你理解这一点。在一个岛屿消失在水下之前，渐进的影响几乎不可见。贫困人口——包括目前地球上的大多数人，认为生态危机并非只是破坏"世界"之类的美学画卷，而是直接蚕食他们的暴力。

没有了世界，那就只有一些独特的存在（农场主、狗、鸢尾花、铅笔、LED 灯管等），我对它们负有义务，因为事实很简单，存在就是共存。我不需要检查我的世界构建清单，以确保所涉及的非人类都是我所关心的。"如果你的大多数答案是（A），那么你就有了一个世界。如果你的大多数答案是（B），那么你的世界很贫乏。如果你的大多数答案是（C），那么你就没有任何世界。"没有了世界，剩下的就是亲密关系。列维纳斯在他者伦理思想中提到了这一点，但他错误地把他者性说得像空白存在的"沙沙声"，即"有"（ilya）那样模糊不清[41]。正如列维纳斯所言，他者在我之前就已存在，有爪子和锋利的表面，有树叶装饰，闪烁着星光。卡夫卡写道：

乍一看，它就像一个扁平的星形线轴，上面的确缠绕着线；当然，这些线都是旧的断线，打着结，缠在一起，种类不一，颜色各异。但它不仅仅是一个线轴，因为星星中间伸出一根小木棍，与另一根小木棍相连，形成直角。通过这根横杆的一边和星星的一个点的另一边，整个物体就可以像两条腿一样直立起来[42]。

"想到他可能比我活得更久，我就非常痛苦。"[43]卡夫卡笔下的奥卓德克在这方面与超客体非常相似。实际上，我们让它进入了我们的家，就像水银、微波和太阳的紫外线一样。奥卓德克是世界末日时我们要面对的，他没有喊叫，而是喘息着，"就像落叶沙沙作响"[44]。事物出现时的虚弱和跛足令人不安，虚弱和跛足这些专业术语描述了我已开始阐述的人类与超客体的调和。

没有世界，就没有"自然"。没有世界，就没有生命。在"自然"和生命这迷人圈子之外存在的是炼狱场，是一个生与死、死中生和生中死的地方，一个由僵尸、病毒、垃圾 DNA、幽灵、硅酸盐、氰化物、辐射、恶魔力量和污染组成的不死之地。我抗拒生态意识就是抗拒炼狱场。萨满的使命就是进入炼狱场，设法待在那里，在那里搭起帐篷并生活下去。由于西方没有所谓的"炼狱场"，一些藏传佛教信徒（这一形象就来源于他们）使用的最佳类比是医院繁忙的急诊室，那里到处都有人死去，到处都是鲜血和嘈杂声，设备四处奔忙，到处都是尖叫声。当世界的魅力消失，我们发现自己身处生态共存的急诊室。

在炼狱场里，世界永远无法生根发芽。炼狱场太生动了，任何软聚焦开始看起来像是暴力。与居住在一个世界中相比，在炼狱场中游荡更适合用来类比生态共存。地狱有一种极大的安慰，这就是佛教的第一义谛——苦的真理——给人的安慰。传统上，佛教认为有三种苦：首先是苦苦，例如你用锤子敲到了拇指，然后急着上车去看医生，整只手又被车门夹住了；然后是坏苦，在这种痛苦中，首先体验[45]到快乐，然后是快乐消失时的痛苦；最后是行苦，邱阳·创巴仁波切将其生动地描述为一种"令人毛骨悚然的基本特质"，这与海德格尔对"愤怒"的描述类似，正是这种性质接近于世界的概念。行苦与构成"六道"（一般来说指的是畜生道、人间道、天神道、修罗道、饿鬼道和地狱道）的固着和混乱有关。在《生命之轮》的轮回图中，六道被死神阎罗王牢牢掌管在手中。

正是这种死亡之爪的最外层视角提供了炼狱场的入口。对佛教徒来说，生态现象学的观点将伦理建立在我们嵌入生命世界的基础之上，它开始看起来像是一种反常的审美化，是为了混乱和痛苦而庆祝混乱与痛苦。电视上播放的是什么（是谋杀还是毒瘾，是恐惧抑或是欲望）并不重要。每一个存在的领域都只是一个电视节目，其"拍摄地"就在现实的炼狱——"真实的沙漠"——这一更广阔的空间内[46]。特雷伯·约翰逊等人创立了"全球地球交换"实践，即在"受伤的地方"，如有毒的垃圾场或核电厂，找到并奉献美好之物[47]。或者考虑一下佛教的施受法：意为"给予和接受"，这是一种冥想练习，在吸入他人苦难时，也呼出对他人的慈悲。现在，施受法被用于遭受污染的地方。考虑一下"施身法"，这是一种想象将自己切割，然后奉献给恶魔的盛宴的神秘仪式，也是另一种与生态灾难有关的做法。或者考虑一下禅师在洛基弗拉茨核弹引爆工厂采取的行动，比如步行禅修。

我们的行为建立了一种因果报应模式，从实化的距离看，它就像地狱或天堂。但是，除了我们的暴行之外，是距离将这种模式实化为需要打破的世界图景。无论是霍比特屯，还是《阿凡达》中的丛林，或是屏幕另一边的国家公园和保护区（虽然可能是在越野车的挡风玻璃后面），或是荒野另一边的田野和灌溉渠，都属于一幅世界图景。我并不是说我们需要把树连根拔起，我是说需要打破审美化：在生态危机下，砸破玻璃。

我们对全球变暖的了解越来越多，这终结了各种想法，也激发了其他想法。这些新思想的精髓是共存这一概念，毕竟这才是生态学的根本含义。我们与人类生命体、非人类生命体和非生命体共存，我们在一系列巨大实体的内部，也与它们共存：生态系统、生物圈、气候、行星、太阳系。就像俄罗斯套娃，就像鲸中有鲸，鲸中又有鲸。

想想假想行星提喀，它远在冥王星之外的奥特尔云中。我们无法直接看到它，但可以探测到它可能存在的证据。行星在多数情况下是超客体，它们如此庞大，因此具有高斯几何和可测量的时空扭曲，它们会影响其上和其中存在的一切。它们在近处，"无处不在，却又无处可寻"（黏性）。（现在就请指向地球，至于指向哪里，你有很多选择。）与人类相比，它们实在是太古老、太庞大了。一颗那么遥远的行星，它也许原本就不属于"我们"太阳系，但又近得令人生畏（一种极大的有限性），其存在的确令人不安。除了对彗星等天体的假设性的影响外，它是看不见的，用雪莱的话说，它是"某种无形力量的可怕阴影"。提喀（希腊神话中的命运女神）是个好名字，在希腊语中，它意味着或然性，所以它是一颗卓越的实在论行星。（"幸运"和"机遇"都是比较温和的替代译名，如果你的名字是俄狄浦斯，提喀就是你在一出悲剧中的遭遇）。现在，还有什么比这更明显的抽离呢？

人类可以看到超客体的历史性时刻已经到来。这种可见性改变了一切。人类进入了一个真诚的新时代，它包含着内在的反讽，超越了后现代时期美学化的、略带塑料感的反讽。我说的是什么意思呢？

这是一个重要的时代，在这个时代，我们获得了有时被称为生态意识的东西。生态意识是科学内外对生命形式之间以及生命与非生命之间无数相互关系的详细而不断增强的感知。现在，这种意识有一些非常奇怪的特性。首先，这种意识打破了我们生活在环境中的想法！这太奇怪了，我们应该仔细思考一下。它的意思是，我们对相互联系的了解越多，就越不可能假设某种实体存在于相互联系的生物之外或之后。当我们寻找环境时，我们发现的是离散的生命体、非生命体以及它们之间的关系。但是，无论我们如何努力寻找，我们都找不到一个适合这一个整体的容器；尤其是，找不到可以把它们统一起来的总称，比如世界、环境、生态系统，甚至令人震惊的是，连地球也不行。

相反，我们发现的是由草、铁矿石、冰棍、阳光、人马座星系和蘑菇孢子组成的开放式网眼结构。毫无疑问，地球是存在的，但它并不是一个包含所有"生态"客体的特殊大碗。地球是与老鼠、糖、大象和城市共存的客体。当然，在很多场景下，如果地球不存在了，都灵市和老鼠就会遇到麻烦。但是，如果老鼠搭乘友好的外星货船，地球就不会是它们丧命的原因，甚至都灵也可以在其他世界上一砖一瓦地重建起来。

突然间，我们发现了第二件惊人的事情。不管我们怎么称呼老鼠，老鼠始终是老鼠。但是，只要老鼠们能存活下来，把基因组遗传下去，老鼠就始终是老鼠——这就是新达尔文主义所说的"满足"。满足是一种生存的执行标准。没有老鼠味的 DNA，甚至没有任何 DNA 味道的 DNA——它是突变、病毒代码插入等的缩影，甚至生命本身也没有生命的气息。DNA 需要核糖体，而核糖体需要 DNA，所以要打破这个恶性循环，必须存在一个 RNA 世界，RNA 连接着非有机复制体，比如硅酸盐晶体。所以有一只老鼠，但这并非唯名论，亦非唯心论。但这个老鼠是非老鼠，或者我所说的奇怪的陌生者[48]。更奇怪的是，这就是为什么老鼠是真实存在的。事实是无论我们在哪里寻找，都找不到一只真正的"老鼠"，这正是老鼠存在的原因！现在我们可以说，这一点放诸宇宙而皆准。但是我们可以这样说，最明显的事物之一是超客体。超客体与人类相比如此巨大且如此持久，以至于它们显然看起来既生动又略带虚幻，其中的原因完全相同。

全球变暖和核辐射等超客体包围着我们，而不是像"自然"、环境或世界这样的抽象实体。我们的现实变得更真实，也就是更生动、更强烈，但它变得不那么容易被理解为某种片面的、肤浅的东西，同样也正是出于这些原因。我们知道，2011 年初，在加利福尼亚州伯克利，由于仙台反应堆的熔毁，水中的辐射水平飙升至正常值的 181 倍。我们知道，我们沐浴在 α、β 和 γ 射线中，这些射线来自尘埃粒子，这些粒子现在遍布全球，与我们共存，它们并不是"自然"这个大碗的一部分，而是和我们一样存在着，是奇怪的陌生者。

我们应该停止喝水吗？我们应该因为牛吃的是草，而草喝的是雨水而停止喝牛奶吗？我们知道的越多，就越难对任何事情做出片面决定。当我们进入超客体时代时，大自然消失，所有似乎与之相伴的现代确定性都消失了，剩下的是更为复杂的情况，既神秘莫测，又亲密无间。

　　这种情况是无法摆脱的，因此超客体的时代是真诚的时代，在这个时代，不可能与世界最终疏离。但正因如此，这也是一个反讽的时代。我们意识到存在比我们更庞大、更强大的非人类实体，而我们的现实陷入其中。事物是什么，它们看起来如何，以及我们如何认识它们，这些都充满了认知空白，但又生动、真实。真实的实体包含时间和空间，表现出非定域效应和其他客体间性现象，将我们写入它们的历史。令人惊讶的是，相互联系的网眼结构对于奇怪的陌生者来说是次要的。网眼结构是共存事物的新兴属性，而非与此相反。对于习惯于系统和结构的现代主义思维来说，这是一个惊人的发现。我们绘制的地图越多，撕毁它们的实体就越多。非人类实体通过我们的地图出现，然后又摧毁它们。

　　共存就在我们面前：它就是我们的脸。我们是由非人类、无知觉、无生命的实体组成的。这不是一个舒适的场景，而是一个令人毛骨悚然、不可思议的场景。我们发现自己处于机器人和计算机合成图像设计师所说的"恐怖谷"中（图14）。在计算机合成图像的设计中，一个众所周知的现象是，如果你构建的人物看起来太像人类，你就有可能越过一道门槛，陷入恐怖谷。在恐怖谷中，生物是熟悉中带着陌生，陌生中带着熟悉。恐怖谷似乎很好地解释了种族主义，因为种族主义受害者所遭受的非人待遇使他们比狗或匿名机器人对种族主义者来说更不可思议。希特勒非常喜欢他的狗布隆迪，但对犹太人和其他人却毫无人性。这就是某些类型的环保主义者使用语言时的问题所在：他们轻率地跳过恐怖谷，与另一边的生物握手言和。但是，正如我要论证的那样，只有当你坚持某种虚构的人类观念时，才会有另一面，而生态意识实际上驳斥了这种观念。换句话说，只有当你已经对生命形式有了一些相当种族主义的假设时，恐怖谷才是一个山谷。

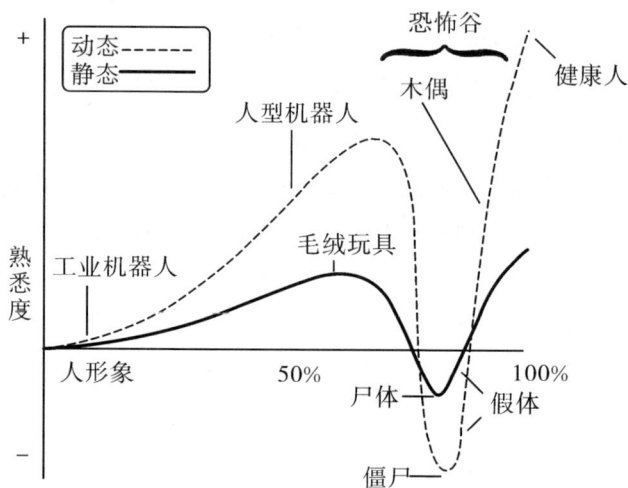

图 14. 森雅弘的恐怖谷示意图。亲密意味着怪诞。由于生态意识包括比现代性所能思考的更多的生命之间的亲密关系，因此人类开始接触这些生命时，必须经历恐怖谷。由于书中给出的原因，这个山谷的范围可能是无限的。

在生态意识中，山谷的另一边没有"健康人"。你的世界里的一切都开始滑入这个无边无际、滑溜溜的恐怖谷。它更像一个恐怖的炼狱场，一个充满了生与死、死者与新生儿的急诊室，他们中一些是人类，一些是非人类，一些活着，一些死了。你世界中的一切都开始滑入这个地狱，包括你的世界。

我们可以欣赏彗星、黑洞和太阳等实体，但这些实体进入我们几英里内的区域就会毁灭我们，并且我们无法控制全球变暖，这难道不奇怪吗？全球气候现在不是处于恐怖谷吗？这难道与艺术无关吗？因为当你仰望星空，想象其他星球上的生命时，你是在透过大气层的球形玻璃幕墙看那些似乎在玻璃幕墙后面的客体。换句话说，尽管已经有了自托勒密以来的所有发展，你仍然在想象我们存在于某个纯净的玻璃球内部。宇宙奇观的体验是一种审美体验，是在艺术画廊里欣赏一幅风景美妙的画作的三维环绕版。因此，简·泰勒浪漫主义时期的诗歌《星辰》讲述的是透过大气层看星辰，星辰似乎在"一闪一闪"。

在图森市的亚利桑那大学，有两千五百人参加了一系列关于宇宙学的讲座[49]。显然，人们渴望把宇宙作为一个整体来思考。为什么对全球变暖没有同样的热情？这是因为身处其中会有一种压抑和恐惧感。你可以把"宇宙"作为一个假想的审美客体来观赏：你有生物圈本身带来的距离，它就像一个球形电影屏幕。习惯告诉我们，银幕上显示的东西（就像天文馆里的投影）是无限的、遥远的——全是康德式的崇高感。但在全球变暖这条大鲸鱼的肚子里，却是压抑和炎热，再也没有"距离"了。这是一种深刻的倒退，一种有毒的宫内体验，此外我们还必须为此负责。哪个新生儿或产前婴儿应该为母亲的存在负责呢？就超客体而言，全球变暖处于恐怖谷。也许黑洞可怕，但它是如此遥远、如此奇妙、如此致命（我们在它附近任何地方都将不复存在），以至于我们对它惊叹不已，而不是试图避免去想它或为它悲伤。而我们所处的这个更小、更危险的洞穴（在超客体全球变暖的内部）却让人深感不安，尤其因为是我们创造了它。

全球变暖的问题在于它就在这里。它不在玻璃幕墙后面，它就是那个玻璃幕墙，但好像玻璃幕墙开始以一种非常诡异、可怕的方式向你挤过来。这违反了正常的审美礼仪，我们从康德等哲学家那里了解到这一审美礼仪——它要求你和艺术品之间应该有一个刚刚好的距离，不能太近，也不能太远。全球变暖玩了一个非常卑鄙的把戏，它离我们很近很近，撞上我们的海滩，迫使我们在水下举行内阁会议，以引起我们对困境的关注，但又以同样的姿态从我们手中抽离，以至于我们只能通过处理速度极快的计算机来表现它[50]。吞下约拿的鲸鱼是一个比我们更高维的存在，就像二维的简笔画人物相对于三维的苹果一样。我们看到我们是弱者，确切地说，我们关于事物的话语、地图和计划并不是那些事物本身，两者之间存在着无法还原的差距。

令人毛骨悚然的是，相框开始熔化，向我们挤压过来，开始灼烧我们的衣服。这不是我们花 12 美元进入美术馆想要看到的。面对这熔化的玻璃幕墙，人类艺术绝不是公共关系。它实际上必须是一门科学，是科学的一部分，是认知映射这件事的一部分。艺术必须是玻璃本身的一部分，因为生物圈内的一切都会受到全球变暖的影响。

虚　伪

　　一辆卡车迎面而来，却有一个小男孩跑到了卡车前面。卡车来不及减速，你惊恐地看着小男孩，觉得应该救他，但又不确定。不过，这一刻还是迫使你采取行动：你冲到街上，抓住男孩，及时将他拖离危险。当卡车即将压在你俩身上时，你设法半跌半跳地躲开了。男孩安全了。

　　你不知道自己为什么要这么做，但你就是这样做了。这样做似乎是正确的，虽然有一定的紧迫感，但你觉得很奇怪，因为你没有充分的理由去救那个男孩。

　　两周后，我走在同一条街上。这个小男孩并没有吸取教训，又冲到一辆迎面驶来的卡车前面。我想我应该救他，但我不确定。我犹豫了，我飞快地做了道德权衡。我认为伦理行为是基于效用的，而存在本身是一种善，所以我认为我应该救这个男孩。或者这个男孩和我有关系：他是我的表弟，或者他是我医生的侄女的同学。无论如何，我决定救这个男孩：但是太晚了，男孩已经死了。

　　两周后，在完全相同的地点（多年后人们还在想为什么那里经常发生事故），这次是另一个孩子，一个小女孩，跑到了另一辆卡车前面。一个陌生人走在街上，她觉得自己应该救那个女孩，但又不确定。她飞快地做了一系列计算。卡车是否开得太快，来不及减速？也许可以减速。卡车是否有足够的动力，会不会即使它减速了，还是会撞上女孩？路面的摩擦力是否足以削弱卡车的惯性使其停止，在所有条件都相同的情况下，即使司机踩住刹车，卡车仍会继续滑向女孩？陌生人认为卡车不可避免地会撞上女孩，她的判断是正确的：卡车确实撞上了女孩，女孩当场死亡。

其实你只是在没有充分理由的情况下救了那个男孩，但很容易将你的行为混淆为非理性主义者"说干就干"的态度。这种反智或伪禅宗的态度重视即时性而非反思性，重视做事而非思考。但你非常聪明，你知道世界上所有的理由都不足以成为爱的理由。你只是救了那个男孩，但在救他的过程中，你体验到了一种非同寻常的奇妙感觉。这让我们想起了传声头像乐队的那首《一生一次》："这不是我美丽的男孩，/这不是我美丽的街道，/这不是我美丽的行动。"[1]

这不正是我们面对超客体时的处境吗？说到全球变暖，找到一个解决它的合理理由可能就是阻碍我们真正采取行动的最大因素之一，因为理由实在是不够充分。全球变暖曾被一些哲学家称为"邪恶问题"：人们可以完全理解，但却没有合理的解决方案[2]。而现在它被贴上了"超级邪恶问题"的标签：解决这一问题已迫在眉睫，却没有中心权威来主持大局，那些寻求解决方案的人同时也在加剧全球变暖，政策也是不理性的，低估了未来的处境[3]。

功利主义在处理超客体时漏洞百出。原因很简单，因为超客体具有深刻的未来性。当涉及已存在十万年的客体时，不管什么样的关于伦理行为的利己主义理论，无论其如何被拓展或修改，都是行不通的。当我们面对可能深刻改变地球生命的超客体时，我们所感受到的狂热、激情和恐怖，与我们出于同样原因所感受到的认知怪异和反讽之间，存在着根本的不对称，这种不对称确实给人耳目一新感。超客体将保守主义（它能保守什么呢？）简化为模糊的抽象概念、虚假即时性的冰山一角，但是超客体让我们所有人都变得虚伪。

这种怪异和反讽源于这样一个事实，借用索伦·克尔凯郭尔的一句名言："在超客体内部，我们永远是错的。"[4]什么都不做显然是不行的。驾驶丰田普锐斯？为什么不呢？（我就开）但从长远来看，这并不能解决问题。坐在那里批评普锐斯的司机？但这根本无济于事。组建人民军队，夺取国家控制权？新社会有时间和资源解决全球变暖问题吗？使用太阳能电池板？但是制造太阳能电池板需要大量能源。使用核能？想一想福岛事故和切尔诺贝利事故。立即停止燃烧所有石油？那我们准备好进行如此巨大的转变了吗？每一种立场都是"错误的"：每一种立场，尤其是自认为比其他任何事物都清醒的无所不知的犬儒主义。

"内部性"不是（简单的）物理位置。即使你去了火星，也会遇到同样的问题。事实上，这个问题反而更严重，因为你必须从头开始创建生物圈。不，超客体的"内部"
与其扭曲我的时间观念的方式有关。回想一下全球变暖的三
个时间尺度：恐怖的、骇人的和石化的，分别是五百年、三
万年和十万年。这巨大的有限性从内部瓦解了我对时间的陈
腐观念。这并不是说超客体是像天使、魔鬼或上帝一样特殊
的存在，被派来猛击我将现实客体化的脑袋，让我与超验事
物接触。其实远非如此。超客体是真实的事物，真实地存在
于物理领域。超客体发挥的作用远比天使、上帝或传统的海
德格尔学派更微妙、更有效。对传统的海德格尔学派来说，
人是存在的唯一牧羊人，是地球上最不可思议的事物。五百
年是一个"真实"的时间尺度，因为它是用科学仪器以一
定的精确度测量出来的。百万分之三百五十是一个"真实"
的数字，因为它符合粒子在客观时空中占据点的实化观点。
在这种情况下，350ppm 是空气中碳化合物微粒的上限，在
可预见的未来，它将使地球相对可辨认。（地球目前的碳含
量已超过 400ppm）

这些数字，这些实化的时间尺度，从内部侵蚀着我的实
化。就像合气道大师一样，它们利用我的能量对抗自身。我
深信非人类有不可思议的未来，并非通过某种宗教皈依，而
是通过实化本身，这种方式使之"黏"得更紧。我并不是
皈依了非客体化的超验信仰，而是我的偏见通过它们的客体
化从内部瓦解了。有没有可能，用海德格尔的话说，超客体
确实是我们世界中出现的"最后的神"，把我们从技术操控

中拯救出来？正如海德格尔所言，虚无主义的解药来自其本身，来自我们部分地通过技术所创造的实化的超客体，而对超客体的测量则是同一技术（例如复杂性理论、使用超级计算机绘制气候图和粒子加速器）最新、最快、最复杂的表现？这的确是"以子之矛，攻子之盾"的案例（如瓦格纳的《帕西法尔》）[5]。

想一想，全球变暖给我们带来的数字有多么沉重：就像记录册上的东西一样，全球变暖被视为最大、最多、最严重的问题。对全球变暖的这种"大量数字计算"立场远非"科学"或"信息化"那么简单，这并不是说这只是一个"文化"或"世界观"问题。事实上，它首先直接体现了一种导致全球变暖的哲学立场。地球和生活在这里的实际存在的生命都沐浴在巨大的数字海洋中。然而，在这一现象的虚无主义内部，也就是海德格尔所说的巨量（纯粹数量的上升）内，出现了历史的"另一个开端"，而不是它的终结[6]。这一安排在本体论层面的"经济性"令人吃惊，更不用说在心理和社会层面了。我不需要特别的道具，也不需要神来之笔。我不需要末世论——事实上，正如我们在上一节所看到的，这种想法会抑制我与非人类的奇特陌生感亲密接触。超客体寿命长这一微不足道的数学事实就是我需要的全部帮助。我只需要习惯这个数学事实——"习惯"是希腊文mathēsis 的恰当翻译。

正如我在上一节中指出的，德里克·帕菲特写《理与人》的主要原因是核辐射和污染等超客体现象的存在。该如何应对它们呢？从现在算起，没有一个与我产生了有意义关系的人能够活 24,100 年（钚的半衰期），所以我对钚的认知、我的伦理和政治立场必须超越自身利益，无论自身利益的含义多么广泛。此外，超客体持续的时间如此之长，以至于诸如社会贴现率这样一个用于确定未来的人对现在行为的价值的滑动尺度[7]的功利主义概念无法符合伦理规则地、有意义地应用于超客体。超客体迫使我们要采取的态度是人类在先进消费资本主义时代尚未准备好的态度。

关于全球变暖的时间尺度还有一个更深层问题——有很多种时间尺度。我们正在处理的客体不仅分布广泛，而且其不同部分具有不同的摊销率。超客体就像装在瓶子里的来自未来的信息：它们并不完全存在于现在，因为它们从现在的时间概念中剔除了标准参考点。为了应对它们，我们需要建立在尺度和范围上远远超越了规范的利己主义的伦理学理论，即使我们将自利理论修改了许多数量级、将几代人或地球上现存的所有生命形式包括在内也是如此。

然而，在超越利己主义的过程中，我们不必把亲密关系的婴儿连同自我的洗澡水一起扔掉。事实上，放弃利己主义使我们更加亲近其他生物和未来的自我，这正是帕菲特自己所称的更加亲密的接触。帕菲特在《理与人》一书中有一段感人至深的文字，与他的作品所代表的牛津剑桥派功利主义的极端理性模式相比，这个段落显得非常有个人色彩：

（无我的）真相令人沮丧吗？有些人可能会这么认为。但我觉得这是一种解脱，一种安慰。当我相信我的存在是（一个"更深层次的事实，不同于生理和心理的连续性，是一个非此即彼的事实"）时，我似乎被困在了自己的世界里。我的生活似乎就像一条玻璃隧道，我穿过它，一年比一年走得更快，但隧道的尽头却是一片黑暗。当我改变看法时，玻璃隧道的墙壁消失了。现在，我生活在户外。我的生活和其他人的生活还是有区别的，但这种差异已经缩小，其他人离我更近了。我不太关心自己的余生，而更关心别人的生活[8]。

帕菲特的话本身就体现了无我观点所赋予的对未来的亲密感和开放性。在这种观点中，"自我"被归约为生理和心理上的连续性。

无我观并非一种无面孔、无人性的抽象概念，而是一种对亲密关系的完整体验。最能诠释生态意识的是亲密感，而非对某一更大事物的归属感：一种与其他生命形式接近甚至过于接近的感觉，一种将它们置于自己肌肤之下的感觉。超客体迫使我们与自己的死亡（因为它们是有毒的）、与他人（因为每个人都会受他人影响）以及与未来（因为它们在时间上分布广泛）亲密接触。让我们适应超客体所要求的亲密关系并非易事。然而，在生态意识中，亲密感和无我观并肩而来。外来存在也是我们最内在的本质，外来存在的临近性很大程度上就是一种感觉结构。

请看林恩·马格里斯等人探讨的共生问题。共生的一个特点是内共生，即生命形式并不是简单地与我们生活在一起：它们就在我们体内，以至于在许多层面上，宿主与寄生者的区别已经消失。我们的线粒体是共生体，它们在躲避自己的灾难，也就是被称为氧气的环境灾难。许多细胞壁是双层的，暗示着某种古老的共生关系。在很大程度上，他人就是我们，正如诗人兰波所说："我是真实的。"[9]在非现象学层面（不依赖于经验的层面），即一个外星生物用显微镜就能验证的层面，我们对自己来说是陌生人，这就是他者与我们的距离。生态学是关于亲密关系的学问。

除了令人费解的时间和空间尺度外，超客体还对我们的概念参照系造成了更大干扰。超客体首先破坏了关于"客体"是什么的规范性观念，这种突然的转变产生了不可思议的效果。关于辐射的知识让我们质疑有关太阳的功用和益处的常识性想法。与阳光不同，我们无法直接看到辐射，但它对我们的影响比可见光强烈得多。有关臭氧空洞、全球变暖和辐射的知识将普通现实变成了一个危险的地方，乌尔里希·贝克称之为"风险社会"，在这里政府的政策现在涉及风险在人群中的分配，而且往往是不均衡的分配[10]。从长远看，无人能规避风险。一旦我们意识到超客体的长期影响，我们就无法消除这种意识，因此它腐蚀了我们在当下做出坚定决策的能力[11]。

我们需要计算机和盖革计数器等设备才能看到超客体——这些客体将定义我们的未来——这一事实让人感到自愧不如，就像哥白尼和伽利略坚持认为宇宙不是围绕我们旋转，从而将人类拉回地球一样[12]。在他们那个时代，"常识"告诉人们太阳每天绕地球转一圈。常识还告诉人们，那些提供草药但被扔到水里没有溺死的怪老太太应该被烧死，因为她们是女巫。常识有很多需要解释的地方。

雅克·拉康写道，人类社会的问题就是如何处理自己的粪便。这样说有点人类中心主义了，因为许多非人类似乎也关心如何处理它们的粪便[13]。超客体也给我们带来了同样的问题，只不过程度大大增强了。一个发泡塑料杯大约需要五百年才能降解。自 18 世纪农业革命以来，农业技术和物流飞速发展，尤其是自 1945 年以来，人类社会更是突飞猛进，我们甚至可以将呈指数增长的庞大人口密度本身视为超客体。在我们的文化彻底改变或完全消失许多世纪之后，我们应该如何处理这些物质？这个问题不仅仅关乎如何处理人体大小的东西，比如被冲进马桶的东西。我们应该如何对待那些我们身处其中的物质呢？

那么，在超客体内部，我们总是处于错误之中，这究竟是一种什么样的情况呢？让我们来看看林吉斯对康德伦理学的重构。林吉斯将超验的先验性置于他所谓的客体产生的层面中，即客体对我的物理控制，它会向我发出指令。下面是林吉斯自己的例子，从生态学的角度来看，这个例子很有说服力。你正在北加州的红杉林中漫步，古木参天，环绕着你，巨大的地衣网在树枝周围蔓延。你闻到一股烟味，顺着烟味的方向望去，只见在蕨类植物丛中，燃烧着的烟头顶端就像一颗发亮的橙色珠子。你跳向蕨类植物，用脚拨开它们，在烟头上踩了一脚，然后用水壶里的水浇了浇周围，确保不会再起火。

林吉斯选择燃烧的香烟，这一点很重要[14]。生态紧急情况不仅让我们面对无数这样的时刻——你离开家时才发现没关灯，或者你在洗车店里停车时思考是否应该熄火，在外面干燥闷热的情况下宁可出汗而不开空调。生态问题更深刻地向我们展示了林吉斯的层次和指令的纯粹版本。林吉斯认为，非人类告诉我们如何对待它们[15]。锤子"希望"以某种方式被握住，林间小道向我的身体发出指令：以特定的步伐行走，倾听动物的叫声，避开障碍物。烟头要求我把它踩灭。在我思考（无论是否理性）正确的行动方案之前，这些指令就已经抓住了我。康德的综合判断概念以这些层面为前提。这些指令来自建立审美因果关系区域的实体，我发现自己深陷其中（这些层面）。这些指令是绝对命令的基础，而不是某种空洞的决定。我们发现自己迟迟不知道该如何面对事物。

我为什么要上前踩灭燃烧的香烟？从这个角度来看，自由意志被高估了[16]。我们受到树叶、网球拍、油门踏板和路人的诱惑和诱导。我发现自己并不在一个（单一、稳固的）世界中，而是在由特定客体发出的不断变化的区域中。超客体还必须发出区域，将我们聚集在一起，就像《星球大战》中锁定千年隼号的牵引光束一样。从现在起，我将使用区域而非层次这一术语，因为在我看来，"区域"消除了平面感和结构感。在时空从客体中产生这一观念中，我们可以开始理解区域一词。区域可以意味着带子，即缠绕在其他事物周围的东西。我们常说温带和战区。区域是事件发生的地方：区域蜿蜒曲折，散发着热量，子弹横飞，军队溃败。

　　发生了什么行为？"并非是什么就是什么的东西，此时此地，毫无神秘感，而是某种类似于追求的东西……一种在途中呼唤回声和回应的音调……水在阳光下寻找它的流动性，荡漾在花园后面的柏树上。"[17]如果像之前提到的那样，本质和偶性之间没有功能上的区别，如果感知和行动之间没有区别，如果有知觉和无知觉之间没有真正的区别，那么因果关系本身就是一种奇怪的，最终是非局部的审美现象。而且，这种现象来自客体本身，在客体面前摇摆不定，就像这段引文中幻化出的美得惊人的真实幻象。这句话的确言出必行，施展了一种令人信服的神秘魔力——因果关系的魔力，就像一个恶魔般的力场。然而，如果我们知道它只是一种幻觉，它就不会再摇摆不定了。它根本就不是幻觉。我们将置身于无矛盾的现实之中。然而，因为它像幻觉，我们就永远无法确定："构成伪装的是，到头来，你都不知道这究竟是不是伪装。"[18]

区域并不完全是"自由意志"的问题。与康德式的自主性相比,客体的自主性和感官自主性更具威胁性。从某种意义上说,客体就像哈肯·贝逊所赞颂的临时自治区域[19]。一个新客体的诞生是一次"政治"干预,是一场革命,它改变了所有其他客体,无论这种改变多么微小[20]。一个区域不是在委员会经过深思熟虑之后才开始行动的,它已经不可避免地在发生。傍晚时分,城市广场周围的阴影逐渐拉长时,我们突然发现自己置身其中,有种似曾相识的奇妙感觉。

在切尔诺贝利反应堆的地下室里,有一个巨大的"大象腿"堆芯熔化物,它是来自堆芯的金属和玻璃的放射性混合物。它无法被直视,除非一个人想死得快。第一次用轮式照相机拍摄它的尝试失败了,因为照相机被这个客体的辐射破坏了。最后,只能用一面镜子,在拐角处用照相机拍摄它。客体发射了区域。无论我身在何处,区域已经在发生,一个自动区域,就像一对经过精心调适的正弦波,将房子填满纵横交错的干涉场(这简要描述了拉蒙特·扬和玛丽安·扎泽拉在纽约的"梦之屋")。埃利安·拉迪格的 ARP 合成器的音色层次丰富得惊人,其最低频率的共振使教堂充满了共鸣,给人身体上的感受与听觉上的一样强烈。这种音质深度的不和谐会导致身体震颤,这正是阿多尔诺关于艺术如何使主体颤抖和破碎的写照[21]。音乐不是"关于"环境的,它本身就是一种环境。《生物起源》只是记录了雷迪格的心跳，伴随着这段录音，她子宫里胎儿的心跳[22]声也开始被听到。《生物起源》通过能够传播低音频率的扬声器（如2003年旧金山现代艺术博物馆33 1/3展览中使用的扬声器）播放出来，直达听众身体。无论我们喜欢与否，我们都被迫选择共存。莱利和纳潘加蒂的画作以其充满活力的线条散发的区域紧紧抓住了我，在我的视觉神经上释放出力量。人类的伦理或政治决定都是在相互交织的区域力场中做出的，我们没有途径发现自己已经超越了区域的控制。康德式的先验综合判断（即我已经决定了客体是什么、客体性是什么）之所以可能（如果有可能的话），只是因为我已经发现自己被客体发出的区域所击中。最简单的烟头或一个跑到街上的孩子，都会让所有的道德或政治立场沦为虚伪，正是超客体迫使我们最细腻地感受到这种虚伪。超客体如此庞大，如此持久，以至于它们所产生的区域丰富而强烈，足以让我们意识到它们，并意识到区域与客体之间不可还原的差距，康德称之为现象与事物之间的差距。

由于这种差距，我根本不是说我们会立即碰到我们确切知道该做什么的情况，就好像一切都是机械自动化的。相反，我发现自己被一个区域吸引时，我的距离感、讽刺感以及我的犹豫会变得更明显。区域在本体论上的优先性充分解释了我对发出区域的客体做出决定时的陌生感和迟疑感。我根本不可能想出一个正确的理由来解释我为什么要在红杉林中熄灭香烟。事实上，如果我试图道出一个理由，就会发现自己眼睁睁地看着香烟燃烧着灌木丛——我已经决定不熄灭香烟了。这个区域已经将我牢牢抓住了。这并不意味着我确切知道该如何处理自己与区域的关系，恰恰相反，这意味着我毫无头绪，或者说，我能感受到我的想法与区域之间无法调和的不和谐。

我是在什么程度上参与"区域"活动的？我为什么要熄灭香烟？是因为我关心整个环境，还是特别关注这棵树、这片森林？是因为我了解全球变暖，而我把香烟看作是人类漠视环境的象征，是巨大谜题中的一小块吗？再次强调，"区域"并非直接体验的区域，而是一个充满讽刺和怪异的变幻莫测的虚幻领域。这不是"自然"，而是颠倒过来的海德格尔的被抛性[23]。我发现自己并不在任何一个老地方，这是我的此在的独特而不可思议的投射。一切都在这样做，不确定性和犹豫不仅存在于我的"此在"之中，也存在于树、石头和在蕨类植物中燃烧的烟头之中。正是我的真诚（即我对自己陷入区域现象学的敏感性）阻止我将区域视为稳固且可以预测的。

这并不意味着我无可挽回地陷入了一个充满偏见的世界，也不意味着这是一件好事——这是生态现象学的普遍观点。这意味着我陷入了困惑、错误和痛苦之中，也意味着这是件好事。正如我在前文所述，嵌入世界并非生态实践和思考的基础。区域的意义恰恰相反，它意味着无论我的偏见是什么，无论我觉得自己嵌入哪个"世界"中，区域都会将它们烧毁。某种非概念的东西烧透了我的偏见，这正是超客体以其显而易见的未来性所做的。超客体是真正的世界末日（apocalyptic，源自希腊语 apocaluptō），因为它们揭开了偏见的面纱，但这样做并没有把我们推向超越，相反，它们将我们更牢固地固定在原地，而不再是嵌入一个世界。

客体发出的存在区域是康德之美的物理原因。康德之美是一种非概念性的类客体实体，似乎漂浮在我与客体之间。康德将其解读为我的先验综合判断的反映。但要产生这种审美体验，必须有一个区域，这个区域从客体中振动出来，穿过我的概念覆盖层，以其奇怪的陌生感萦绕着我。这个区域会将我的信念和重构化为灰烬。就超客体而言，即使我头脑迟钝，对区域不甚了解，这种情况也会发生。超客体实在太庞大了，不容忽视。

因此，我们不再需要在两种美学中做出选择。一种是（如康德所建议的）超验美学，它保证先天综合判断行为中的假设自由；另一种是（如埃德蒙·伯克所建议的）实在论美学，它以其令人敬畏的权威的重量压垮我。每种审美哲学的政治含义都是显而易见的，毫无疑问我们应该选择康德的方案。伯克的理论代表了布什政府的美学及其在第二次伊拉克战争中对巴格达采取的"震慑"战术。但现在，我们有了很好的实在论理由接受康德的美学理论，它不是建立在某种超验之上，而是就在这里，在我思考它之前，就在"区域"之中。这个区域是非概念性的，但并非一片空白，不是黑格尔式的"A = A"的直接性。正是因为它"在我面前"，所以"区域"是不可言说的。我没有伸手去触摸它，而是客体把它送到我面前。

区域是真实的，但它们并不是客观地"存在"，因为这意味着它们是形而上学的存在，而超客体对形而上学的存在提出了严峻的物理挑战。这种非客体化的思考存在一些问题。怎么可能去想象那些实体闪烁不定，而不是坚定地保持"存在"？这种闪烁不定正是后休谟、后康德思想和科学所必需的，然而超客体似乎可以帮助我们有效地将这种闪烁可视化。本体论想让我相信，我必须通过把事物视为客观存在和"在那里"（用海德格尔的话说就是"vorhanden"）来把它们理解为真实的[24]。但是，超客体却阻止我以这种方式将其客体化，尽管它毫无疑问是真实的；它似乎像噩梦或马戏团里威胁人的小丑一样袭击着我。它永远不存在，因为它总是消失到雨云、晒伤和垃圾堆背后。置身于超客体之中的感觉包含一种非现实的必要元素，但这也是其现实性的一种表征！

"你能做的任何事，我都可以以元层次的方式做到"，这不正是现代性的格言吗？两百年来，表现智慧一直是说这类话："我比你聪明，聪明到我能看透单纯的客体，或看透你'天真'的态度。"哲学中，"正确"往往是进入"元"层次。英国著名的巨蟒喜剧团的"辩论"小品几乎完美地体现了这一点[25]。一名男子走进一幢毫无特色的官僚办公楼，这里似乎是为发放各种政府援助而设计的。一开始，他走进一个房间，里面有人辱骂他。当他告诉辱骂者"我来这儿是为了辩论"时，那人道歉了："哦，对不起，这是辱骂。辩论的地方在隔壁。"在隔壁，这名男子遇到了另一名官员，拒绝与他接触。当这个人宣布他是来辩论的时，那个官僚就他是不是来辩论的这个问题和他争论不休：这就立马进入了元层次。

如果你遇到过这种辩论，就会知道它有多激烈。进入元层次是讥讽别人的好方法，就像是你将地毯从别人脚下扯掉。它们的直接性总是虚假的。它的深层结构、神秘背景和事件视界的可能性，比其他任何东西都更真实、更好，或者更具修辞效果。在这种模式下，潜在性这个蛋先于现实性这只鸡。这种模式正是巨蟒喜剧团所利用的，尤其是在"辩论"小品中。他们的许多幽默都是基于这种元层次综合征，这也让我们了解到，在大英帝国时代，无论是在最辉煌的阶段，还是在崩溃阶段，元层次综合征都占据着主导地位。

在无数不同的哲学模式中，元层次综合征都在重复出现。我不确定是哪一部分先出现，是思考还是行动，但这种元层次综合征似乎与现代生活的基础本体论有着奇怪的平行关系。正是这种综合征成为美丽灵魂的深层原因，由此我们会嘲笑那些敢于真正去做某事的人——拉康声称"那些（认为自己）没有上当受骗的人正在犯错误"，这也是拉康所谓"父亲的法律"（法语为 Le nom du père）与"父亲的禁法"（法语为 Le non du père）① 的双关语[26]。那些人坐在高山上俯视着我们这些山下的可怜人，自以为能看透一切，其实是最愚蠢的。正如我所言，既然美丽灵魂是消费主义的模式，而消费主义模式自 1800 年以来就是默认的主观框架，那我们就可以预见元层次综合征将在文化中普遍存在[27]。

超客体终结了世界，也终结了从世界中跳出来决定其真实性的超验先验。它们做到这一点不是靠巧妙的辩论，也不是靠保持沉默和坚不可摧。超客体有一种修辞模式，因为正如我们将要看到的，所有客体都是一种传递形式。超客体不会像约翰逊医生的靴子一样猛击我们的脑袋，也不会以非辩论的方式来反驳贝克莱。它们不是先验的，如果我们的意思是说它们提供了某种直通真理的热线的话。事实上，如果修辞学有一个名称的话，那么它就必须包括类似于诱导反思的东西。亚里士多德的《修辞学》是对人类情感深刻而独到的思考——修辞既是说话的艺术，也是倾听的艺术。但当我们调频到超客体时，我们在倾听什么？这种不确定性不正是我们所听到的吗？在雨中，或通过怪异的气旋或浮油传递给我们的影响，难道没有揭示出某种怪异之处吗？如果它有名字的话，那就是怪异。最具有代表性的也许是"doom"这

---

① 由于 non 和 nom 几乎同音，因此父亲的法律同时也是父亲的禁法（禁止孩子对母亲产生乱伦欲望）。

个词。

什么是"doom"？传统上，"doom"是一种法令或命令：一种指令[28]。"doom"也可以指判断、法律、判断能力或世界末日后的最终审判[29]。然而，"doom"也是我们所认为的——意见或辨别力[30]。"doom"可以指命运、宿命，在更强的意义上，也可以指死亡[31]。最后，"doom"意味着正义，甚至是法官，即主持正义的人[32]。德里达认为"正义"与"解构"同义，因为"正义"具有不可还原的未来性：完美的正义永远不可能在当下实现——总有待实现的部分[33]。好的法官不只是机械地做出判决，而是自相矛盾地同时执行和中止法律。

如此丰富的含义难道不能显示超客体的某些特性吗？超客体的确是带来了命运、天命和死亡。这种命运来自（人类）世界之外，宣布或宣告了世界的终结。这一法令标志着地球历史的决定性转折，在这个转折点上，人类能够辨别出非人类，从而更公正地思考地球的命运。或者，就像海德格尔所说的，厄运来自厄运，厄运注定厄运；这一厄运标志着一个决定性时刻，在这一刻，人类注定了非人类的命运，从而以更大的厄运注定了地球的厄运。

每个政治和伦理决定都是在超客体内部做出的，陷入了预示命运的区域共振。在超客体的咆哮声中，即使是犬儒主义也变成了一种虚伪。犬儒主义是最糟糕的虚伪：是虚伪的平方，因为犬儒主义对其虚伪表现出虚伪。虚伪的人明白，她陷入了自己的失败之中,而犬儒主义者仍然希望,如果他的呕吐物足够恶心,事情就会有所改变。犬儒主义者希望,他并没有陷入绝望——他是个伪君子,试图逃避厄运。

人类进入了一个虚伪时代。现在我开始论证,超客体时代是一个虚伪、虚弱和跛足的时代,这些用语我使用得非常准确。首先,我们应该尝试理解虚伪。在希腊语中,hypo 的意思是在下面、隐藏或秘密,而 krisis 的意思是判断、决定或辨别,因此当我们思考虚伪时,我们仍在探索厄运的轮廓。虚伪是一种"秘密的厄运",因为习惯告诉我们,这意味着有人在隐藏、假装着些什么。虚伪是一种伪装,一种行为,但它也只是隐藏的厄运,是从某个隐秘角落发出的信息。或者是某种意义上秘密的信息:加密信息。

虚伪一词来自希腊语中的 hypokrisis,意为表达。演员就是虚伪的人。请记住,"厄运"的一种含义是法令或条例:表达的东西、法规或声明、站得住脚的短语。表达是传统修辞学的第五个方面(亚里士多德、昆体良),前四个方面是发现(发明)、安排(逻辑)、风格和记忆。表达是演讲的体现方式,是演讲的口语化,是演讲如何为他人所接受。古希腊雄辩家、民主派政治家德摩斯梯尼曾被问及,他认为修辞学最重要的部分是什么,他回答说"表达";当被问到第二重要的部分是什么时,他回答说"表达",等等[34]。德摩斯梯尼在背诵演讲稿时,通过把鹅卵石放进嘴里、爬上陡峭的山坡来练习表达。表达是物质的。

198

如果我们换个角度来看，将实物也看成是一种表达，会怎样呢？想想看。CD是一种表达，MP3是一种表达，黑胶唱片是一种表达，磁带也是一种表达，每一种表达都有自己的物理性。每一种表达都是一个客体：不仅仅是某种中性媒介，而是其自身的实体。现在，如果这盏绿色的银行家台灯也是一种表达呢？这盏灯告诉我的眼睛它的绿色玻璃所散发的光芒。灯的黄铜底座将灯杆送到樱桃木桌面上，灯里的荧光将沾满灰尘的照片送到我面前，我可以在相框的玻璃上看到我打字时双手的倒影。我们从未听到这样的风声，只听到烟囱里的风声、门口的风声[35]。在客体间的配置空间中，一个客体的区域与另一个客体的区域交错。事物是风成的，是听觉的：它们的音色（木材、物质、事物）讲述着神秘的陌生者[36]。一样东西表达另一样东西，雨水、晒伤、塑料袋和汽车引擎都表达着超客体的命运。它们都是伪君子，它们对超客体撒谎，讲述着秘密。

客体导向本体论很好地解释了客体的风成特性。它认为存在真实的事物，而这些真实的事物就是客体，每一个都是。我们人类就是客体，所谓的"主体"也是客体，有知觉的生命也是客体。请注意，这里的"客体"并不是指自动被主体理解的东西。有各种各样所谓的主体并不能理解的客体。全球变暖早在人类仪器开始探测到它之前就存在了。数百万年来，石油在海底深处流动。当然，各种客体都能感知到它。当我们意识到某些东西时，我们就与岩层和浮游生物处于一个连续体中，它们以自己的方式理解石油。

根据客体导向本体论的观点，客体在某种意义上是亚里士多德式的。客体导向本体论的一个讨人喜欢之处在于，它对亚里士多德、加扎利、胡塞尔和祖比里等人的被忽视的哲学进行了重新梳理。什么是亚里士多德式的客体？首先，它不是唯物主义的客体。如果说我第一阶段的生态学研究是没有"自然"的生态学，那么现在的研究就是没有物质的生态学。出于同样的原因，我见过木头，见过原子的照片，见过扩散室里的云，见过波包的图纸。这是毋庸置疑的。但我见过物质吗？我开始觉得，这个叫"物质"的东西，就像"自然"或圣诞老人，你必须说你相信它，才不会让孩子们扫兴。所以，当斯波克先生声称发现了"没有形态的物质"时，他大错特错了[37]。

不要误解我的意思，认为我这个立场从各个方面看都是敌视科学的。恰恰相反，这一立场试图将当代科学重新纳入哲学，以便像珀西·雪莱简明扼要地指出的那样，"想象我们所知道的东西"[38]。客体导向本体论能够应对我们这个时代最先进的三种科学观点，即相对论、生态学和量子理论。简单地说，我们真的不应该把本体论留给唯科学主义。否则，我们最终就会得到一些新纪元的本体论、熔岩灯本体论，它们默认将万物最终还原为原子。

从这个意义上说，如果我们所说的经济过程是指将价值置于某种神秘、虚无的彼岸，即资本的阴影世界，那么客体导向本体论就开始超越资本主义了。问题不在于本质，而在于将本质置于某种超越、遥远的维度：资本的形而上学维度。马克思主义意识形态理论对表象的不信任也是如此。我们这些可怜虫所能做的就是哀叹我们的命运，在这个被毁坏的世界里坐坐，这个世界甚至不如真正决定我们的那个看不见的世界来得真实。这种思维模式不是细密的筛子，而是一把将一切还原为一团无法言说的粉末的钝器。

客体导向本体论认为，客体有一个非常有趣的特性。我们只能看到它们的感性特质在互动中自发地产生新客体。我闻到的漏油的气味就是宇宙中一个全新的客体。你可以研究这个客体，也可以研究油和我的鼻子。这个客体也有特殊属性。它们是什么呢？就像所有客体一样，超客体也会抽离。所有客体在某种意义上都是隐藏的，无法触及。任何其他客体，无论是手指、光子还是超级计算机，都不可能体验到这个客体的方方面面。想想看，你永远无法看到一枚硬币的另一面，当你把它翻过来时，另一面就变成了这一面。所有客体都是如此。

但是，超客体让这种抽离的特性变得明显。那么，我们该如何体验它们呢？人们喜欢老生常谈："写音乐就像跳建筑舞。"我一直认为"跳建筑舞"听起来是个好主意。用客体导向本体论的术语来说，这就是所有客体之间的关系。毕竟，没有任何客体能真正接触到另一个客体，它们实际上只是共享哈曼所说的"音符"。因此，建筑的"柱子"（或其他什么东西）是关于人与人之间的关系的。狗绕着树闻（恰好，"绕着"也有"围绕"的意思），铅笔留下削笔器的记号。

想象一下，在这样一个世界里，如果想"谈论"音乐，就只能播放音乐。就像电影《成为约翰·马尔科维奇》[39]中约翰·马尔科维奇的噩梦世界，音乐就是马尔科维奇。音乐谱写的是关于音乐的音乐。或者就像乔伊斯写的那样，"爱喜爱去喜爱'爱'本身"。[40]不，我们为音乐鼓掌，为音乐起舞，为音乐演奏，为音乐写作，但所有这些都不是我们正在表演的音乐。阿尔文·卢西尔的细长电线振动着在装置中穿行的人们[41]。暴风雨与它穿过的烟囱有关（海德格尔的好例子）。计算器计算着我所担心的银行余额。想一想客体导向本体论与相对论的兼容性。爱因斯坦的火车与闪电有关。轨道边上的照相机则拍摄闪电。再想想量子理论，光子与电子有关。鸟儿用鸟类使用的隐喻告诉我们英国石油公司的石油泄漏。天气告诉我们全球变暖，写作讲述音乐，就像跳建筑舞一样。

为什么雨会对超客体说谎，同时又说出关于它的秘密呢？当我们考虑单个客体时，事情就变得更加奇怪了——这就是为什么把超客体视为客观存在是不可能的。为了便于讨论，我们想象一个单一的东西，我知道这很困难，在如今这个时代，连雪佛龙公司都每天告诉我们"万物是相互关联的"。以银行家的灯为例，银行家的灯表达着自己，表达与表达者不同，就如同正在写这篇文章的我与我所写的我之间的区别，所以我可以说"我在说谎""这句话是假的"。这样的句子就是骗子，其中最著名的就是骗子悖论——一个克里特人说："所有克里特人都是骗子。"这个克里特人在说真话的同时也在说假话，原因是一样的，这句话是虚伪的，它言在此意在彼。客体是虚伪的，是演绎自己的演员，它们无法得到公正的表现。它们发出的蓝色音符与自身不同，彼此之间却毫无差别。它们又说谎："构成伪装的是到头来你不知道这究竟是不是伪装。"[42]超客体只是让我们看到了这种内在的、本体论层面的虚伪，因为它们无论是在时间上还是在空间上，都比我们大得多。我们随处可见其迹象，但那并不是超客体本身。我们看到厄运的征兆，但厄运并不客观地存在于任何地方。对于既缺乏安全感又充满虚无主义的美国人来说，否认主义是多么容易发挥魔力啊。

杰拉德·曼利·霍普金斯对于表达如此写道：

> 每一件事都做着同一件事：
>
> 在室内，每个人都在交易；
>
> 自己，走向自己，叫喊着，我就是我，我为此而来[43]。

错综复杂的语汇隐藏了真相，又说出了真相。"交易"：表达。"在室内，每个人都在交易"："在"在这里似乎是及物动词——"在"的东西是一个秘密,"在"室内,把它说出来——宣布它的命运,表达它,说出秘密(虚伪)。"自己,走向自己",就像"走向绿色""走向狂暴"。除非我们回想一下,客体都是虚伪的,否则,这种学究式的"此性"似乎只是标准本体论(具有"实在性"和平淡无奇的物质)的生动版本。你怎么能走向你自己呢?你本来就是你自己。只有当你不是你自己时,你才能"走向自己"。在成为你自己的同时,你必须不是你自己。当一件事物喊出"我就是我"时,这件事物就是在说"这句话是假的""我在说谎"。客体发出的刺眼蓝色音符既是主要的,又是次要的,既是一张完美的照片,又是一个不透明的面具、一个致命的女人,她的眼睛背后隐藏着深不可测的神秘,或一片"空白",甚至什么都不是。厄运。

超客体是个骗子,我们从未直接看到过它。我们只能从图表、仪器、扩散云室中的轨迹、晒伤、辐射病、诱变效应、分娩中推断出它。我们看到了超客体的影子,那是巨大的黑暗斑块在风景上匆匆掠过。我们看到刻在日本墙上的人影。我们看到雨云、蘑菇云,看到太阳系边缘的奥尔特云。"某种无形力量的可怕阴影。"[44]我们看到厄运的幻象和碎片。

在超客体无形力量的阴影下醒来就像是发现自己置身于一部大卫·林奇的电影中,你越来越不确定自己是梦是醒。人类被迫面对现象学的真诚,面对"不存在元语言"这一真理[45]。这绝不是一个酷炫的T恤口号,这样的真理让我们极其脆弱。我们还没有穿越幻觉的帷幕，进入确定的世界，即使这个世界是一个闪亮的过程-关系的升级，是流体、流动和根茎的发生。骗子坐在角落里，似笑非笑，让人困惑，抽着烟，神情空洞，或是极度沮丧，或者只是无聊——他还活着吗？他有思想吗？他对我们了解多少？他不知道什么？正如劳瑞·安德森在其歌曲《生而不闻》中所唱的那样："幕后是什么？"[46]幻觉和隐藏的游戏是现实的表征，因此一些环保主义者的修辞蔑视调解，充满反智主义言论，这构成问题的一部分而非提供解决方案。我们越是深入"大加速"，就越需要面对不真实的感觉。

在这里，我们遇到了为什么在超客体内部我们总是犯错的深层原因。由于我们从未与超客体直接相遇，由于我们维度比它低，与它一起存在于一个包含 $1 + n$ 个（抽离的）实体的审美-因果空间中，因此我们无法掌握它。超客体黏在我们身上，就像熔化的镜子，到处渗透。它们前后起伏，渗出周围的时空，与我们的日常生活交互着，以略带邪恶的审美维度与我们互动。

如上所述，克尔凯郭尔认为，"违背上帝意旨时，我们总是错的"[47]。我们不可能在上帝面前达到完美姿态。事实上，试图这样做可能会导致可怕的暴力或邪恶。奇怪的是，"违背上帝意旨时，我们永远是错的"这种想法让人感到放松和自信，因为我们没有什么可失去的。克尔凯郭尔称这种感觉为"教化"，这个词带有一点新教美德的味道。克尔凯郭尔的洞察力同样适用于人类与超客体的关系：正如我所说的，在超客体内部，我们总是错的。对于超客体，我们处于虚伪的状态——虚伪消灭了犬儒主义，就像科学取代了信仰①。

克尔凯郭尔无情抨击的"美丽灵魂综合征"是现代性默认的意识形态模式。美丽灵魂看到"那边"的实体与她隔着一层薄薄的审美玻璃。美丽的我在这里，堕落的世界在那里。美丽灵魂是黑格尔的范畴，是浪漫主义艺术家对世界的一种典型姿态——她丝毫没有意识到自己对所看到的世界的腐败负有形式上的责任。看到"那边"的邪恶的目光就是邪恶的，因此要克服美丽灵魂综合征，就必须认识到自己是个伪君子。

马克思主义者主张大公司对生态破坏负有责任，认为宣称我们都有责任是自我毁灭。马克思主义认为，以"道德"应对生态危机是虚伪的。然而，许多环保主义者和一些无政府主义者认为，马克思主义者否认埃克森公司抽取数十亿桶

---

① 原句为"the hypocrisy fish eats the cynicism fish, just as the Darwin fish eats the Jesus fish on the back of some people's cars"。这句话体现了适者生存的思想，耶稣鱼是基督教的一个代表符号，基督教徒在车后贴耶稣鱼帖以表现其信仰，而达尔文鱼是仿拟耶稣鱼的说法，是进化论、科学的象征。译者在翻译时省略了"鱼"这一喻体，直接译出了其深层意义。

石油与个人有关，是将责任从人类身上转移开。这种观点认为，马克思主义者对生态危机的"政治"回应是虚伪的。伦理与政治的二元对立是一个真正的分歧：这种对立非常激进，在某种意义上是不可逾越的。想想看，如果我思考伦理学，我似乎是想把行动领域简化为生物之间一对一的接触。如果我思考政治，我就会认为，一对一的接触永远没有他们所处的（经济、阶级、道德等）世界及他们接触时所处的关系来得重要。这两种说话方式构成了阿多诺所说的破碎整体的两半，但它并不等于两者相加。不可能在两者"之间"达成某种很好的妥协，那么，当涉及的问题影响整个社会，或整个生物圈，但又影响我们每个人时，我们不就束手无策了吗？比如，我的血液中含有汞，紫外线对我的影响异常强烈。

然而，更深层次的问题是，我们的马克思主义者和无政府主义者（虽然过于夸张）认为这个问题是一种虚伪。站在犬儒主义立场上，虚伪是受到谴责的。无论是马克思主义者还是反马克思主义者，他们都还停留在现代性的游戏中，其中谁能抓住最愤世嫉俗的"元"立场，谁就是赢家：你能做的任何事，我都可以在元层次上做到。两个世纪以来，"元"一直是一种卓越的智力姿态。我比你聪明，因为我能看穿你。你比他们聪明，因为你把他们的言论建立在可能性的基础上。我站在高处，俯视那些自以为是的可怜笨蛋，但我比他们更相信自己。我相信我的距离，我相信那些可怜的傻瓜，我相信他们是被蒙蔽了。关于信念，我有这样一个信念：我相信，信念意味着用我的思想尽可能地紧紧抓住某样东西。犬儒主义成为哲学和意识形态的默认模式。与可怜的笨蛋不同，我没有被欺骗——要么我真的相信我已经摆脱了幻想，要么我知道没有人可以从中走出来，包括我自己，我为这种幻灭感到自豪。

直接导致生态危机的不是企业或个人本身，而是企业和个人的固有态度，以及对它们的批判。哲学可以直接体现在铺路石的大小和形状上、可口可乐瓶子放在我脖子后面的感觉中、飞机的设计或投票系统中。总体的指导观点即"最高哲学"，包含了一种愤世嫉俗的距离感。按理说，在我的世界里，很多东西都受到其影响——购物袋的外观、体育频道的选择范围，以及我认为"自然"是"在那边"的方式。我把正确和真理视为可能的最高境界，视为愤世嫉俗的超然，由此我把地球及其生物圈视为舞台布景，我在上面表演，以取悦观众。事实上，在某些形式的意识形态批判中，犬儒主义已经被命名为当代意识形态的默认模式[48]。但正如我们所见，犬儒主义只是虚伪的虚伪。

犬儒主义在地图上到处都是：左派、右派、环保主义、中立派。地球整体论不就是一种犬儒主义吗？一个常见的地球论断是：人类有问题。非人类更"自然"。人类偏离了轨道，将被消灭（可怜的傻瓜！）。没人这么说海豚，但对于海豚来说同样如此。如果海豚灭绝了，还担心什么？海豚将会被取代的。部分大于整体。如果不在地球的网络中，老鼠就不是老鼠[49]。部件是可以被取代的，地球会用缺陷较少的部件取代人类。我们正生活在一个巨大的机器中，一个多叶片的机械，它具有大量的分形和新兴属性，恰到好处地给人既酷又不具威胁性的现代美感。

不难看出，拒绝从大处着眼是哈曼所说的"向下还原"的一种形式[50]。所谓"向下还原"，就是将事物简化为被认为更真实的小事物。在当代资本主义中，向下还原的典型形式就是个人主义："只有个人，集体决策本质上是错误的。"但是左派以及更广义上的环保主义者清楚地认识到了这个问题。

盲点恰恰在相反方向：普遍的意识形态倾向于认为越大越好，越大越真实。环保主义、右派和左派似乎有一个共同点：他们都认为渐进式的变化是坏事。然而，在全球变暖等问题上，批判渐进主义不就等同于哈曼所说的伦理和政治领域的"向上还原"吗？向上还原是指人们将某物"向上"简化为某种上位系统（如地球或意识）的影响[51]。由于大事物比小事物更真实，因此渐进的步骤永远不会取得任何成就。批判渐进主义就嘲笑了那些试图尽可能回收利用垃圾或开普锐斯车的可怜傻瓜。通过将伦理和政治决策推迟到理想化的未来，对渐进主义的批判让世界保持原样，同时对世界保持自鸣得意的距离。为了地球上共存的中型物体（杨树、北极熊、线虫、粘菌、珊瑚、线粒体、星鹰和格伦·贝克），我们应该建立一种真正的新伦理观，既不贬低它们，也不消解它们。

犬儒主义是左派的产物："既然没有任何个人行为能解决全球变暖问题，那就最好什么都不做，或者最多等待革命的到来。"正如上文所述，素食主义者、普锐斯车主和太阳能爱好者经常会遇到这种逻辑。问题是，左翼犬儒主义完美映射到美国共和党的无所事事论和地球失败论上（"地球会取代我们，就像我们是一个有缺陷的部件"）。什么都不会发生。结果呢？全球变暖仍在继续。

尼采倾向正在现代性中发挥作用。这种尼采主义追求的是"比你更伟大"（meta than thou）。犬儒主义不过是海德格尔所说的尼采主义"本体论"立场中固有的态度：成为漂浮在虚空中的纯粹（虚无主义）[52]。它与实体保持距离，将实体化为客观存在的块状物，然后将块状物本身炸开。马克思主义批判已不再符合其初衷，它是这种尼采倾向的一种特殊模式。断言这一点绝非暗示资本主义之外不存在任何社会现实。然而，这种批判模式并不适应超客体时代，超客体时代让犬儒主义走向了终结。

我们如何战胜尼采？我们做不到，因为尼采是战胜困难的大祭司。正如我在其他地方所论证的那样，我们必须匍匐在尼采的脚下，像这样跛足而逃。马尔科姆·布尔为那些想要摆脱尼采式现代性的跛脚生物写了一本非常有力的逃生手册，名为《反尼采》。思考需要开始为人类之间以及人类与非人类（包括非"有知觉"的人类）之间的团结设定难以置信的低标准。否则，我们就会成为团结的守门人，并停留在尼采式的本体神学——虚无主义之中[53]。

浪漫主义时期是犬儒主义成为最高思维模式的开端。浪漫主义时期的艺术书写了如何生产前卫产品的手册，开始了一场通货膨胀战争，期间一波又一波的前卫艺术努力超越前辈。这场运动非常类似哲学逐渐退缩到可能性的可能性的可能性的……逐渐削弱其谈论现实的能力，这是一种怀疑和偏执的自残[54]。

黑格尔说，密涅瓦的猫头鹰——历史的前行，也就是思想的进步[55]——只在黄昏时起飞。密涅瓦的猫头鹰已经变成了密涅瓦的石油。然而，浪漫主义时期也是非人类登上人类舞台的决定性时刻。动物权利变得可以思考，不仅仅是作为一种神秘实践，而且是作为一种政治实践来思考。碳开始在地球上传播，最终进入北极的浮冰。浪漫主义时期及以后的反叙事讲述了密涅瓦的石油如何从其在人类构思的事物框架中的无形地位中脱颖而出的故事。密涅瓦的石油逐渐让犬儒主义者相信，它只是一种伪装的虚伪。我们现在要讲的就是这个故事——非人类如何最终说服最顽固的人类，让他们进入自己的思维。我们来到了历史的下一个时刻，这并不是因为我们自己的努力，而是因为科学的内在逻辑遇到了限制，它向所有人揭示了物体不可思议的未来性。

不对称时代

现代生活为我们提供了两种选择：

（1）事物的本质在别处（在资本、无意识、原子、进化、宇宙秩序等的深层结构中）；

（2）本质不存在。

哲学与选举一样，都会产生后果。在这两个选项之间进行选择的局限性是地球陷入大困境的原因之一。这种选择就像必须在灰棕色和棕灰色之间做出选择。

然而，还有第三种选择：

（3）有一种本质，它就在这里，就在这个充满感性特质却又抽离的客体中。

我们正在进入一个新的学术时代，在这个时代里，重点将不再是通过诉诸清除笔尖的存在之光所带来的开放性的既定痕迹来相互竞争。超越"元模式"的思考将使我们更快认识到事物的怪异，进化论、生态学、相对论和量子论都在谈论这种怪异。这种怪异存在于客体本身，而不是我们对客体的解释。

就连帕特·罗伯逊和理查德·道金斯也必须使用防晒霜抵御臭氧空洞的影响。超客体将又踢又喊的人类（他们什么事情都感受得到，而非除了否认外，头脑中一片空白）拖入了一个不对称时代，在这个时代里，我们的认知能力变得自相矛盾。我们对辐射、全球变暖和其他出现在我们雷达上的巨大客体了解得越多，就越意识到自己与它们联系紧密。知识再也无法快速逃离地球，或者更确切地说，逃离海德格尔所说的"地球"，也就是汹涌澎湃、"高耸入云"的现实事物[1]。浪漫主义哲学和艺术那在火山上跳舞的理想主义已经崩溃，因为我们发现火山的墙壁比我们想象的要高得多。我们不再像弗里德里希画作中的人物那样，站在深渊的边缘，拄着拐杖沉思着深渊的浩瀚（《雾海上的漫游者》，1818）。相反，就像半空中的歪心狼①一样，我们发现自己已经坠入深渊，而深渊并非纯粹的虚无空间，而是超客体炽热的内部。或者我们发现，我们居住的空间并不是开放、中性的，

---

① 歪心狼是1949年华纳公司出品的 Looney Tunes 系列动画片中的主要角色之一，狡猾的 Coyote（歪心狼）一心想要吃掉机智的 Roadrunner（BB鸟），但故事所有的结局都是歪心狼作茧自缚，败在自己的小聪明里。

而是在一座巨大冰山的内部，冰山看似透明只不过是因为我们的眼睛不够用罢了。乘坐现代性的航天飞机在宇宙中飞行时，我们发现自己驾驶时踩着刹车，引擎轰轰作响，机身却锈迹斑斑地躺在垃圾堆里。我们在客体中醒来，就像一部关于被活埋的电影。现在是世界末日之后可怕的僵尸时代，在这个虚伪的时代中每一个决定都是"错误的"。

我们应该感到恐惧还是解放？两者皆有。正如黑金属乐队王座之狼所言，"我们都是伪君子"[2]。"地球优先！"组织的成员竟然说出这种话，让人吃惊。如果连这些人都能承认，超客体时代的任何道德或政治决定都不可能是纯粹和毫不妥协的，那么我们就真的取得了一些进步。行动与反思之间的不对称让我们感到非常恐怖。我们比以往任何时候都更清楚事物是什么、它们如何运作、如何操控它们。然而正因如此，事情变得奇怪而非变得不那么奇怪。科学的发展并不意味着日益祛魅，伦理上的不对称是人类与非人类之间本体论上不对称的结果。

让我们想想这样一位哲学家，他在人类世之初，也就是碳沉积物刚开始形成的时候就写下了一本著作。让我们想想黑格尔，他的《艺术史》很能说明问题，有助于我们理解最初是什么让我们进入了人类世。黑格尔认为，艺术是我们自以为掌握的知识与我们所掌握的材料之间的对话。由于我们认为掌握的知识会不断升级，因此艺术也是不断发展的（黑格尔认为艺术必会"向前"运动，但我对此不太确定），而且没有倒车挡，因为我们不可能不知道我们已知道的东西。黑格尔勾勒出了一部彻底的目的论艺术史，在这部艺术史中，人类认识的不断提高导致了对艺术材料的超越，并最终导致了对艺术本身的超越。他所说的"材料"指的是艺术的"主题"、审美习惯、颜料、石头和墨水。这三个阶段分别是象征阶段、古典阶段和浪漫阶段。例如，在象征阶段，微弱的理解力（黑格尔称之为精神）被材料压倒。神灵激增至上千（在黑格尔看来仍不足），如印度教的神、拜物教的神以及佛等；黑格尔主要想到的是"东方"艺术[3]。但从这一观点看来，哥特式大教堂也包含了象征阶段：巨大的石块和玻璃，缺少了"超越"之神死在十字架上并转化为人类（圣灵）的感觉。非人类似乎拥有神一般的力量。石头会说话，上天塑造人类的命运。

我并不赞同黑格尔的观点，尤其是他的目的论。这就像一个捉迷藏游戏，而精神已经知道自己藏在哪里了——就在浪漫主义时期普鲁士的某个地方。这种目的论观点非常有趣，它本身就是现代性的一种表征。除了让我们看到一些东西外，它还排除了一些东西，它排除的是第四种可能性，根据黑格尔艺术史的内在逻辑，这种可能性是完全可以预测的（我再次重申，我并不赞同这种逻辑），但在黑格尔的艺术史中却根本无法言说。有可能会出现后浪漫主义，或者我们可以说是（真正的）后现代阶段，我称其为不对称时代。我们如何从这里去往那里呢？

艺术的象征阶段是不稳定的，因为在黑格尔看来，所有的态度都不稳定：理念和它所代表的态度之间存在差距。态度是无意识的理念，当你弄清了态度，它就包含在你所思考的"那"一面中了。这样，一个新的想法就诞生了，它是原始想法和与其相伴的态度的融合，即辩证综合。知识的增长（包括实践知识和理论知识）增加了精神对其材料的理解，这种理解又反作用于精神本身，推进了精神对自身的认识。这样，象征阶段就过渡到古典阶段。在古典阶段，有一个黄金分割点，在这个点上精神与艺术材料之间有着令人愉悦的对称[4]，这样就出现了一种在后世只能被视为幻觉的和谐。人类和非人类在中途相遇，产生了各种美丽的作品。莫扎特和海顿的音乐是甜美的新古典主义风格，他们的音乐体现了非人类如何不再凌驾于人类之上，但人类并没有完全理解自己内心深处的空间。艺术聚焦于威廉·布莱克所说的"神圣人形"[5]，但因为时间性是思维的内在因素，这种"平衡"实际上是不稳定的，这不仅仅是因为习俗和观念"随着时间"发生变化，而且是由于精神本身与其表现形式之间的差距，精神内部存在一种必要的运动。

于是，古典主义阶段就过渡到浪漫主义阶段。此时，精神的自我理解在这点上远远超出了艺术材料的范畴，哲学占据了主导地位。在这个时期，人类首次认识到其内在空间的无限深度，根本不可能在任何非人类实体中体现这种内在空间[6]，因此浪漫主义艺术必须谈论这种失败以体现外部事物的内在空间。然而，具有讽刺意味的是，通过这种失败，艺术成功谈论了内在空间。但内在空间不正是无法体现的东西吗？因此，艺术的职责就是更好地失败，或者说，更崇高地失败。如今，艺术可以表达神圣的理念与堕落的人类肉体之间具有讽刺意味的鸿沟，这在基督的道成肉身中得到了体现，因此真正的基督教艺术已成为可能[7]。所以，奇怪的是，中世纪的大教堂不如贝多芬的弦乐四重奏那样具有基督教色彩。从此以后，艺术只能表现材料未能充分体现"精神"的问题，这正是因为"精神"无法简化为这些材料。在康德哲学的崇高和华兹华斯的诗歌中被发现的内在无限就像一个寻找目的地的幽灵，在世界万物中游荡。艺术家们认识到，既然自身无法直接表达精神，就必须讲述无法表达精神的故事，因此艺术变得深具故事性。音乐发展到古斯塔夫·马勒的极端半音主义，他探索了曲调中音符之间各种可能的关系。"半音主义"是指使用半音，半音即西方传统音符之间尽可能小的音程。

艺术未能体现精神的故事被记录在先锋派的历史中，而先锋派的历史也与未能改变资本主义客观社会条件的历史联系在一起。各种"主义"的长征是一拨接一拨浪漫主义的长征：有浪漫主义、现实主义、印象主义、表现主义，等等。与此同时，艺术意识到哲学现在是它的老大哥，至少，由于自身的失败，艺术需要宣言和目的声明以及哲学的探索和辩护。我们知道的比我们能体现的更多，我们无法把魔鬼放回瓶子里。

为了表达人类内在生活的不可言说之处，人们发明了钢琴等乐器，只要踩下延音踏板就能听到钢琴内部巨大的共鸣。平均律逐渐成为主流调音模式，因为无论使用多少半音阶，它都能让音乐在一致的世界中徜徉。现在，为了达到平均律，你必须稍微调整钢琴琴键，它们之间的关系并非基于整数比率。如果它们是一种被称为纯律的音调，那么声波之间的强烈不和谐和干扰模式就会产生狼音。平均律在整数比率上做了些许改动。音乐物质追寻精神的无尽旅程发生在一个由平均律调音构成的连贯世界中，就像一幅深褐色的画或照片。

因此，具有讽刺意味的是，贝多芬对丰富的内在精神生活的表达以奴役非人类——钢琴琴弦——为代价，而这种奴役制却把琴弦变成了赋格①。同样，指挥家的出现也是为了指挥乐团，就像老板指挥工厂里的工人一样。乐团由首席小提琴手指挥的优雅古典时代已经一去不复返了，这种安排是早期的时代典范，它相当优雅地表达了精神与物质之间恰到好处的和谐。

接下来发生的事情就像是黑格尔在《精神现象学》中探讨的主奴辩证法[8]。主人命令奴隶，但奴隶通过处理主人

---

① 赋格是盛行于巴洛克时期的一种复调音乐体裁，是复调音乐中最为复杂而严谨的曲体形式。

的事情获得了力量，最终能挣脱奴役获得自由。但接下来发生的事情却让黑格尔大跌眼镜。由于精神与物质之间的鸿沟，黑格尔就认为从他的时代开始艺术是反讽与内在生活。艺术与诸如威廉·华兹华斯的《抒情歌谣集序言》或安德烈·布勒东的《超现实主义宣言》等宣言捆绑在一起，这样，一份准哲学的意向声明就通过提供一种思考艺术的方式使艺术去中心化，从而与直接体验艺术脱节。

浪漫主义时期正是人类世来临之际，彼时人类工业在地壳顶层沉积了一层碳。这一切似乎并不是一个巧合，而是地球上碳沉积的划时代事件：钢琴的发明——巨大的空心木板上缠绕着用工业制造的螺母和螺栓拧紧的琴弦，工厂式管弦乐队及其管理指挥的发明，以及以钢琴时代为先导的平均律的主导地位的产生。平均律让钢琴占据了主导地位，成为一种通用乐器，就像蒸汽机一样。回想一下过去，詹姆斯·瓦特在 1784 年的专利中明确指出，蒸汽机是一种通用机器——正如它的后代，名为计算机的通用图灵机一样。蒸汽机可以用来驱动各种各样的机器（例如火车或织布机），但计算机可以伪装成任何机器。

然而，人类世时代迄今为止所发生的一切就是人类逐渐意识到，尽管他们掌握着地球范围内最强大的技术，他们也并不是演出的主角。人类不是意义的指挥者，也不是现实的钢琴家，这也是后结构主义和思辨实在论思想共同的真理，尽管它们之间存在着明显差异。

让我们探究一下非人类的浪漫主义英雄——钢琴的历史。似乎作曲家们开始不怎么再把自己的意志强加给钢琴，而是成为钢琴的操作员、仆人或技术人员，以一种戏谑的方式模仿"机器的附属物"——工业工人的命运[9]。作曲家们不再倾听自己的内心世界，而是开始调和钢琴的内心世界、形体和音色。亚历山大·斯克里亚宾、阿诺尔德·勋伯格、阿尔班·贝尔格和安东·韦伯恩的极端浪漫主义逐渐转变为表现主义，我们可以将这个转变过程描述为通过叙事逻辑来腾空人类内心空间的方式。无调性音乐是一种魏玛共和国的声音，其中原社会主义民主使得所有音符一律平等。随后，序列主义将叙事序列简化为一种算法过程，这是一种严格基于十二音列的音符计算[10]。斯拉沃热·齐泽克对于无调性音乐如何开始展现人类自我的阴暗面有一个非常敏锐的论断：它是一种超音乐，能接触欲望辩证法之下的驱动力旋涡，将它们释放为一种不死之声，一种不再讲述故事的幽灵物质[11]。但这也是另一种非人类实体性获得解放的时刻，钢琴弦开始获得自由。

渐渐地，钢琴内部摆脱了表现人类内心世界的束缚，开始与自身的木质空洞产生共鸣。从浪漫主义时期钢琴延音踏板的首次使用，到披头士乐队《浮生一日》结尾处钢琴内部发出的长长的、令人恐惧的轰鸣声，这之间有着一段漫长历史可资追溯[12]。约翰·凯奇在钢琴弦上放置其他物品，如橡皮筋和螺丝钉等正常情况下可能放在钢琴周围的家用物品，由此将钢琴弦从钢琴声中解放出来。这些物品创造了"预制钢琴"，但它们并不是为了表达凯奇的内在自我，它们有自己的"无政府自治权"。它们仿佛被允许占据钢琴的内部空间。在凯奇的《奏鸣曲与间奏曲》中，各种新鲜音色从弦乐中涌现出来：闷锣声、捻弦声、哗哗声等。同样，英国自由即兴乐队的吉他手基思·罗通过让电子琴弦与各种人类操作时偶然发出的声音产生共鸣，构建出了音乐超客体。事实上，"无声"只有在人类停止发出声音时才会出现，因此罗用"无声"来形容人类抑制出声的"无心"[13]。罗的即兴创作让非人类通过艺术进入人类空间。

随后，约翰·凯奇的学生拉蒙特·扬迈出了下一步。他将钢琴的琴弦从平均律中解放出来，恢复当初为创造浪漫主义的棕褐色赋格世界而放弃的纯律。将琴弦恢复到纯律确实是一种正义之举，也是一种"厄运"。我们在调和得恰到好处的钢琴线中听到了线与木的厄运。扬是纽约极简主义第一人，他用声音终结了浪漫主义叙事。序列主义解构了浪漫主义叙事，将韦伯所称的"结构"，即结构幽灵般的物质声音，反馈到音乐中。凯奇走得更远，他将生活用品用于钢琴。扬决定直接调音，而不是创造新曲调。扬的《纯律钢琴曲》一举打破了巴赫的《全音调钢琴曲》所开创的传统，前者不是围绕音乐的旅程，而是围绕着按照整数比例调音的琴弦振动来组织音乐，这种比例可以让耳朵在任何一个音符中都能听到令人眩晕的水晶般的清晰和声。这是调和音乐，而非故事音乐。扬的持续音音乐与玛丽安·扎泽拉的轻音乐伴奏，每次都会持续数天，有时甚至更长，因为人类试图将声音调和到尽可能纯净的正弦波。棕褐色的世界中让世界得以存在的一致性被鲜艳色彩终结，这些色彩相互冲突、相互干扰，就像玉柯媞·纳潘加蒂或彼得·莱利画作中的线条。

琴弦在钢琴中振动。由于琴弦按整数比例调音，尽管琴弦本身有限，声音也清澈透明，仿佛无穷无尽，但这种声音具体、多彩、生动，远比同样音调的琴弦发出的有头有尾、棕褐色的声音生动得多。它无法轻松地讲述故事，因为钢琴弦不受平均律限制，无法让音乐在琴键之间轻松调整出的可能空间内徜徉，这种不受约束的运动与琴弦本身的蹒跚成正比，就像中国妇女的裹脚一样。如果试图改变音调，就会产生"狼音"，即疯狂摆动的额外振动，破坏可能性空间的平滑。将其命名为狼音正是为了让人联想到非人类，一种必须经过驯化才能发挥作用的野生动物。

当我们听到一架调整得恰到好处的钢琴弹奏着扬所喜欢的缓慢的单音和音群时，听到的是什么？我们听到的是钢琴作为客体，尽可能开放其非人类性，以供人类使用。从灵学角度来看，钢琴家成了钢琴的灵媒。因此，《纯律钢琴曲》是一部长达五个多小时的循环作品，它挑战了人类的思维方式，让我们无法从中编织出一个故事。它是一部充满爱意、恢复正义的作品，让钢琴发出声音，而不提及人。扬之前的音乐，尤其那一系列指令集——把一只蝴蝶放进大厅，推动钢琴穿墙，或者推拉桌椅发出刺耳和声，都是让非人类进入音乐空间的算法配方。它们或多或少都是凯奇为露天剧场设计的作品《4分33秒》的不同版本。但是，《纯律钢琴曲》是对非人类的刻意调和，是人类世最重要的非人类音乐作品。

这就引出了扬的调和音乐和持续音音乐的主题。扬使用的正弦波发生器非常精确，每年只出现一次误差，他试图尽可能长时间地生活在这些声场中。扬的"梦之屋"位于纽约市教堂街275号，在那里，这些发生器创造了纵横交错的干扰模式，随着我们移动而改变。我们进入"梦之屋"时，听到的是什么？我们听到的是设备本身的声音，我们听到的是"音乐"对设备的调音，而非设备对音乐的调音，是音乐在传递设备，而非设备在传递音乐。同样，扬的持续音音乐作品也是一种调和，它们围绕一个中心主题展开，声音或锡塔尔琴试图将自己与神调和在一起，这与印度古典音乐如出一辙。至此，弦乐和发生器从讲述人类故事中解放出来，它们讲述自己的故事，宣告自己的命运。

像这样从"调音"到"调音"，难道不会让我们联想到冥想或沉思的循环特质吗？而这种特质不正是在西方现代性的黑格尔谱系中被嘲讽为自恋式的自我沉溺吗？因为正是黑格尔首先想要掩盖康德现象——事物的鸿沟。既然我能思考这个鸿沟，那就不存在鸿沟，这是对黑格尔观念论过于简短的模仿。只要允许鸿沟存在，我就会坠入黑夜，在黑夜中所有的牛都是黑色，这是可怕的对"A＝A"的纯粹否定。黑格尔认为这种循环是病理现象，是一种原始的意识形式，他称之为佛教，是一种接近"客体"地位的东方主义的不可捉摸性，是某种必须被掌握、克服、操控、改变的东西——原材料。然而，除了"A＝A"的真理之外，还有什么是客体呢？"A＝A"是一种奇怪的、幽灵式的差异，是一个类似于"这个句子是假的"的循环。这种循环并不是完全静止的，就像有黑色奶牛的夜晚并不是完全空白或不透明的：毕竟，黑暗中有奶牛……根据我们对超客体的理解，客体正是由其表象和本质之间的裂缝构成。然而，钢琴弦的表象并不是塑料袋的表象。钢琴弦就是……钢琴弦：A＝A。然而，这个 A 可以释放出非 A，因为只要琴弦按照整数比例调音，就能发出通常在平均律中被压制的各种高频音。正如雅克·德里达在讨论"连系动词"时所说的，"等于 A"是 A 的最小差异，这种差异将一条自我吞没的蛇变成了莫比乌斯带①。

因此，当现代音乐从晚期浪漫主义开始进入一个循环时，出现的是一种被黑格尔否定却被他的同时期对手托马斯·谢林赞美的幽灵般的实体性。吸血鬼般的声音余韵乍看之下令人匪夷所思、毛骨悚然，但扬的纯律正是其直系后

---

① 莫比乌斯带，数学术语，指的是一种拓扑学结构，它只有一个面（表面）和一个边界。将一个纸带旋转半圈（180°），再把两端粘上之后就可制作出莫比乌斯带。

裔。扬刻意融入的冥想、沉思的谱系，即虔诚的"梵行"，是神智学的西方后裔和维多利亚时代对将幽灵作为精神的迷恋的延续。在这种谱系中，一个人以物质形式（如大师）并通过物质形式（如嗡鸣和吟唱）与上帝沟通，它是一个无关基督教叙事和基督教对叙事的热爱的准宗教领域。

黑格尔对"A＝A"丰富性的否定，在基督教对其更具冥想性的形式（被妖魔化为"诺斯替主义"）的压制中由来已久。从宗教干预音乐的历史中，不难看出西方试图消除冥想练习。重要的是，教皇格里高利在制定圣乐规则时禁止使用增四和弦，即臭名昭著的"魔鬼的颤音"。印度音乐将增四和弦视为神圣，这正是因为它能让耳朵接触到范围广阔的和声，这些和声能唤起人们对音乐语言中所谓的音色（即产生声音的材料，如锡塔尔琴的木头、琴弦和琴体）的巨大扩展感。例如，在纯律音乐中产生的共鸣，即基于整数音程的音乐，如印度音乐，是一种深刻的物质性范围。它就像无调性音乐中"邪恶的"、令人毛骨悚然的物质性，但却呈现出绚丽的紫色、洋红色和翠绿色。梵语音节的歌唱，如"OM"（印度教和佛教将这一声音与物质宇宙联系在一起）唤起了歌唱者身体的物质性，以及身体活着时在身体内外循环的呼吸的物质性。这些音节在尽可能微妙和深远的和声范围内振动，唤起浩瀚的宇宙。因此，虔诚的歌唱是一种超客体的形式，它满足了我们与他人和遥远的未来之间的亲密关系，而这正是钚等超客体所强加给我们的。

审美领域，即因果关系领域，在西方思想中被妖魔化了：它被视为一种来自远方的恶魔力量，内在于而非外在于宇宙。难怪无调性音乐的吸血鬼之音与拉蒙特·扬的精神之音之间会有联系。顾名思义，对恐怖的非人类的认识首先必须是对鬼魂充满恐怖的一瞥，这一瞥使人的身体产生共鸣（让人联想到拉丁语中的 horreo，即"战栗"，我浑身起鸡皮疙瘩），正如阿多诺所说，最原始的审美体验就是起鸡皮疙瘩[14]。然而，这正是超客体的审美体验，它只能作为一种在人类正常的时空相位中进出的鬼魅般的幽灵被探知。

我们在印度的冥想式歌唱中发现了一种扩展的唯物主义，这种唯物主义使歌唱者和聆听者都能准确地把握声音和肢体的音色，以及音乐所处环境的共振频率。在此过程中，扩展的唯物主义指明了将超客体带入人类社会和哲学空间的道路。这种唯物主义正是为了"将众神铭记于心"，以达到密宗所奉行的虔诚（宗教的虔诚）的亲密关系[15]。在 20 世纪 60 年代初，拉蒙特·扬试图与西方音乐彻底决裂，这时他偶然发现了以沉思方式关注物质的观念。扬认为，要唤起真正的新音乐，唯一的办法就是停止西方音乐中规范的叙事流程，拉下紧急刹车，让在二声部和声与平均律世界中可预见的旅程戛然而止。他在 1958 年创作的《弦乐三重奏》可能是首部极简主义音乐作品。与后来的极简主义音乐家史蒂夫·赖希和菲利普·格拉斯的重复性旋律相比，这首弦乐三重奏优雅精确的和弦，像巨石悬挂在巨大而华丽的寂静中，激发出更具威胁性、更亲切而广阔的联想。值得注意的是，赖希和格拉斯在资产阶级的奢侈品领域远比扬成功，扬的作品需要一定程度的激情、投入和空闲时间，这可能会让普通的中产阶级音乐会的观众尴尬和恼火，更不用说给他们带来困扰了。

扬对音调的兴趣始于他对海龟水族箱中变压器声音的迷恋，那是维持水中环境适宜生存的电子设备发出的嗡鸣，属于非人类的声音。于是，他创作了《15 VIII 65：来自黑曜石的鹿角纪念日，锯木厂和蓝锯齿高压线降压变压器折射乌龟穿越用标有圣数字的无人机上的黑虎挂毯提示商数的189/98失祖湖区时的梦想传说》。这个令人震惊的标题显然是一个超级标题，充满了客体。扬的搭档玛丽安·扎泽拉的书法与作品中的声波空间相辅相成，开始揭示语言本应超越的无意义痕迹。扎泽拉将文字置于四边对称的结构中，文字变成了难以辨认的阿拉伯方块。这些分形曲线让人联想起示波器上的声波，它们标志性能空间，在洋红色和蓝色灯光的照耀下相互碰撞，类似于四度音阶中的音符碰撞，产生了过度饱和的大量辐射。除了"不对称时代"的艺术，这种音乐还能是什么？换句话说，这种音乐是一种双管齐下的尝试，既要将超客体带入人类的审美——因果（社会、心理、哲学）空间，又要将这一空间向更广阔的世界开放，或者说向世界末日之后的炼狱场开放，即在一段时间（数小时或数天）内创造一个音乐社会空间，在此开展与非人类相适应的项目。

调适正是让心灵与客体变得一致的方式[16]。扬和扎泽拉通过让音乐自己"调音"将调音带到了艺术的最前沿，只要歌手和乐器能对一种持续音进行一系列流畅调整。调音将假定于此时此地的光和声音打开，进入无限的"光年轨迹"（扬的用语），即一种谐波频率的当下感，振动中的振动，物质的无限，在事物的这一边和内在的超越。这是一个没有存在、没有当下的声音生态。

唱"AH"这个音节（如扬和扎泽拉在《1969年7月1日10：26—10：49pm：49秒梦的地图——由11套银河间隔的装饰光年轨迹组成的两个系统》，所谓的《黑色专辑》第一面中所唱的）涉及呼吸、声带、身体周围的空气等。这不是一个抽象的存在领域，不是一个"世界"，也不是瓦格纳式"总体艺术"的总体艺术幻境。直接在声和光以及音调本身上下功夫，揭示了音色的空洞和广阔，以及其毫无根据的差异。扬和扎泽拉的纽约"梦之屋"不是自然的，而是超自然的、自然之外的、比自然更自然的，它与物质性紧密相连。

扬的艺术让我们接触到事物的音色和决定性，同时，出于同样的原因，也让我们接触到事物的深度。艺术对象努力使自己适应超客体性。扬在1960年创作的算法作品之一就是"尽可能长时间地"演奏一个和弦。这种艺术所开辟的未来与让我们能应对超客体密切相关。这种模式的艺术在审美上超越了人类的常规限制，但也并不像叔本华在他的禁欲主义和僵化的佛教版本中所预言的那样，会从轮回中逃离进一种舒缓的沉思境界[17]。这种沉思是炽热的、强烈的、激情的、悲悯的，它与死亡和毒药密切相关，在炼狱场中占有一席之地，与幽灵和结构共存，与将人类认知调整为抽离事物的数学理论共存。这难道不正是我们为了与超客体共存所需要的吗？我们将在很长一段时间内进行共存游戏。

在不对称时代，已经存在于社会空间的非人类终于得到了承认。非人类不再仅仅是可计算、可预测的知识对象，而是通过理性本身的诡计，以自身的存在为人类所认知，而理性现在对非人类已经了解得太多了。我们只能听到有限的琴弦声，我们只能看到有限的电磁波谱。我们知道，声音和光线通过人们从日常经验出发无法估量的深度和高度进入我们的感知领域，因此，我们可以从一个略带隐喻的角度，生动地领略到所有实体如何深刻地抽离出来。

不对称时代类似于象征阶段，这个阶段中，物质现在获得了新的"生命"。但我们无法解除对已知事物的认识。我们知道夸克、正弦波、贝多芬和人类世，因此不对称时代并不是万物有灵论的回归，而是万物有灵论的"删除保留①"

---

① sous rature 原意是将文本中的单词划掉，但允许其清晰易读，是德里达在《论文字学》当中所使用的法语表达，这一表达实际上继承自海德格尔《形而上学的基本概念》中的类似实践，海德格尔曾将尼采称作是 philosopher of the "sous rature"。

（即置于删除线下）[18]。之所以称之为"不对称时代"，是因为在人类的理解范围内，人类与非人类平等地面对彼此，但这种平等与古典阶段的平等不同。在人类世的大加速时代，没有刚刚好的感觉，这种感觉更像是非人类失去了控制，完全脱离了与人类的接触。我们甚至不再称非人类为"物质"，因为我们很清楚，它们不仅仅是（人类生产的）材料。我们不再称人类为"精神"。当然，人类拥有无限的内在空间，但非人类也是如此。《浮生一日》结尾的钢琴音符也是如此。因此，不对称时代也像浪漫主义阶段，因为我们并没有失去内在空间感。这种内在空间感只是扩大了，因为我们现在可以在非人类身上窥见这种感觉，有些人甚至在其他"高等"灵长类动物身上发现了这种感觉，有些人在所有有生命的生物身上发现了这种感觉，还有些人（真正的怪人，比如我自己）在所有存在身上都发现了这种感觉，如橡皮、黑洞奇点、陶瓷刀、糖浆、鼻涕虫，等等。

从浪漫主义阶段开始，我们已能开始在反讽这一事实中发现非人类的足迹，而反讽正是将我们吸入内心真空的一个因素。从1776年左右一直延续至今的默认的浪漫主义立场是反讽。反讽是对差距的美学利用，我有时在本科课堂上称之为"差距利用"（gapsploitation）。更准确地说，反讽是利用1+n个意指层面之间的差距。反讽意味着附近有不止一个事物，它是一种神秘存在的回声。要想产生反讽，必须有某种东西已经存在。

我们可以从这种源于对 1+n 个层次的意识的反讽现象中看到浪漫主义解体的种子。但是，我们现在只有在超客体时代才能获得这种知识。回想一下关于客体间性的讨论。还记得超客体是如何指出事物是共享一个万物纠缠在一起的奇怪感官空间的吗？当你在这个感性空间中遇到一个现象时，1+n 个实体会被抽离，以使这次相遇得以发生。反讽是至少一个其他实体的脚印，一次内心的涟漪，一种真空的波动，它表明了其他生命的扭曲存在。

因此，奇怪的是，反讽不仅没有消失，反而增强了力度和感染力。反讽失去了"后现代"（我更愿意称之为"晚期现代"）的锋芒，即 T 恤衫上的口号。反讽已成为一种在超客体中醒来的感觉，我们与之作对时总是犯错。浪漫主义反讽的全部真理就是叙述者意识到自己是故事的一部分，令人惊讶的是，"没有元语言"诞生于不对称时代，而非完全诞生于浪漫主义时期——这就是不对称反讽[19]。我们在"拯救地球"却不知道自己为什么拯救地球。"他们打算让我当少校，而我甚至已经不在他们的军队里了"（《现代启示录》）[20]，或者"今生的沧桑就像在玻璃池中溺水"[21]。反讽无处不在，因为任何存在的表象都无法完全穷尽其本质。反讽成为一种完全真诚的体验，就像在鲸鱼里的约拿意识到自己是鲸鱼消化系统的一部分，或者汉·索罗和莱娅身处巨大蠕虫里，却把它当成小行星表面。

想想荒谬的同归于尽政治，它让世界陷入了冷战诡异的压制性和平之中。在美苏对峙的背后，我们是不是也能窥见不对称时代的一个方面，即人类与核物质这种超客体共存呢？难道自 1945 年以来，人类不是一直在被迫思考一个没有核物质的世界吗？不仅仅是抽象地思考，而是在下周、在此后十年里、在我孩子的有生之年思考。正是超客体的存在保证了我们正处于历史的下一时刻，即"不对称时代"。超客体以其高耸的时间性、进出人类时空的相位性、巨大的分布性、黏性以及包含成千上万其他生命的方式，生动地展示了事物如何与其表象不符。它们终结了"自然"是美学玻璃窗后面"在那边"的事物的观念。事实上，这种自然观念本身就是浪漫主义阶段的产物。同样，超客体也终结了"事物是用意外装饰的胡说八道，或者在与人类互动之前并不完全真实"的观念。

不对称时代的艺术因此必须是对客体的一种调整。令人难以置信的是，柏拉图的思想又回来了：艺术是与恶魔领域的调和。在《伊安篇》中，苏格拉底和狂想家伊安把艺术想象成某种恶魔能量的传递，就好像缪斯、诗人、诗歌、狂想家和听众像磁铁一样连接在一起[22]。这确实与电磁场的概念相去不远。法拉第和麦克斯韦曾设想电磁场遍布宇宙，引力场也是如此，它们永远不会完全失效。此外，人们还可以从电视上的雪景中看到宇宙"开端"时的宇宙微波背景。艺术可以调整这些领域的深度。

这个领域的存在本身就是一个超客体，它严重扰乱了现代性对艺术的定义。西方人花了两个世纪的时间假定一个人可以成为天才。现在，"拥有天才"这一古老的概念（正如希腊语中的"daimon"，即媒介精神）正在回归。天才不再是自我内心空间的产物，而是自我内心空间与至少一个其他实体之间的合作。我们发现，确实存在一种类似天才所在地的东西，这并非因为我们可以让自己变得呆板、抛弃科学、扔掉电动引擎而改用手推车，而是因为我们做不到。艺术变成了人类与非人类之间的合作，或者如内加雷斯塔尼所说，是"与匿名材料的共谋"[23]。当你写诗时，你是在与一些纸张、墨水、文字处理软件、树木、编辑以及空气交易。你不得不怀疑，你那首关于全球变暖的诗是否真的是一个超客体将自己传播到人类耳朵和图书馆的方式。艺术变成了与恶魔的调和：费利克斯·赫斯通过放在窗户上的麦克风录下声音，然后将录音加速到超越人类的速度，从而让我们听到大西洋上空气压波动的声音（参见"时间波动性"一节）。与其说你"是"天才，不如说你"拥有"它，因为艺术是与来自非人类并渗透到我们体内的恶魔力量的一种调和，例如，众所周知，我们都曾被辐射扫射过。在内加拉斯塔尼的《气旋百科全书》中，石油和地层深处的这些"匿名材料"焕发出恶魔般的生命力，仿佛哲学不是一种理解的方式，而是一种召唤实际存在的类似于克苏鲁神般的力量的方式。在内加拉斯塔尼的想象中，地核这样神秘的生物，如同希腊神话中的泰坦一般，与暴虐的太阳发生冲突[24]。在柴纳·米耶维的《帕迪杜街车站》中，城市变成了感性存在，而在他的《伤痕》中，飘浮的城市由大量被俘获的船只组合而成[25]。

艺术之所以成为一种对恶魔力量的调和，还有另一个原因。我们对客体了解得越多，它就变得越陌生。相反，我们对客体了解得越多，就越能意识到所谓的主体与所谓的客体并没有什么不同。根据进化论，我的长相和叫声足以让我像人类一样传承我的 DNA，这种"满足"足以让我成为人类。在图灵测试中，一个计算机程序看起来和听起来足够像人的话，就足以让它成为一个人。因此，反过来，我看起来、听起来也像一个人。生命 2.0 版本可能存在，所以"原始生命"就已经是人造生命的 1.0 版本。生命是由非生命构成的，因此 DNA、RNA 和一些硅酸盐等自我复制的分子既不是有生命的，也不是没有生命的，它们更像是不死生物，在试图消除其不平衡的过程中通过自我复制而具有讽刺意味地持续存在着。消除式唯物主义者认为，这意味着核苷酸和夸克等较小或较简单的事物比变形虫、马和思想等中等大小的事物更真实，它们否认了不对称时代事物必然具有的幽灵特性。关于存在的某些东西天然是诡异的，具有令人不安的不确定性。"构成伪装的是，到头来，你不知道这究竟是不是伪装[26]。"客体并不意味着客体化，相反它意味着完全无法客体化。显然，我们只能看到超客体的足迹，但在某种意义上，我们也只能看到铅笔、企鹅和塑性炸药的足迹。

因此，艺术必须适应恶魔般的主体间性空间，在这个空间里，因果-审美事件就像精灵和仙女一样飘浮着。就像在大卫·林奇的电影中一样，一种回归煽情主义或多愁善感的东西，再加上一层又一层的讽刺和怪异似乎起了作用。正如齐泽克所观察到的那样，在他的电影中，火真的会燃烧，光会伤害你的眼睛，那些歌是你听过的最动听的歌曲，日常生活中被忽视的情感呈现出一种可怕的、不可思议的色彩[27]。

在上一节中，我们看到超客体时代是一个虚伪被精确定义的时代。现在，我们将在（真正的）后现代人类组合中加入另一个特殊的类别：虚弱。虚弱决定了调和的能力。正如虚伪在现代性中与尼采的倾向背道而驰，虚弱也终结了对终极人和超人的追寻。现代性就像恐龙，在某次星球大灾难中遭到灭绝，而弱小的哺乳动物从残骸中爬了出来。

超客体时代是一个虚弱的时代，在这个时代里，人类被能够摧毁他们的实体所调整。"你询问他道：'你叫什么名字？'他说：'奥卓德克。''你住在哪里？''没有固定住所。'他说着便没心没肺地笑了起来，听起来倒像是落叶的沙沙声[28]。"卡夫卡不可思议地将"自然"书写（"落叶的沙沙声"）与人和非人之间幽闭恐惧的室内对抗巧妙地融合在一起。柯勒律治在《古舟子咏》中也使用了这一形象，它用某种方式在谈论"一片片枯黄的残叶"时让人联想到不死生物[29]。树的声音产生了共鸣，但并非像预期那样抚慰或激励灵魂。奥卓德克，这个当代最杰出的客体，就在那里。我们无力解释他，然而，不知何故，他被邀请到了我们家中。奥卓德克是一种身体异常现象，就像一场干旱或一场突如其来的龙卷风，或者是一种在切尔诺贝利附近出生、眼睛里伸出腿的变异叶虫。他的这个名字来历不明："有人说 Odradek 一词源于斯拉夫语，并试图基于此来解释它。还有人认为它源自德语，只是受到斯拉夫语的影响。这两种解释均不确定，因此人们有充分理由认为这两种解释都不准确，尤其是它们都没有提供该词的合理含义。"[30] 全球变暖何时停止、何时开始？人类世何时诞生？决定性的日期（1784 年、1945 年）和生动的新闻报道（有关地震和火灾）掩盖了超客体未被披露的模糊性和真实性。怀疑灾难是否即将开始的感觉本身就是灾难已经开始的征兆。此外，超客体太具黏性、非定域性和熔融性，也太具主体间性，以至于无法按照我们通常认为的规定客体的方式对其进行精确定位。超客体的特性为持否定论的"怀疑论者"打开了一扇窗，他们使用烟草业多年来一直使用的伎俩：断言概率不能保证因果关系（尽管科学不过是统计学意义上的数据集合）。大型复杂系统需要非决定论的因果关系理论。通过回归休谟的怀疑论来重复相关论时代认识论上的惊险与刺激，这种压抑的冲动本身就是一种症状，表明非人类已经存在了。

请看雪莉·圣·吉尔曼针对 2010 年英国石油公司深水地平线漏油事件所写的诗《午夜石油》：

如何谈及它
这件不押韵的事
或以可预测的方式抑扬顿挫或移动
如行
如句

如何找到这事
的句法
它乘风破浪
随潮而动，也随潮而下
穿越潮汐
其底蕴如此深厚宽广

再强的灯光
也无法照亮它的全身

这就是我们的灵魂阴影
我们无法拥有的黑暗
我们无法命名的形式

我只能在夜里书写它
当我的影子唤醒我，当我能感受
黑夜覆盖了每一个毛孔和毛囊，进入眼睛

进入耳朵，像宙斯一样进入我的身体
这是我不希望在我身上或在我体内出现的黑夜
我梦想着生下一个锈迹斑斑的孩子
他从我体内滑出
滑出，滑出，不停地滑动、生长和变黑
在我的双腿间蔓延
跳进黑暗世界

如果你是一只乌龟
你在唯一熟悉的水域中游泳时
你会有什么感觉？
说是游泳，因为这是你穿越世界的唯一方式
突然遇见黑色的胆汁
一个令人窒息的情人
一个在你看来像水母的东西
于是你潜入水中想吃掉它
但它盖住了你的鳍
你的鳍无法像以前那样活动
你的躯干和头部有一种从未有过的沉重感
在你出生的水中
你瞎了[31]

请注意这首诗是如何缩进的，它向右而非向左对齐，仿佛有股巨大的力量扭转了正常的左右极性。它似乎黏附在页面右侧边缘的一个黏性物体上。这首诗没有突出人类主体对事物的超然优越地位，而是颠倒了正常的行文方式，这真正使这首诗成为一种回应，一种深层意义上的调整。

超客体只是说明了一个事实：人类是弱者，因为他们真诚地调整自身以适应周围的实体，却无法将自己引导到元语言的地球静止轨道上。大加速时期的内在逻辑确保人类在用客观存在的扫描隧道显微镜"触摸真实"时，会立即失去对真实的追踪[32]。一些当代生态艺术试图为共存事物之间的关系绘制认知地图，然而，如果事物具有某种不可还原的抽离性，如果事物具有不可避免的阴影面，那么这种认知地图只能浮于事物表面。不对称时代终结了现代性的美丽灵魂综合征。现在，再也不可能保持必要的审美距离，以实现美丽灵魂的"冲向元宇宙"之举。

以华兹华斯诗歌为代表的浪漫主义艺术是映射方法的手册，其前卫的优势是我所说的建构主义。建构主义将艺术作品视为提升观众思想的机器。这台机器足够复杂，也足够让人分心，能够打破人们的习惯模式，鼓励人们绘制新的认知地图。瓦尔德·本雅明作品的地图或简编（拱廊计划）、有两三列散文的书卷（德里达的《丧钟》）以及充斥超文本链接的在线文本，都源自华兹华斯这一方法。建构主义从根本上说是浪漫主义的：它给了我们太多需要了解的东西，而精神像幽灵一样飘浮在事物之外。建构主义的愿望是一种假设：亲爱的读者，如果我能充分地取代你，世界就会改变。

有些艺术品直接谈论超客体，英国艺术家班克斯令人感伤的涂鸦和街头艺术装置就是如此。在班克斯的作品《码头压力》中，一个孩子骑上机械海豚，一首熟悉的英文歌曲响起："哦！我喜欢待在海边……"只不过海豚是在油海里游泳。班克斯创作乘骑海豚的目的是引起反感，创造黑色幽默[33]。游乐场设施的再利用是建构主义的一个典型例证，它迫使我们思考，是华兹华斯美学策略的晚期子孙。同样，雪莱是下一代华兹华斯美学策略的第一人，他把自己塑造为"超华兹华斯"，认为自己能把同样的事情做得更好，而且更致力于激进政治。

那么，以超客体为形式的艺术又怎么样呢？是否有任何超艺术客体能够表现出可怕的石油泄漏？正如我之前所论述的，我们对这些客体的立场就像是试图通过奔向月球来接近月球，却忘了自己其实身在地球表面。黏性是信息增加的直接产物。我们掌握的有关超客体的数据越多，我们对它们的了解就越少，我们就越意识到我们永远无法真正了解它们。正如我们所见，超客体具有黏性：我们无法摆脱它们；它们比油更黏，如悲伤一般沉重。我们越接近它们，就越不了解它们。然而，无论我们退得多远，都无法摆脱它们。我们被超客体困住了，就好像它们上演了萨特的噩梦："自为的甜蜜死亡"。它在我把手伸进一罐蜂蜜时就会被唤起[34]，但实际情况比这更糟。面对超客体，我们无法断言超验的形而上学，它们不让我们这么做，它们一直黏着我们。恰恰是我们对超验的平滑和存在的幻想召唤它们出现。正是我们想看到和了解一切的欲望，让我们发现了它们油腻腻的存在，而且无处不在。现代性的虚无主义正面临它的幽灵——事物的虚无。

这一奇怪现象证明，我们已进入一个生态时代。不久前，我们还沉浸在具有讽刺意味的自由游戏中，而现在，我们似乎被困在镜子之中。我们试图实现进步的梦想，试图通过历史终结这面镜子看到自己，因此才会出现这种粘连。我们试图如逃逸般摆脱我们的物理和生物存在，结果却被困在了地球上。与弗雷德里克·詹姆逊式的主体彻底解体或解构主义让人眩晕的自由相比，我们所拥有的是一种令人毛骨悚然的意识，即我们永远被客体束缚：我们无法解除对已知事物的认识。

就像蜘蛛神阿南希和柏油娃娃一样，我们无法摆脱超客体的束缚。实现纯粹超脱的讽刺并不可能。在试图摆脱黏性的过程中，黏性会自我强化：我们陷入了"A = A"之中，结果证明它并非所有的奶牛都是黑色的夜晚，而是一个奇怪黏稠的莫比乌斯带。因此，我们发现自己无法接受 20 世纪80 年代那种古怪的、人类进入太空的后现代主义。越了解超客体，就越能了解我们如何无可救药地与它们紧紧相连。超客体完成了后现代主义 25 年未能完成的任务——把人类从其概念世界（又是这个术语）的中心移走。

最终的结果是，我们无法保持审美距离，这种距离是产生"自然"这一概念的主要因素。于是出现了一种奇特的现象：随着超客体开始不可思议地渗入我们周围，"自然"随之消解。"镜中的物体比看上去更近"，黏性是逼迫我们的因素，它推动我们进入命令区（林吉斯的术语），在这一区域，选择并非道德行为的规程。超客体的黏性困扰着我们，它笼罩着我们的社会、心理和生态空间。或者说，我们发现它早已若隐若现。在本体论上（和时间上），超客体先于我们的概念探测而存在，就像《灵异第六感》中的幽灵一样。

这引导我们考虑一种与建构主义正好相反的方法，这种方法是相当男性化的建构主义策略的怪异小姐妹，让我们称之为客体导向法。如果客体所呈现的它们之间的关系，不是偶尔点缀着糖果的大量废话，而是无法接触到的闪亮现实，那么建构主义的方法就只能到此为止了。客体导向法的发明者是约翰·济慈，他是现代性中一个次要传统的典范，这个传统与客体调情，因此被诋毁为幼稚、媚俗或商品迷。华兹华斯听到济慈的《恩底弥翁》一诗时，感到不悦，讽刺地嘀咕道："非常漂亮的异教作品。"这句话一针见血地指出了异教徒的幼稚和女性化，华兹华斯看到了威胁。济慈在现代消费主义的可能空间中发现了一种全新的举动。他根本不在华兹华斯那种开放而提升主体的复杂机器空间里玩耍，相反，他直奔客体，不是试图提升读者的思想，而是试图融化读者的思想。

我们需要从说服工作中解脱出来，开始从事魔法工作，或催化工作，或磁化工作，或者随便你怎么称呼的工作。运用理性并没有错，但是对于如此巨大、分布如此广泛、如此反直觉、如此跨维度的客体，仅仅将艺术作为事实的糖衣是不够的。我们不能只做公关生意。珀西·雪莱说得很好，他写道："我们（缺少）创造力来想象我们所知道的东西。"[35]那是在 1820 年，而现在情况变得更糟了。想想厄瓜多尔拉戈阿格里奥油田中的重碳氢化合物，那是种黑色软糖状的超客体，它渗入饮用水中，其诱变和致癌效应尚不清楚，也未得到充分研究。我们不需要像雪佛龙公司（代表受污染土壤影响的人们提起诉讼的被告）那样不断解析数据，因为这种数据分析就是制作无穷无尽的地图和图表，与巨型公司的策略如出一辙。

我们更需要像尼古拉斯·桑布拉诺法官在该案中最终所做的那样，暂停无休止地构建（必然是不完整的统计）数据，并明确指出，正是因为我们的知识存在缺口，不明白这些重碳氢化合物到底有什么作用，最好的行动就是把威胁当作真实的存在来采取行动。不是把它们作为各种关系的组合，而是作为一个单元，作为一个具有未知力量的实体，一个由各种其他实体、各种复杂的碳氢化合物组成的独特实体，但它仍然是一个实体，就像其他任何实体一样，具有塔迪斯①式的前后矛盾。尊重现象与事物之间的康德式差距是现代性和现代科学的基础。然而，比起那些无休止地寻求更多数据、更多证据的否认差距者，我们更尊重这种差距。这是一场哲学之战，布莱克称之为"心理战"[36]。桑布拉诺法官的策略实际上是将石油本身作为一个实体，而不是一个集合体或一组关系：这是一种客体导向策略。正因为超客体是抽离的，对于人类来说它是可数学化的海量数据，它的出现就成了疑问：它的外观就像癌症，就像新生婴儿身上的疮[37]。正是基于这个原因，预防必须成为指导原则。无须更多证明，因为寻求证明的过程已经被一种不愿承认超客体的态度所污染，我们可以轻易地将这种不情愿称为否认。

举证责任被转移给了被告：雪佛龙公司现在必须证明石油没有有害影响[38]。这是后休谟时代的柔道动作，在这个时代，科学的因果关系只是统计学上的因果关系。毒性是从休谟式因果关系统计科学中产生的一个类别，你无法直接说明它，因为它没有单一的标准，它的客体是抽离的，但我们每天都看到有人死于辐射和碳氢化合物的致突变效应导致的癌

---

① 塔迪斯是英国科幻电视剧《神秘博士》（Doctor Who）中的一种名为 TARDIS 的时空旅行机器，其全称是"Time And Relative Dimension In Space"，外观像一个旧式英国警察电话亭，但内部远比外部大得多。

症。此外，地球上存在数千种碳氢化合物，人们只对其中大约25种的毒性进行过研究。因此，雪佛龙公司可以极其吝啬地宣称没有证据。即使有可能找出确切的因果关系，也会造成进一步的延误，进一步损害非人类和人类的生命，这就像林吉斯和红杉林中的香烟一样。推理是为了寻找证据，只会拖延时间，其实际结果就是否定。这并不意味着香烟就是雨伞，也不意味着重芳香烃的作用是让香蕉树长出棉花糖。这意味着事物是说真话的骗子，比如"这句话是假的"；事物越大，这一特征就越明显。在休谟和康德之后的后现代时期，伦理和政治必须基于对来自实体的指令的适应，这可归结为接受和倾听真实的谎言。因此，任何伦理或政治决策都像是不可思议地跃入虚空，正是因为那里有太多数据，我们才无法确定自己。

公关方法或只讲道理的方法（在某些方面它们是孪生兄弟）的问题在于，人类目前正处于对自己在人类世中所扮演角色的悲痛否认阶段。我们一下子要接受的东西太多了，不单在一个巨大的客体中醒来，就像发现自己又回到了子宫——一个有毒的子宫中，而且我们对此负有责任。仅仅因为能够理解什么是全球变暖，我们便知道自己真正需要对此负责。我们其实并不需要理由，因为理由会抑制我们采取负责任的行动，或者严重拖延我们的行动。新生儿或产前婴儿无须对母亲有毒的身体负责。然而，这就是我们所处的境况：一方面是令人恐惧的倒退，另一方面是令人愤怒的牵连。这就像一个笑话，说的是一个人因为妄想被一只巨大的鸡跟踪而住进了精神病院。获释几周后，他又回来了，满头大汗、惊恐万分。精神科主任试图安慰他："但你知道没有鸡。""我知道，但你应该跟鸡去说。"那人这样说。我们这个时代亟待解决的问题是，我们如何让鸡，尤其是美国的鸡，相信自己并不存在？换句话说，我们应该如何与无意识对话？喋喋不休地推理是一种症状，说明人们还没有准备好去经历一种情感体验，这种体验会从存在和政治的角度将他们与超客体联系在一起，让他们关心超客体。我们需要的艺术不是让人们思考（我们已经有足够多的环境艺术可以做到这一点了），而是带领他们穿越一个难以穿越的内心空间。

因此，我们需要更新济慈开创的客体导向法。放弃或补充自然策略——为什么说建构主义是亚历山大·罗德琴科和瑙姆·加博一脉相承的自然策略？因为自然艺术创造了改变态度的机器和提升人类意识的悖论装置，改变了人与人之间以及人类与非人类之间的关系。它们的原材料是观众或读者的概念思维。为什么？因为被雪莱称为"自然诗人"的华兹华斯为这一策略编写了手册。这影响到各种艺术实践，包括概念艺术和行为艺术，甚至农业也成为行为艺术（如温德尔·贝里的作品），地理文本也是艺术客体。你以为自己知道自然是什么，其实它只需要一些好的公关手段，于是，你进入了说服人的行业，你在广告的配置空间工作。对许多人来说，放弃自然-建构主义方法，转而采用客体导向法，看起来就像是放弃了自然。的确如此，但这绝不是放弃地球，也不是放弃奇异生动的事物，远非如此。让我们举几个例子佐证。

弗朗西斯科·洛佩兹的声音艺术以客体导向的方式唤醒了超客体，《拉塞尔瓦》就是一个极具震撼力的例子[39]。洛佩兹通过使用简单的设备做到了这一点：在亚马孙丛林中放置两个优质麦克风，按下录制键，再停止。其结果远远不是对真实环境的渲染或模拟。通过循环播放和精心平衡，大自然的录音往往能唤起一种被包裹的舒适感。在《拉塞尔瓦》中，我们听到的却是一种威胁性的、坚固的楔形声音。洛佩兹将丛林唤作一个离散单元，一个无法进一步分割的量子。我认为，既然存在真实的客体，那么关于它们的某些隐喻就比其他东西的隐喻更好，基于我个人在亚马孙雨林的经历，我认为洛佩兹将丛林转换为 MP3 形式是一种极佳转换。在丛林中，生命形式抛弃了所有审美距离，它们就在你的面前，你需要经常远离它们以避免感染致命疾病。热带雨林的温度一直与人的体温相差无几，因此在深层感觉上，很难在皮肤表层和雨林外层间保持界限。丛林作为一个整体是存在的，但这并不是说它是一个大于其各个部分总和的整体（这是盖伊的异想天开）。你不会把丛林当作一个由可替换的小部件组成的巨大仁慈机器来体验。相反，丛林是一个实体，它紧贴着你的皮肤，像 X 射线一样穿透你的皮肤。洛佩兹迫使我们以这种方式面对雨林。

想想罗伯特·阿什利的《她曾是访客》[40]。阿什利对着麦克风吟唱道"她曾是访客"。观众开始按个人选择的音素发音,作品变成了"她曾是访客"的大量分布式发音,这些声音被分割成了声波块。它的脊椎捕捉到了奇怪陌生者的异样存在,以及实体不可简化、不可思议的概念,这令人不寒而栗。在嘶嘶作响、咔嗒发声的音节海洋中,阿什利的声音娓娓道来,与希腊悲剧合唱团和主人公遥相呼应。"她曾是访客"变得陌生起来:也许她是我家的访客,也许她是音乐厅的访客,也许她是来自另一个星球的访客。她让我们瞥见事物的未来本质。同样,这个短语本身也成了"访客",一个像在阿什利周围的热带雨林中沙沙作响的外星生物。在观众的口中,这个短语变成了一个超客体——分散,却又在原处,就像"魔眼"电影中的图像,只能以变形的方式被瞥见,却又像全息图一样分布在整个画面中。她的过去融进了未来,未来融进了未来,未知融进了未知。

约翰·西蒙的《每个图标》是一部算法作品,很容易就能在网上找到[41]。《每个图标》是软件代码,能使微处理器产生所有可能的图标,这些图标由一个小网格构成,网格再由一系列可黑可白的单元格组成。如果让它运行,给它足够的能量,再给它一个与我们的宇宙截然不同的宇宙,《每个图标》就会在10万亿年的时间里完成它在标题中所说的任务。或者,正如附文简明扼要地描述的那样:

给定：

一个由 32×32 的网格组成的图标。

允许：

网格中的任何元素被涂成黑色或白色。

显示：

每个图标。

　　与阿什利的《她曾是访客》一样，这是一部令人不安的未来主义作品。算法会停止，但是要在 1012 年后才会停止，这一事实传达了超客体的未来性：正如我在前面所论述的，极大的有限使无限变得非常容易，不免让人觉得羞辱。史密斯的作品展示了超客体如何清楚地说明了执行的现实，即当算法运行时它们在做什么[42]。《每个图标》的每个瞬间状态都不是《每个图标》本身，因为那是在执行的算法。如果手头没有客体导向理论，《每个图标》的每个瞬间都不是《每个图标》这一事实可能会让我们想象是索里特斯悖论在起作用。这是一个古老的堆悖论，即如果把一粒沙子放在另一粒沙子旁边，它不是一个沙堆；如果重复这个过程，甚至重复成千上万次，每次检查时都不会有沙堆，因为增加一粒沙子并不会突然形成一个沙堆。如果《每个图标》的任何时刻都不是作品本身，那么突然就没有作品了！作品退出正是因为它在执行，这个事实比它的持续时间更重要。《每个图标》在其一刻不停的程序展开中忽略了我们人类[43]。

我们只能看到超客体闪烁的碎片，这一事实表明超客体真实存在，而非不存在。

贾罗德·福勒的作品是客体导向方法的典型例证。福勒是一位打击乐乐手，他的创作理念是创造或发现非音乐，这让人想起弗朗索瓦·拉鲁埃勒的非哲学概念，他试图在更广阔的配置空间中看待哲学。从这个意义上说，福勒的音乐包括音乐的绝对缺失和噪音的存在。然而，人们面对他的作品《打击乐合奏》和《P. S.》的实际音效时，这些理论几乎变得微不足道。这些作品由大量层层叠叠的打击乐小样组成，这种层层叠加的感觉就像一片由闪闪发光的碎玻璃片组成的森林，一直延伸到耳朵所能"看到"的地方[44]。我为《P. S.》写了唱片套说明：

> 生成，或者说从音乐本身中去发现，不仅能抵制音乐分类，而且能抵制音乐本身的物质。在弗朗索瓦·拉鲁埃勒之后，将音乐定位为巨大的非音乐海洋中的一个伪一致性的小岛，将噪音定位为这一岛屿在海洋中的无限下沉，它比噪音、安静、声音和沉默都要大得多。
>
> 迫使音乐把自己当作音乐来思考，把对音乐的思考看作是被思想之外甚至人类之外的事物扭曲了。以一种略带不可思议的恐怖感发现，人类与非人类之间的隔阂正是非人类本身的表象。认识到这堵阻力墙是哲学家甘丹·梅亚苏所说的"超混沌"的症状。

通过这种方法勾勒出因果关系本身的工作模式，其运作方式被贾罗德·福勒称为节奏性。研究打破了声波的连续性的节拍：一个节拍是因果性的微小闪烁。认识到这种因果关系漂浮在节奏性的海洋之上，又从节奏性的海洋中浮现出来。看到、听到只有这个海洋不断地自我采样、自我分裂。将这一固有矛盾的现实以声波的形式公布为双面真理，即 $p \wedge \neg p$[45]。

然而，在耳朵里，音乐变成了一个超客体，由层层节拍和无节拍组成，提供了令人眼花缭乱的相位、高维声音（和非声音）的视角。我们在这里所没有的是后现代的模仿，拥有的是一个音乐超客体，一个真正的新实体。想象一下，将宇宙中所有节奏的所有声波相加，构建出一个可能最复杂的音乐超客体，这将是这种"非音乐"的柏拉图式的（但又是实质性的、内在的）理想。

现在，这个总数虽然巨大，但必然不完整！为什么呢？因为包括传播媒介在内的所有宇宙中的客体都具有确定性。要想一个节拍存在，至少有一个频率总会被"遗漏"在感知到的节拍之外。任何音乐都不可能是完整的，这正是因为波与波之间存在相互作用，外加至少有一个波会被抵消掉。要听到节拍，就必须抹去一些东西。因此，不可能真有可以"听到"绝对的"超越"之地，这一事实与康托尔关于无穷集的对角线证明非常相似。因此，福勒的音乐所展示的是一种怪异的现实主义，其中的客体是不可思议的、未来的，并略带威胁性。正如我们在《相位性》一节中所看到的，它们存在于一个客体间性空间，这个空间由 1 + n 个客体共存而产生。

大多数环保主义艺术都是建构主义的而非以客体为导向的，原因很简单，因为建构主义一直是现代性的主流艺术模式。另一个奇怪的事实是：在人类世到来之际出现的艺术并不能完全应对人类世。350 环保组织的运动将数字 350 放在巨大的表面（例如海滩）上并从上方拍摄，就像秘鲁的纳斯卡线条一样，人们从地面上无法完全看到它们。为了避免灾难性的全球变暖，百万分之 350 是二氧化碳含量的安全上限。这幅涂鸦旨在改变你的想法。或者想想玛丽耶·德·哈斯创作的类似地图的地理作品《时间之上的幸福》。该作品详细绘制了艺术家对北极地区的反应，以补充物理空间地图，其中包括受亚历山大·冯·洪堡的开创性工作影响的等温线横截面。有趣的是，肠道问题与情感状态、饮食等都有一个变量（和适当的符号）。建构主义作品是一张地图，它试图给我们提供更多，越来越多，甚至多到我们无法全部接受。

2011 年，悉尼的一些艺术家、建筑师和其他学者试图想办法举办一个关于超客体的展览[46]。我建议在卫星上购买一些空间，让卫星在轨道上经过展览空间。我的想法是向人们散布消息称，在卫星上一个上锁的容器中放置了一样东西，这样东西只有少数人知道，但与超客体有关的意义不明。然后，卫星经过展览馆上空时会拍摄进入展览馆的人们，人们进入博物馆时会提供自己的电子邮件地址，在人们离开后的某个随机时间点，卫星会向他们发送一张他们进入博物馆的照片。我希望这件艺术品尽可能具有威胁性，但这样的作品仍在建构主义的框架内。

相比之下，克里斯·温赖特的《红冰3》则是一张冰山在红光下的照片。为实现这一效果，温莱特只是用红色闪光灯拍摄了冰山。正如华兹华斯讥讽的那样，女性正在发挥作用。冰山看起来就像阿尔弗雷德·希区柯克《迷魂记》中的蛇蝎美人朱迪，她被红光淹没时，我们惊恐地意识到，她就是影片前半部分的那个女人。大海看起来不再深邃、腥臭，而更像一层波纹化的乳胶。通过强调人工性，济慈的风格使某种客体侵入了人类的社会和心理空间。通过将镜子染成粉红色，镜中的客体变得"比看上去更近"。背景的突然消失将冰山推向前方，就像戏剧中的演员或表现主义绘画中的人物。

没有背景，没有自然，没有世界，冰山让我们魂牵梦绕。抽离感和令人不安的亲密感突然产生了一种奇怪的效果，就像希区柯克最喜欢的另一种技巧——拉焦法。大卫·林奇的电影和克里斯·温莱特的冰山，或是慢潜乐队或Lush乐队的梦幻流行风格，都与建构主义地图产生了不同共鸣。这种共鸣蕴含着重要的生态学真理，因为不对称时代以客体为导向的艺术迫使我们与非人类共存——没有目的地共存。现在我们可以看到，玉柯媞·纳潘加蒂能够在《无题 2011》（插图 1）中将地图（建构主义）与装置（客体导向艺术）结合在一起是多么令人惊讶，我在第一部分的"相位性"中讨论了这一点。

客体导向艺术使我们有可能适应黏稠、粘滞和缓慢的事物。艺术粘连着我们，流淌在我们身上。从这个意义上说，平克·弗洛伊德（Pink Floyd，Pink 意为粉色）乐队并不是第一个太空摇滚乐队。他们是黏稠流行乐的首创者，乐队名字让人联想到 1967 年现场表演时歌迷们跳进装满粉红色果冻的大碗里。他们早期的灯光秀首次使用了油轮，将乐队笼罩在流淌出的灯光中。我们可以这样理解，这不是迷幻空间的一个隐喻，而是实打实的油和辐射，覆盖他们的身体，无法脱落。彼得·韦恩·威尔逊开发的油画幻灯片讲述了一个名为真诚的现象学真理。人类没有办法跳出感官客观性，因为当你尝试时，会发现自己正处于另一种客观性之中。正如人们多次说过的，元语言不存在[47]。反讽只是另一种坚持超客体的方式，或用《天生爱神》中巴卡罗·班扎伊的话说，"身在，心在"[48]，真诚会吞噬讽刺。

布伦达·希尔曼的诗歌《泡沫塑料杯》标题中的希腊语提前宣告了这将是对济慈《希腊古瓮颂》的重新演绎：

你仍是未受玷污的 你

你，你是新娘

你不再是，
你是未受玷污的 不是新娘

不是你 不是新娘⁴⁹

　　一方面，这首诗是对一次性用品文化的一种评论，一次性文化中的浪费没那么明显，堆积如山的泡沫塑料本身就构成了一种超客体。另一方面，通过将"垃圾"纳入诗中，回到商品在人类使用之外的来世，希尔曼向我们展示，就像济慈和他的骨灰盒一样，客体如何不因我们的使用而枯竭，而是在使用之外、在坟墓之外继续存在。杯子萦绕在诗歌空间中，就像希腊的古瓮似乎萦绕在济慈身边一样，其"叶片镶边的传说""萦绕着（它的）形状"。这首诗采用了济慈颂歌的第一行"你是未受玷污的宁静新娘"，并将其重复（就像工业生产一样），同时将其扭曲并"压碎"（就像随意捏碎泡沫塑料杯的手）⁵⁰。诗行周围的空间变成了诗歌的一部分，就像泡沫塑料本身一样膨胀起来，仿佛无论我们从哪里看，都能发现泡沫塑料的碎片和诗行的碎片，垃圾显形了。杯子、诗歌和诗的第一行都是可重复的、一次性的，但这并不代表杯子会消失，它会不断诡异地回归，仿佛转世或变为僵尸，仿佛无论如何粉碎和重复使用都无法"蹂躏"

它。它保持着一种不可思议的不透明性，这种不透明性超越了存在，达到了一种不可思议的境界，它在这里被虚无击穿，成为一个"不是新娘"——不死的，"不是你"。这是一种卓越的济慈式的客体导向策略。在这一策略中出现了一种奇特的拉焦效应，据此反讽以逃逸速度摆脱真诚的企图不断受挫，结果导致越来越大的实体性，就像泡沫塑料不断膨胀的蓬松感。

科摩拉·托利弗的《豆荚》装置尽管令人不安，但它是对当前生态危机的一次精彩探索[51]。托利弗没有依赖于陈旧的"自然"语言，而是直指问题的核心，呈现出亲密、悲伤和不知所措感的奇怪混合，这是当前人们对全球变暖和第六次大灭绝事件的反应。第六次大灭绝事件是由人类活动引发的，是地球上的第六次大灭绝（上一次发生在大约6600万年前）。豆荚完全被聚酯薄膜覆盖，乍一看，上面写着："用塑料覆盖世界带来了这一切，带来了破坏，带来了商品化，带来了现在濒临灭绝的保护需求。"它还提到了在平克·弗洛伊德乐队通过其强大的扩音系统进行渗透时，覆盖在登月舱上的防辐射箔片。然而，与任何真正伟大的艺术作品一样，豆荚是一个辩证形象，它所表达的远不止这些。豆荚的阈值在形式和色彩上都非常令人震撼，以至于非人类（如狗）都会受到惊吓而逃跑。

豆荚是一个种子库，在视觉上相当于一面巨大的吉他回声墙。豆荚内部是一个类似坟墓的空洞，里面的死花漂浮在水中。豆荚中仿佛埋葬着已经死去的"自然"概念，即一种伪装成真实事物的塑料癖好。相比之下，对于托利弗来说，聚酯薄膜是一面扭曲的镜子，照向我们的非自然，这面镜子拒绝反射人类，而是伸出手摧毁我们。从这个意义上说，豆荚坟墓般的核心处的漂浮花朵是整个装置中最人工化的东西。门槛上和内部都熔化着滴着颜料的鲜艳聚酯薄膜。它们表面如此反光，光线如此强烈，以至于在某些地方颜料似乎从表面脱颖而出，滴落在叶片和触角上。背景和前景仿佛悬置起来，给我们留下了一种幻觉般的精神体验，这体验强烈、真实，又不可思议地抽离、难以言喻。就像太空人 3 乐队和 Sunn O）））乐队或拉蒙特·扬等音乐家制造的巨大声浪一样，托利弗的作品实在令人震惊，和布里奇特·莱利让你看到自己的视神经一样引起神经系统的震撼。托利弗复制了超客体的黏性。

那令人瞠目结舌的可爱色彩仿佛融化在纯净的空间里，唤起了一个离我们太近而不能称之为世界的世界，一个就在我们皮肤下的真实生态世界——它就是我们的皮肤。我们发现自己就像囚犯，在生命形式的生态网眼结构中醒来。这里没有外部。豆荚入口的间隙空间喊道："你已经在这里面了。"这是一座历史开端的纪念碑，柏林墙倒塌时，我们还以为那是历史的终结，这是何等傲慢啊。

马丽娜·朱可夫的《中型实验生态系统》是两件耗时长达 140 多个小时的数字作品，其中一个以诺桑比亚为创作背景，另一个以得克萨斯州的温克——一个石油天坑的所在地为创作背景。我们启动动画，让它运行，然后就像关注天气一样关注它的来来往往。这迫使我们看到，无聊和焦虑如何内在于对超客体思考时所需的标度转换。这里有一种奇怪的错位：动画的时间尺度让人心烦意乱，而图像则像自然涂色书中熟悉的图画。然而，就在这迷人的熟悉感中，奇怪的事发生了：在诺森伯兰动画中，一个身材魁梧的裸男站起身来，走出屏幕，走向两边的空白或虚无空间，一颗奇怪的星球在地平线上升起。在得克萨斯州温克的动画中，美丽的蝴蝶在慢动作中飘浮，而令人不安的小人儿（孩子？）穿着防护服在地表上爬行。然而，这些奇异事件与普通事件同时发生。星星出来了。下雨了。

中型实验生态系统是生态学家的术语，指为了进行研究而隔离出的生态系统的一个切片。马丽娜·朱可夫的《中型实验生态系统》唤起了与其他事物、生命形式、地平线、框架周围的虚空共存的奇妙感觉。套用德里达的一句话，似乎没有外在的中型实验生态系统：就好像被认为是"自然"和"自然艺术"的东西依然存在（天空、树木、蝴蝶，以及为它们绘制的迷人的儿童风格插图），而被认为不是"自然"和"自然艺术"的东西（虚空、防护服、诡异的重叠速度）与之共存，慢慢地、轻轻地，从而真正无悔地吞噬着"自然"。在朱可夫的《灵药》系列作品中，我们看到人类就像水晶雕花玻璃酒瓶中脆弱的精华，在波涛汹涌或云雾缭绕的风暴中翻腾。瓶内是一个液体的小世界，瓶外则是浩瀚的海洋，因此每个瓶子都是一个更大的非人类空间的镜像迷宫。在每个瓶子里，都有一个卡通人扇动人造翅膀或冲浪。易碎的玻璃醒酒器装着瓶装世界中的卡通线描人类，它们是装在瓶子里的相关主义船只，被风暴抛入气候的超客体中。每个瓶子都是一个膨胀的玻璃脑袋，装满了梦想，在现实世界中漂泊。

音乐家杰利亚特发现的声音作品是客体导向法的一个完美案例，它是一系列太平洋上的氢弹试验的直接录音[52]。我无法用言语来形容听到布拉沃试验发出的声音的最初几秒钟时的恐惧，正如杰利亚特的主页上所说，"这是美国历史上最严重的放射性灾难"。头几秒钟过后，我不得不把耳机从头上扯下来，听到那种声音，那种真实的声音，有种说不出的感觉。当然，它已经过采样并被转换成 MP3 格式，但它是一个真实客体——一枚巨型炸弹——真实声音的采样。不是在电脑美化的玻璃屏幕后、在 YouTube 上的微小电影图像中看到它，而是听到了它，这在审美维度恢复了我们不惜一切代价删除掉的创伤和痛苦。换句话说，聆听它所恢复的不是它完整的存在，而是对事物幽灵般的亲密感。这就是客体导向法所承诺的：不是回归"自然"式地抹去艺术的缺陷——那是对康德式现象与事物之间差距的否定，而是奇妙地强化这种差距，它将我们带入亲密关系以及与陌生者的共存，这是一种生态共存。

生态意识离不开当下。尽管不承认，但是"当我写下……"这种生态模仿的修辞就是对这种已完全丧失的存在的一首挽歌[53]。"当我写下这些文字时，森林边缘的我的小屋外正缓缓飘着雪"，这是对人类世高耸现实的反向承认。"地球"是对记载地质创伤的文本的称呼，人们呼吁恢复地球上从未存在过的平衡是绝望地尝试将精灵放回瓶子；或者更确切地说，是尝试将人类世理性和人类世中的人类力量这两个孪生精灵放回瓶子。人类像病毒般繁衍，被认为是一种不恰当的生命形式，地球对这种生命形式取得了虐杀式的胜利，而这种胜利是反常的，因为它徒劳地试图掌握不可简化、不可思议的未来性：所有事物——如一个能用五百年的苯乙烯泡沫塑料杯子，一条被锶-90注射液包裹在混凝土块中四十年的狗，广岛墙壁上印着的人影——1961年用伊夫·克莱因蓝重构的诡异图像（图15）[54]。布托的作品是日本在广岛事件后发明的一种"黑暗之舞"，它是对正在发生的事情——向人类敞开本质和表象之间的裂痕、当下和存在的消失——的一种更真实的承认[55]。在布托作品中，人体不再像失重一样飘浮在抽象空间中，而是被一种可怕的引力从四面八方压下来，这种引力是由一个巨大客体发出的时空引力，防止人体达到逃逸速度。其他生物的波浪将人类本来就浓妆艳抹得像面具一样的脸扭曲成令人作呕的面具，人类身体上沾满了灰烬，这些灰烬就像是原子弹爆炸后留下的粉末[56]。煤渣、灰烬和痕迹都是大屠杀的阴影[57]。

图 15. 日本广岛的原子人影（带梯子）。一个人挡住了墙壁，使之没有被爆炸产生的热量完全烧毁。从这幅图中，可以推翻米歇尔·福柯（在《事物的秩序》结尾处）的调侃，即人的形象将像海边沙子上画的图像一样消失。超客体清楚地表明了一个更令人不安的事实：在（人类）世界末日之后，所谓的人仍在继续生存。在这里，人只是一个更大的物理结构上的影子，是物质转化为能量的影子。

人类世的现实正在变得更生动、更"不真实"和更像幽灵。没有了世界，没有了自然，非人类挤进了人类的空间，就像詹姆斯·恩索尔画作中的面孔或布托作品中舞者的面孔一样窥视着人类。面孔和面具（希腊语为 prosōpon）之间的区别消失了。没有存在感时，习惯性的、本体上被赋予的意义坐标就会消解。这种不可还原的非现实性是现实本身的一种症状，怪异的实在论（思辨实在论、客体导向本体论）正开始将其作为地质创伤和人类历史不可思议的交叉点的新兴特征来应对。人类被灰烬覆盖，翩翩起舞，陷入了可怕的物理性：没有超越、没有外在、没有存在的物理性。

生态与鬼魂、陌生者和幽灵共存，这正是由于现实，而不是无视现实。没有目标的众生共存以我所说的"跛足"为前提，跛足是人类对超客体时代的第三种适应，前两种是虚伪和虚弱。与虚伪和虚弱一样，跛足在这里也具有非常特殊的意义。跛足的根本原因与任何特定实体的一种特殊性有关，这种属性在超客体时代下尤为明显。无论外观多么精确，一个客体无法与另一个客体的外观相吻合。因此，每个物体内部都存在着一种跛足，这种跛足构成了客体本身的存在。为了存在，客体就必不能与自身完全一致。与阿兰·巴迪欧的观点相反，存在不是一致性，而是脆弱的不一致性[58]。每个客体都表现出这种本体论上的不一致性，但超客体尤其明显。龙卷风不等于全球变暖，一座山也不是地球，X 射线造成的组织疤痕不是辐射，一个孩子构不成生物圈。

这种跛足适用于人类，因为人类现在站在超客体的谐振之中。我们的表象与本质之间存在着裂隙，本研究将这一裂隙称为"裂痕"。康德等人在浪漫主义时期开辟的"内在空间"只是对裂痕的一个遥远而颠倒的漫画,就像照片的底片一样。裂痕保证了内在空间无论多么深邃、生动或敏感,都与其他实体密不可分。康德式的对美与崇高的体验是其他生命的内在回声,正如这些体验所支撑的综合判断是这些其他生命的足迹[59]。即使是相关主义也与非人类实体保持着脆弱的脐带连接。当超客体完全暴露在人类面前时,浪漫主义崇高的力量与自由就会逆转为当代的跛足。这并不是一种令人不快的逆转,除非你真的需要一直处于上位。事实上,弗里德里希·荷尔德林所说的"拯救的力量"正是裂痕的拯救性跛足:所有事物都因本体论的鸿沟而从内部便步履蹒跚,人类也不例外。现在,精神不再飘浮于零重力的内部空间。相反,在世界终结处的炼狱场里,人类发现非人类从四面八方逼近。

在这种情况下,艺术就是悲伤的工作。我们正在失去一种幻想,一种沉浸在中立或仁慈的"大自然母亲"中的幻想,而失去幻想的人非常危险。因此,无论从何种意义上讲,艺术都不应该成为气候变化的公关。你想过自己为无情的僵尸大军做公关的可能性吗?

超客体的方方面面都强化了我们对它们的特殊跛足感。黏性将我们与超客体黏在一起,迫使我们承认,我们正在与非人类生物一起渗出、化脓,例如水银、放射性粒子、碳氢化合物、诱变细胞、与我们无关的未来生物,也都生活在超客体的阴影中。超客体的非定域性剔除了构成人类世界的前景-背景簇。超客体发出起伏的时间性，让我们沐浴在时空旋涡中，这与人类的时间尺度截然不同。超客体的相位性有力地提醒我们，我们并非如普罗泰戈拉和相关主义所说的那样，是万物的尺度。客体间性飘浮在客体前面，就像剧院里飘扬的幕布一样，这是一个充满威胁幻觉的恶魔区域，是本质与表象之间裂痕的症状。

客体导向法释放了超客体，让我们与之共存，这种方法是济慈式的，因为它是一种休憩形式。济慈写道，在房间里休息时他吸收了周围人的特质，就像一个变色龙一样，"不是他自己回到他自己"，因为房间里每个人的身份都压在他身上，消灭了他自身的身份：

> 至于诗性本身……它不是它自己——它没有自我——它是万物，又是虚无——它没有性格——它享受光明和阴暗；它生活在欢愉之中，无论它是肮脏的还是公平的，高尚的还是卑鄙的，富有的还是贫穷的，卑贱的还是高贵的。它喜欢把伊埃谷（莎士比亚戏剧《奥赛罗》中的反面人物）想象为伊莫金（莎士比亚戏剧《辛白林》中的女主人公）。让有德行的哲学家震惊的事却让变色龙诗人高兴……诗人是世上最没有诗意的存在，因为他没有自己的身份——他不断地为别人服务，填补着别人的身体。太阳、月亮、大海、男人和女人都

是冲动的产物，它们是富有诗意的，身上具有不可改变的属性，而诗人却没有。没有身份——他无疑是上帝所创造的万物中最不富有诗意的……坦白说，这是件可悲的事。但事实是，我说过的每一句话都不能被想当然地视为从我同一本性中产生的观点——既然我没有本性，那这从何而来呢？我和一群人在一个房间里时，如果我能摆脱对自己大脑创造物的猜测，那么我自己就不会回到我自己，而是房间里每一个人的身份开始为此向我施加压力，以至于我在很短的时间内就被（毁）灭了[60]。

休息是一种审美活动。我们对超客体的大部分行为现在看起来就像各种形式的"休息"：目瞪口呆的沉默、否认、强迫症行为（海滩上无止尽的宣扬环保的"350"），这些行为（从足够高的维度看时）的总和就是在地球表面休息。从这个意义上说，冥想或沉思是休息的精髓，但它并不一定是痴迷或目瞪口呆。"休息"仅仅是指用思维处理胡塞尔所说的"意向对象"的方式。休息可以是对非人类的一种调和，与它们必要的幽灵性共存。思维本身就已经是一种与非人类的关系，只要人们思维的逻辑内容独立于思考它的心灵[61]。从这个意义上说，思考本质上就是沉思。因此，在冥想中，当心灵将自身作为休息的对象时，心灵本身的抽离、隐秘的特质就会变得令人伤感。再看希尔曼的"泡沫塑料杯"：扭曲的重复是对杯子本身的深思熟虑的调和，就像济慈似乎把希腊古瓮转过来审视一样。不可思议的是，这样的工作做得越多，客体就越不容易被立即抓住，这恰恰是因为我们与它的关系越来越亲密。这样的沉思绝非简单地脱离政治，也绝非逃避现实事物。

对超客体的哲学反思也是一种休息形式。这种休息有各种不同的维度——正念、意识、简单的顺其自然，这些都同样引人入胜。这种"积极"意义上的休息意味着对共存的深刻接受。既然济慈不是（本体论上给定的）济慈，而是他变色龙般的皮肤上所有他人印象的共生体，那么他除了与之共存，还能做什么呢？这仅仅是接受主观印象吗？是的，但只是在一种改良意义上。"主观印象"远不止是对事物的异想天开或以自我为中心的解释，而是对事物现实性的一种调适。这种调适可能会以某种方式被扭曲，但要被扭曲就必须有一个始终在进行的现实。这种接受性会将客体简化为关系吗？不。根据定义，我对某事物的审美因果印象并不是那个事物本身。这一点在考虑超客体时就很明显了：我感觉"扑通"一声掉在我头上的湿冷东西并不是全球变暖，但它们确实是。此外，既然所有实体在这个意义上都是变色龙诗人，既然济慈、变色龙和一块玉髓都在做同一件事，那么所有实体其实都在"休息"。

我们在这本书中看到了什么？辐射、碳氢化合物、全球变暖以及其他一些超客体。与此同时，我们还看到了对超客体的新反应——它们不仅仅是人类凝视的产物，而是真正的非人类实体。超客体不仅仅是图表和模拟之类的东西，而是由其他客体组成的巨大客体，如全球变暖由太阳、生物圈、化石燃料、汽车等组成。环保主义利用"自然"（现代性的工具）对抗现代性，以火灭火、以物制物、以当下抵制当下，而超客体意味着环保主义的终结。至少可以说，这是一种令人惊讶的局面。有人可能会认为，将生态视为相互关联的反馈回路，会"向下消解"（削弱）以及"向上消解"（简化）地球上的所有实体，使之成为系统或物质过程或话语效果[62]，并且人们可能会认为是环保主义和生态批评把我们从现代性中推了出来。但实际上，那只是现代性平面内的最后一口热气。等待在外面的是一个超客体，它负责把我们推出这个平面：我们现在处于不对称时代。思辨实在论反对人类世时期出现的相关主义圈子，思辨实在论的诞生是不对称时代的标志。

在本书即将结束之际，我们能否再仔细探讨一下"不对称时代"？人类的内在空间深邃而广阔，我们可以理解无限，我们可以理解超限，正如康托尔用简单得惊人的对角线证明的那样，我们也可以分辨出比有理数的无限大还要大的无限。当我说"内在深度"时，我指的并不是一个维度的"内部"，就好像我所说的东西存在于人的头颅中一样。这并不意味着必然存在心理、灵魂或自我。与此最接近的是海德格尔关于"此在"，即存在于世界的思想。海德格尔所说的"世界"当然不是环境哲学家希望他指的东西：围绕着我们的一系列令人欣慰、令人鼓舞或令人陶醉的存在物。此在令人深感不可思议，如果世界末日就是这本书中所说的"世界"的话，"此在"就是世界末日之后的存在。

人类的内在深度和怪异性真实存在，许多哲学家和艺术家都对此进行了阐述，尤其是索福克勒斯，他的《安提戈涅》中的合唱就是本书这一部分的题记："所存令人不安之物众多，但最让人不安者是人。"[63] 这段话让海德格尔着迷[64]。中性复数词语"deina"意味着恐惧与怪异的结合，英文 dinosaur（恐龙）一词的前半部分就是由它而来；"Deimos"是"Phobos"（恐惧）的兄弟。最好的词是"dreadful（可怕的）"：Deimos 是恐惧的恶魔，而 Phobos 是恐慌的恶魔。恐惧在本质上是先于恐慌而存在的，恐慌是基于恐惧而准备逃跑或战斗。

人类最可怕的地方是其生态力量，人类的不可思议之处在于，它搅动海洋，分裂岩石，蹂躏土壤。《安提戈涅》的合唱以一种非常令人不安的方式唱出了这一点，它讲述的是一个女人以超凡法的名义超越法律的故事。安提戈涅是一个不可思议的人，她甚至准备走出希腊城邦的物理和规范边界。

关于人类是最可怕的东西（*to deinotaton*）这一观点存在一个问题：所有生命都有可怕的深度。术语 *to deinotaton* 是一个中性名词，这个词本身就揭示了"可怕"是类似"事物"的。我话语的深度不在于这个书镇的怪异性，它是一个有机玻璃球，里面飘浮着一朵膨胀放大的蒲公英，每根细小的茸毛都清晰可见，令人叹为观止。球体顶端悬挂着一道小彩虹，银行家台灯的荧光倒映在球体上。我并没有将书镇理解为由光点或色斑组成的嗡鸣所产生的突现属性：这个实实在在的书镇释放出它的力量，以其引人注目的圆润和柔软吸引着我。然而，无论我是使用书镇，还是对它视而不见，抑或是穷尽余生思考它，我都无法抓住书镇的本质。正如斯坦利·卡维尔借用爱默生的散文《经验》中的一行话所说，事物是"对峙的"："我认为所有物体都有这种易逝和光滑的特性，这种特性让它们在我们抓得最紧的时候从指缝间溜走，这是我们处境之中最不体面的部分。"[65]

这似乎是超客体时代赋予的对事物的一种理解。我的意思是尽可能充分地理解这一点，所以为了清楚起见，请允许我用更强烈的措辞重述一遍。非人类对人类历史和思维的下一阶段负有责任，这不仅仅意味着人类意识到了非人类的存在，或是人类决定通过赋予某些非人类更高的地位来提升它们，或者通过消解人类的特殊地位来使自身与非人类平等。这些所谓的"后人类游戏"远未靠近"后人类"，不足以应对超客体时代。它们更像是现代性最后的喘息，是它在深渊边缘最后的旋舞。现实情况是，超客体已经出现，我们缓慢但确切地理解了它们早已传达的信息。它们联系了我们。

超客体深刻地改变了我们对所有客体的看法。每个客体都以奇怪的方式成为超客体。但是，我们只能根据生态危机思考这个问题，我们现在已在生态危机中觉醒。海德格尔说，现在只有神才能拯救我们[66]。我们发现自己在一系列巨大的客体中醒来时，意识到他忘了补充一句：我们只是不知道是什么样的神。

注　释

引言

1. Timothy Morton, *The Ecological Thought* (Cambridge, Mass.: Harvard University Press, 2010), 130–35.

2. 局部显现是哲学家列维·布莱恩特用来描述客体表象的术语。见 *The Democracy of Objects* (Ann Arbor, Mich.: Open Humanities Press, 2011), 15.

3. 在某种意义上，虚弱这一概念是对瓦蒂莫提出的弱势思想的扩展，这种思想接受了人与世界之间的鸿沟，并通过虚无主义来实现自我超越。Gianni Vattimo, *The Transparent Society*, trans. David Webb (Baltimore: Johns Hopkins University Press, 1994), 117, 119.

4. Jacques Lacan, *Écrits: A Selection*, trans. Alan Sheridan (London: Tavistock, 1977), 311.

5. 我的这种思考来自 Graham Harman, *Guerrilla Metaphysics: Phenomenology and the Carpentry of Things* (Chicago: Open Court, 2005), 101–2.

6. Henry David Thoreau, *The Maine Woods*, ed. Joseph J. Moldenhauer (Princeton, N. J.: Princeton University Press, 2004), 71.

7. 大气化学家保罗·克鲁岑创造了人类世这个术语。Paul Crutzen and E. Stoermer, " The Anthropocene," *Global Change Newsletter* 41. 1 (2000): 17-18; Paul Crutzen, "Geology of Mankind," *Nature* 415 (January 3, 2002): 23, doi: 10. 1038/415023a.

8. Karl Marx, *Capital*, trans. Ben Fowkes, 3 vols. (Harmondsworth: Penguin, 1990), 1: 499.

9. 关于情境性的决定性研究是 David Simpson 的 *Situatedness*; 或 *Why We Keep Saying Where We're Coming From* (Durham, N. C.: Duke University Press, 2002), 20.

10. Timothy Morton, *Ecology without Nature: Rethinking Environmental Aesthetics* (Cambridge, Mass.: Harvard University Press, 2007), 33.

11. Jacques Derrida, "Hostipitality," trans. Barry Stocker with Forbes Matlock, *Angelaki* 5. 3 (December 2000): 3-18; Morton, *Ecological Thought*, 14-15, 17-19, 38-50.

12. 查看三位一体原子网站, http://www. cddc. vt. edu/ host/atomic/trinity/ trinity1. html.

13. Bruno Latour, *We Have Never Been Modern*, trans. Catherine Porter (Cambridge, Mass.: Harvard University Press, 2002).

14. Martin Heidegger, *Being and Time*, trans. Joan Stambaugh (Al-

bany: State University of New York Press, 1996), 83–85.

15. Arthur Eddington, *The Nature of the Physical World* (New
    York: Macmillan, 1928), 276.

16. Heidegger, *Being and Time*, 191.

17. See David Simpson, "Romanticism, Criticism, and Theory,"
    in *The Cambridge Companion to British Romanticism*, ed.
    Stuart Curran (Cambridge: Cambridge University Press,
    1993), 10.

18. Immanuel Kant, *Critique of Pure Reason*, trans. Norman
    Kemp Smith (Boston: St. Martin's Press, 1965), 84–85.

19. Heidegger, *Being and Time*, 196.

20. Heidegger, *Being and Time*, 193.

21. Heidegger, *Being and Time*, 208.

22. Martin Heidegger, *Phenomenological Interpretations of Aristot-
    le*, trans. Richard Rojcwicz (Bloomington: Indiana University
    Press, 2001), 23.

23. Friedrich Nietzsche, *The Gay Science*, trans. and ed. Walter
    Kaufmann (New York: Vintage, 1974), 125.

24. William Blake, "The Divine Image," in *The Complete Poetry
    and Prose of William Blake*, ed. D. V. Erdman (New York:
    Doubleday, 1988).

25. Quentin Meillassoux, *After Finitude: An Essay on the
    Necessity of Contingency*, trans. Ray Brassier (London: Con-

tinuum, 2010), 119-21.

26. José Ortega y Gasset, *Phenomenology and Art*, trans. Philip W. Silver (New York: Norton, 1975), 63-70; Harman, *Guerrilla Metaphysics*, 39, 40, 135-43, 247.

27. Graham Harman, "Critical Animal with a Fun Little Post," *Object-Oriented Philosophy* (blog), October 17, 2011, http://doctorzamalek2. wordpress. com/2011/ 10/17/critical-animal-with-a-fun-little-post/.

28. 非还原性这个术语出自 Bruno Latour 和 Graham Harman 的作品. Graham Harman, *Prince of Networks: Bruno Latour and Meta physics* (Melbourne: Re. press, 2009), 12.

29. Karl Marx, *The Communist Manifesto*, in *Selected Writings*, ed. David McLellan (Oxford: Oxford University Press, 1977), 12; William Shakespeare, *Macbeth* (New York: Washington Square Press, 1992), 19.

30. Morton, *Ecological Thought*, 121.

31. Martin Heidegger, *Contributions to Philosophy: (From Enowning)*, trans. Parvis Emad and Kenneth Maly (Bloomington: Indiana University Press, 1999), 283-93. See also Joan Stambaugh, *The Finitude of Being* (Albany: State University of New York Press, 1992), 139-44.

32. 我使用这个词组是受启于海德格尔式的哲学家 Iain Thomson 的创新论点。*Heidegger, Art, and Postmodernity*

（Cambridge： Cambridge University Press， 2011）； "Heidegger's Aesthetics," in *The Stanford Encyclopedia of Philosophy*, ed. Edward N. Zalta, summer 2011 ed., http：//plato. stanford. edu/entries/heidegger-aesthetics/.

33. Lacan, *Écrits*, 311.

34. 万物理论是由 Bill Brown 创造的。查看以下特刊：*Critical Inquiry*, "Things"（Fall 2001）.

黏性

1. 理查德·道金斯在以下作品中发展了这个概念：*The Extended Phenotype*：*The Long Reach of the Gene*（Oxford：Oxford University Press, 1999）, 1-2.

2. *Twin Peaks*, directed by David Lynch et al.（ABC, 1990）；*Twin Peaks*：*Fire Walk with Me*（CIBY Pictures, 1992）.

3. 也许迄今为止对这种施动者政治的最生动描述出自下列作品：Jane Bennett, *Vibrant Matter*：*A Political Ecology of Things*（Durham, N. C.：Duke University Press, 2004）, 21.

4. Plato, *Ion*, trans. Benjamin Jowett, http：//classics. mit. edu/Plato/ion. html.

5. Ursula Heise, *Sense of Place and Sense of Planet*：*The Environmental Imagination of the Global*（New York：Colombia University Press, 1982）, 84.

6. Immanuel Kant, *Critique of Judgment*, trans. Werner S. Pluhar (Indianapolis: Hackett, 1987), 445–46.

7. Jean–Paul Sartre, *Being and Nothingness: An Essay on Phenomenological Ontology*, trans. and ed. Hazel Barnes (New York: Philosophical Library, 1984), 610, 609.

8. Sartre, *Being and Nothingness*, 609.

9. Debora Shuger, " 'Gums of Glutinous Heat' and the Stream of Consciousness: The Theology of Milton's *Maske*," *Representations* 60 (Fall 1997): 1–21.

10. Reza Negarestani, *Cyclonopedia: Complicity with Anonymous Materials* (Melbourne: Re. press, 2008), 29.

11. Negarestani, *Cyclonopedia*, 87–97, 98–100, 101–6.

12. Julia Kristeva, *Powers of Horror: An Essay on Abjection*, trans. L. S. Roudiez (New York: Columbia University Press, 1982), 3–4.

13. 我使用的短语"地球（盖亚）的复仇"源自 James Lovelock, *The Revenge of Gaia: Earth's Climate Crisis and the Fate of Humanity* (New York: Basic Books, 2007).

14. E. V. Klass et al., "Reconstruction of the Dose to the Victim as a Result of Accidental Irradiation in Lia (Georgia)," *Atomic Energy* 100. 2 (2006): 149–53; Richard Stone, "The Hunt for Hot Stuff," *Smithsonian* 33. 12 (March 2003): 58; PBS, Transcript of "Dirty Bomb," *Nova*, February 25, 2003, ht-

tp：//www. pbs. org/wgbh/nova/transcripts/3007 _ dirtybom.
html; NTI, "Radiothermal Generators Containing Strontium-90
Discovered in Liya, Georgia," January 15, 2002, http：//www.
nti. org/db/nistraff/2002/20020030. htm.

15. Steven A. Book, William L. Spangler, and Laura A. Swartz,
    "Effects of Lifetime Ingestion of 90Sr in Beagle Dogs," *Radi-
    ation Research 90* (1982)：244-51.

16. John Donne, *Holy Sonnets 14, in Major Works：Including
    Songs and Sonnets and Sermons*, ed. John Carey (Oxford：
    Oxford University Press, 2000).

17. 这句诗源自 *Bhagavad Gita*, trans. Swami Nikhilananda
    (New York：Ramakrishna-Vivekananda Center, 1944), 11.
    32. "毁灭者" (shatterer) 而非 "破坏者" (destroyer)
    这个术语首次出现于 "The Eternal Apprentice," *Time*, No-
    vember 8, 1948, http：//www. time. com/time/magazine/
    article/0, 9171, 853367-8, 00. html.

18. Ortega y Gasset, *Phenomenology and Art*, 63-70; Harman,
    Guerrilla Metaphysics, 39, 40, 135-43, 247.

19. Harman, *Guerrilla Metaphysics*, 135-36.

20. Ulrich Beck, *Risk Society：Towards a New Modernity* (Lon-
    don：Sage, 1992), 19-22.

21. Robert Parker, *Miasma：Pollution and Purification in Early
    Greek Religion* (Oxford：Oxford University Press, 2001),

5-9.

22. Harman, *Guerrilla Metaphysics*, 247.

23. Lacan, *Écrits*, 311.

24. David Bohm and Basil Hiley, *The Undivided Universe: An Ontological Interpretation of Quantum Theory* (London: Routledge, 1995), 18-19, 23.

25. See Anton Zeilinger, *Dance of the Photons: From Einstein to Quantum Teleportation* (New York: Farrar, Straus, and Giroux, 2010), 236.

26. Bohm and Hiley, *Undivided Universe*, 28-38.

非定域性

1. Ian Bogost, *Unit Operations: An Approach to Videogame Criticism* (Cambridge, Mass.: MIT Press, 2008), 4-15.

2. See Levi Bryant, "Let's Talk about Politics Again! —Ian Bogost," *Larval Subjects* (blog), September 17, 2012, http://larvalsubjects. wordpress. com/? s = Bogost.

3. 这个论述的版本来源于 Meillassoux, *After Finitude*, 82-85.

4. David Bohm, *Quantum Theory* (New York: Dover, 1989), 99-115.

5. Bohm, *Quantum Theory*, 158-61.

6. Bohm, *Quantum Theory*, 139-40, 177.

7. Bohm, *Quantum Theory*, 493–94.

8. Alejandro W. Rodriguez et al., "Theoretical Ingredients of a Casimir Analog Computer," *Proceedings of the National Academies of Sciences* (March 24, 2010), www. pnas. org/cgi/doi/10. 1073/pnas. 1003894107.

9. David Bohm, *Wholeness and the Implicate Order* (London: Routledge, 2008), 219.

10. Bohm, *Quantum Theory*, 177.

11. Bohm, *Quantum Theory*, 139–40.

12. David Bohm, *The Special Theory of Relativity* (London: Routledge, 2006), 155.

13. Bohm, *Quantum Theory*, 118.

14. Dawkins, *Extended Phenotype*, 156; Joan Roughgarden, *Evolution's Rainbow: Diversity, Gender, and Sexuality in Nature and People* (Berkeley: University of California Press, 2004), 26–27.

15. Yuri Aharanov and David Bohm, "Significance of Electromagnetic Potentials in the Quantum Theory," *Physical Review* 115. 3 (August 1, 1959): 485–91; Alain Aspect, Philippe Granger, and Gérard Roger, "Experimental Realization of Einstein–Podolsky–Rosen–Bohm *Gedankenexperiment*: A New Violation of Bell's Inequalities," *Physical Review Letters* 49. 2 (July 2, 1982): 91–94; Anton Zeilinger et al., "An Experi-

mental Test of Non-Local Realism," *Nature* 446 (August 6, 2007): 871-75; L. Hofstetter et al., "Cooper Pair Splitter Realized in a Two-Quantum-Dot Y-Junction," *Nature* 461 (October 15, 2009): 960-63.

16. Albert Einstein, Nathan Rosen, and Boris Podolsky, "Can Quantum-Mechanical Description of Reality Be Complete?" *Physical Review* 47 (1935): 777-80.

17. Anton Zeilinger et al., "Distributing Entanglement and Single Photons through an Intra-City, Free-Space Quantum Channel," *Optics Express* 13 (2005): 202-9; Villoresi et al., "Experimental Verification of the Feasibility of a Quantum Channel between Space and Earth," *New Journal of Physics* 10 (2008): doi: 10. 1088/1367 - 2630/10/3/033038; Fedrizzi et al., "High-Fidelity Transmission of Entanglement over a High - Loss Freespace Channel," *Nature Physics* 5 (June 24, 2009): 389-92.

18. Edward Casey, *The Fate of Place: A Philosophical History* (Berkeley: University of California Press, 1997), 106-16.

19. John Bell, "On the Einstein Podolsky Rosen Paradox," *Physics* 1 (1964): 195-200.

20. Elisabetta Collin et al., "Coherently Wired Light-Harvesting in Photosynthetic Marine Algae at Ambient Temperature," *Nature* 463 (February 4, 2010): 644-47.

21. Aaron D. O' Connell et al., "Quantum Ground State and Single Phonon Control of a Mechanical Ground Resonator," *Nature* 464 (March 17, 2010): 697–703.

22. O' Connell et al., "Quantum Ground State," 701.

23. Collin et al., "Coherently Wired Light–Harvesting," 644–47; Erik M. Gauger et al., "Sustained Quantum Coherence and Entanglement in the Avian Compass," *Physical Review Letters* 106 (January 28, 2011): doi: 10. 1103/PhysRevLett. 106. 040503.

24. Arkady Plotnitsky, *Reading Bohr* (Dordrecht: Springer, 2010), 35.

25. Anthony Valentini, *Quantum Theory at the Crossroads: Reconsidering the 1927 Solvay Conference* (Cambridge: Cambridge University Press, 2009), vii–xi.

26. Bohm and Hiley, *Undivided Universe*, 28–38.

27. Bohm, *Wholeness*, 246–77.

28. Bohm, *Wholeness*, 21.

29. Bohm, *Wholeness*, 14.

30. Harman, *Guerrilla Metaphysics*, 83.

31. Bohm, *Quantum Theory*, 139.

32. Graham Harman, *Tool–Being: Heidegger and the Metaphysics of Objects* (Chicago: Open Court, 2002), 129–33.

33. Bohm, *Quantum Theory*, 158–61.

34. See Einstein, Rosen, and Podolsky, "Can Quantum–Me-

chanical Description?" 777–80.

35. Phil Dowe 赞成逆因果。Phil Dowe, *Physical Causation* (New York: Cambridge University Press, 2000), 176–86.

36. 例如, Bohm, *Wholeness*, 246–77.

37. Petr Hořava, "Quantum Gravity at a Lifshitz Point," March 2, 2009, arXiv: 0901. 3775v2 [hep–th].

38. Aaron O'Connell, "Making Sense of a Visible Quantum Object," TED Talk, March 2011, http://www. ted. com/talks/aaron_ o_ connell _ making_ sense _ of_ a_ visible _ quantum_ object. html.

39. Science Daily, "Quantum Mechanics at Work in Photosynthesis: Algae Familiar with These Processes for Nearly Two Billion Years," February 3, 2010, http://www. science-daily. com/releases/2010/02/100203131356. htm? sms _ ss = blogger.

40. Bohm, *Wholeness*, 183, 187–88, 244.

41. Bohm, *Wholeness*, 192, 218–71.

42. Craig Hogan, "Spacetime Indeterminacy and Holographic Noise," October 22, 2007, arXiv: 0706. 1999v2 [gr–qc]; Craig Hogan, "Holographic Noise in Inter – ferometers," January 8, 2010, arXiv: 0905. 4803v8 [gr–qc]; Raphael Bousso et al., "Predicting the Cosmological Constant from the Causal Entropic Principle," September 15, 2007, hep – th/

0702115; Raphael Bousso, "The Holographic Principle," *Review of Modern Physics* 74 (2002): 825-74.

43. James Boswell, *Boswell's Life of Johnson* (London: Oxford University Press, 1965) 333.

44. John Hersey, *Hiroshima* (New York: Vintage Books, 1989).

45. Hersey, *Hiroshima*, 20.

46. *Empire of the Sun*, directed by Steven Spielberg (Warner Bros., 1987).

47. Heidegger, *Contributions to Philosophy*, 283-93. See also Stambaugh, *Finitude of Being*, 139-44. Robert Oppenheimer's line is from the *Bhagavad Gita*, 11. 32. 如前所述，"破坏者"而非"毁灭者"一词首次出现在"The Eternal Apprentice," *Time*.

48. Martin Heidegger, "The Question Concerning Technology," in *Basic Writings: From Being and Time to The Task of Thinking*, ed. David Krell (New York: HarperCollins, 1993), 307-41.

49. William Wordsworth, *The Prelude*, in *The Major Works: Including the Prelude*, ed. Stephen Gill (Oxford: Oxford University Press, 2008), lines 330-412.

50. Sigmund Freud, *The Ego and the Id*, trans. Joan Riviere, rev. and ed. James Strachey (New York: Norton, 1989), 24; Sigmund Freud, "A Note on the Mystic Writing Pad," in

The Standard Edition of the Complete Psychological Works of Sigmund Freud, trans. and ed. James Strachey (London: Hogarth Press, 1953), 19: 225– 32; Jacques Derrida, "Freud and the Scene of Writing," *Writing and Difference*, trans. Alan Bass (London: Routledge and Kegan Paul, 1978), 246–91.

51. Timothy Morton, "Some Notes towards a Philosophy of Non-Life," *Thinking Nature* 1 (2011): http://thinkingnaturejournal. files. wordpress. com/2011/06/to wardsnonlifebytimmorton. pdf.

52. Nick Land, *Fanged Noumena: Collected Writings*, 1987 – 2007 (Falmouth: Urbanomic, 2011), 335, 448. See also Negarestani, *Cyclonopedia*, 26, 72.

53. Negarestani, *Cyclonopedia*, 70; see also 13–14, 16–21.

54. Negarestani, *Cyclonopedia*, 27.

55. Negarestani, *Cyclonopedia*, 26.

56. Martin Heidegger, "The Origin of the Work of Art," in *Poetry, Language, Thought*, trans. Albert Hofstadter (New York: Harper & Row, 1971), 15–86.

57. William K. Wimsatt and Monroe C. Beardsley, "The Intentional Fallacy," *Sewanee Review* 54 (1946): 468–88.

58. Ray Brassier, *Nihil Unbound: Enlightenment and Extinction* (New York: Palgrave, 2010), 48.

时间波动性

1. Levi Bryant, "Hyperobjects and OOO," *Larval Subjects* (blog), November 11, 2010, http: //larvalsubjects. wordpress. com/2010/11/11/hyperobjects-and-ooo/.

2. *Das Rad*, directed by Chris Stenner, Arvid Uibel, and Heidi Wittlinger (Georg Gruber Filmproduktion, Filmakademie Baden-Württemberg, 2001).

3. Felix Hess, *Air Pressure Fluctuations* (Edition RZ, 2001).

4. Harman, *Guerrilla Metaphysics*, 86.

5. Theodor Adorno, *Aesthetic Theory*, trans. and ed. Robert Hullot – Kentor (Minneapolis: University of Minnesota Press, 1997), 65; Theodor Adorno, "The Idea of Natural History," *Telos* 60 (1984): 111-24.

6. David Archer, *The Long Thaw: How Humans Are Changing the Next 100, 000 Years of Earth's Climate* (Princeton, N. J.: Princeton University Press, 2008); David Archer, "How Long Will Global Warming Last?," http: //www. realclimate. org/index. php/archives/2005/03/how – long – will – global – warming-last/.

7. Kant, *Critique of Judgment*, 519-25.

8. See Morton, *Ecological Thought*, 40, 118.

9. *Plastic Bag*, directed by Ramin Bahrani (Noruz Films and Gigantic Pictures, 2009).

10. Casey, *Fate of Place*, 106–12.

11. Blaise Pascal, *Pensées*, trans. A. J. Krailsheimer (New York: Penguin, 1966), 201: 95.

12. Bohm, *Special Theory of Relativity*, 189–90.

13. Albert Einstein, *The Meaning of Relativity* (Princeton, N. J.: Princeton Uni- versity Press, 2005), 30.

14. Einstein, *Meaning of Relativity*, 63.

15. Bohm, *Special Theory of Relativity*, 156, 189–90, 204–18.

16. Bohm, *Wholeness*, 12–13.

17. Alphonso Lingis, *The Imperative* (Bloomington: Indiana University Press, 1998), 25–37.

18. Einstein, *Meaning of Relativity*, 61.

19. Timothy Morton, *Realist Magic: Objects, Ontology, Causality* (Ann Arbor, Mich.: Open Humanities Press, 2013), 26, 36, 40–41, 56–62.

20. Meillassoux, *After Finitude*, 119–21.

21. Iain Hamilton Grant, *Philosophies of Nature after Schelling* (London: Continuum, 2008), 204.

22. H. P. Lovecraft, "The Call of Cthulhu," in *The Dunwich Horror and Others*, ed. S. T. Joshi (Sauk City, Wisc.: Arkham House, 1984), 139.

23. Meillassoux, *After Finitude*, 7.

24. Bohm, *Special Theory of Relativity*, 91–96, 129.

25. NASA Science News, "NASA Announces Results of Epic Space–Time Experiment," http: //science. nasa. gov/science–news/science–at–nasa/2011/04may_ epic/.

26. Casey, *Fate of Place*, 106–16; Latour, *We Have Never Been Modern*.

27. Ar–Razi, *Doubts against Galen*, in *Classical Arabic Philosophy*, trans. John Mcginnis and David C. Reisman (Indianapolis: Hackett, 2007), 53.

28. Graham Harman, "Aristotle with a Twist," in *Speculative Medievalisms: Discography*, ed. Eileen Joy, Anna Klosowska, and Nicola Masciandaro (New York: Punctum Books, 2012) 227–53.

29. Percy Shelley, *A Defence of Poetry*, *in Shelley's Poetry and Prose*, ed. Donald H. Reiman and Neil Fraistat (New York: Norton, 2002), 509–35 (535).

30. Camille Parmesan, "Ecological and Evolutionary Responses to Recent Climate Change," *Annual Review of Ecology, Evolution, and Systematics* 37 (2006): 637–69.

相位性

1. Percy Shelley, "Hymn to Intellectual Beauty," in *Shelley's Poetry and Prose*, ed. Donald H. Reiman and Neil Fraistat (New York: Norton, 2002), lines 1-2.

2. Percy Shelley, *Mont Blanc*, *Poetry and Prose*, lines 1-2. See Steven Shaviro, "The Universe of Things," *Theory and Event* 14. 3 (2011): doi: 10. 1353/tae. 2011. 0027.

3. Walter Benjamin, "The Work of Art in the Age of Mechanical Reproduction," in *Illuminations*, ed. Hannah Arendt, trans. Harry Zohn, (London: Harcourt, Brace, and World, 1973), 217-51.

4. Edward Burtynsky, *Manufactured Landscapes: The Photographs of Edward Burtynsky* (New Haven, Conn.: Yale University Press, 2003); *Manufactured Landscapes*, directed by Jennifer Baichwal (Foundry Films, National Film Board of Canada, 2006).

5. Martin Heidegger, *What Is a Thing?*, trans. W. B. Barton and Vera Deutsch, analysis by Eugene T. Gendlin (Chicago: Henry Regnery, 1967), 102-3.

6. Kant, *Critique of Pure Reason*, 84-85.

7. The Beatles, "A Day in the Life," *Sgt. Pepper's Lonely Hearts*

Club Band (Parlophone, 1967).

8. See Bryant, *Democracy of Objects*, 208–27.

9. 其中最重要的来源是 *In Contradiction: A Study of the Transconsistent* (Oxford: Oxford University Press, 2006).

10. In "Auguries of Innocence," *The Complete Poetry and Prose of William Blake*, ed. David V. Erdman (New York: Doubleday, 1988).

11. Star Wars 4: *A New Hope*, directed by George Lucas (Twentieth Century Fox, 1977).

客体间性

1. Morton, *Ecological Thought*, 14–15.

2. Heidegger, *Being and Time*, 64, 70, 73, 95, 103, 111, 187, 333, 348. 我采用了哈曼恰当的翻译 "contexture"。

3. 当我写《生态思想》时，以下问题对我来说尚不清楚：在研究揭示的两个实体中哪一个具有优先性——网眼结构和奇怪的陌生者。现在似乎弄清楚了，奇怪的陌生者在本体论上具有优先性。有关完整讨论，见 Morton, *Realist Magic*, 24, 75, 140.

4. *Oxford English Dictionary*, s.v. "mesh," n. 1 a, b, http://www.oed.com.

5. Lawrence M. Krauss, Scott Dodelson, and Stephan Meyer,

"Primordial Gravitational Waves and Cosmology," *Science* 328. 5981 (May 2010): 989-92.

6. *Oxford English Dictionary*, s. v. "mesh," http://www.oed.com.

7. See, for example, Michael E. Zimmerman and Sean Esbjörn-Hargens, *Integral Ecology: Uniting Multiple Perspectives on the Natural World* (Boston: Shambala, 2009), 216.

8. Heidegger, *Being and Time*, 127-28, 254-55.

9. Alan M. Turing, "Computing Machinery and Intelligence," in *The Philosophy of Artificial Intelligence*, ed. Margaret A. Boden (Oxford: Oxford University Press, 1990), 40-66.

10. Herbert A. Simon, *The Sciences of the Artificial* (Cambridge, Mass.: MIT Press, 1996), 51-53.

11. Grant, *Philosophies of Nature*, 27-30.

12. Heidegger, "Origin," 15-86.

13. Stephen M. Feeney et al., "First Observational Tests of Eternal Inflation: Analysis Methods and WMAP 7-year Results," *Physical Review D* 84. 4 (2011): doi: 10. 1103/PhysRevD. 84. 043507.

14. Shelley, *Defence of Poetry*, 509-35 (522).

15. George Spencer-Brown, *Laws of Form* (New York: E. P. Dutton, 1979); Niklas Luhmann, *Social Systems*, trans. John Bednarz and Dirk Baecker (Stanford, Calif.: Stanford

University Press, 1996), 65-66, 275.

16. Jacques Derrida, *Dissemination*, trans. Barbara Johnson (Chicago: University of Chicago Press, 1981), 54, 104, 205, 208, 222, 253.

17. Shelley, *Defence of Poetry*, 522.

18. John Ruskin, *The Seven Lamps of Architecture* (London: Smith, Elder, 1849), 125.

19. 参见我在《无自然的生态》中的论述, 138 页。

20. Meillassoux, *After Finitude*, 7.

21. Morton, *Realist Magic*, 212-13.

22. Aristotle, *Physics*, trans. Robin Waterfield (Oxford: Oxford University Press, 2008), Book 4 (especially 105-8); see also 26, 34-35.

23. *Empire of the Sun*, directed by Stephen Spielberg; J. G. Ballard, *Empire of the Sun* (Cutchogue, N. Y.: Buccaneer Books, 1984).

24. *The Day After*, directed by Nicholas Meyer (ABC, 1983); *The Day after Tomorrow*, directed by Roland Emmerich (Centropolis Entertainment, 2004).

25. Gillian Beer, introduction to *The Origin of Species*, by Charles Darwin (Oxford: Oxford University Press, 1998), vii-xxviii (xxvii-xviii).

世界末日

1. Morton, *Ecological Thought*, 28, 54.

2. Aristotle, *Metaphysics*, trans. Hugh Lawson-Tancred (London: Penguin, 1999), 158-59.

3. Harman, *Tool-Being*, 127.

4. Roman Jakobson, "Closing Statement: Linguistics and Poetics," in *Style in Language*, ed. Thomas A. Sebeok (Cambridge, Mass.: MIT Press, 1960), 350-77.

5. Harman, *Tool-Being*, 21-22.

6. *The Two Towers*, directed by Peter Jackson (New Line Cinema, 2002).

7. Anon, "Residents Upset about Park Proposal," *Lakewood Sentinel*, July 31, 2008, 1; "Solar Foes Focus in the Dark," *Lakewood Sentinel*, August 7, 2008, 4.

8. Marx, *Capital*, 1: 556.

9. Martin Heidegger, "The Question Concerning Technology," in *The Question Concerning Technology and Other Essays*, trans. William Lovitt (New York: Harper & Row, 1977), 17.

10. See, for instance, Heidegger, "Origin," 15-86.

11. Harman, *Tool-Being*, 155.

12. Pierre Boulez, *Répons* (Deutsche Grammophon, 1999); *Boulez*:

Répons, directed by Robert Cahen (Colimason, INA, IRCAM, 1989), http://www. heureexquise. org/video. php? id=1188.

13. Stephen Healey, "Air Conditioning," paper presented at the Materials: Objects: Environments workshop, National Institute for Experimental Arts (NIEA), Sydney, May 19, 2011.

14. David Gissen, *Subnature: Architecture's Other Environments* (New York: Princeton Architectural Press, 2009), 79; "Reflux: From Environmental Flows to Environmental Objects," paper presented at the Materials: Objects: Environments workshop, NIEA, Sydney, May 19, 2011.

15. R&Sie, *Dusty Relief*, http://www. new-territories. com/roche2002bis. htm.

16. Neil A. Manson, "The Concept of Irreversibility: Its Use in the Sustainable Development and Precautionary Principle Literatures," *Electronic Journal of Sustainable Development* 1. 1 (2007): 3-15, https://sustainability. water. ca. gov/documents/18/3407876/The+concept+of+irreversibility+its+use+in+the+sustainable. pdf.

17. Fernand Braudel, *Civilization and Capitalism*, 15th-18th Century, trans. S. Reynolds, 3 vols. (Berkeley: University of California Press, 1982-84).

18. Aristotle, *Metaphysics*, 213, 217.

19. Marx, *Capital*, 1: 620.

20. Burtynsky, *Manufactured Landscapes*; *Manufactured Land-scapes*, *directed by Jennifer Baichwal* (*Foundry Films*, *National Film Board of Canada*, 2006).

21. Slavoj Žižek, *Enjoy Your Symptom*! *Jacques Lacan in Holly-wood and Out* (New York: Routledge, 2001), 209.

22. ABCnews, "Oil From the BP Spill Found at Bottom of Gulf," September 12, 2010, http: //abcnews. go. com/WN/oil - bp-spill-found-bottom-gulf/story? id = 11618039.

23. Bryant, *Democracy of Objects*, 208-27.

24. Mary Ann Hoberman, *A House Is a House for Me* (New York: Puffin Books, 2007), 27.

25. Hoberman, *House*, 34, 42-48.

26. Harman, *Tool-Being*, 68-80.

27. The phrase is Graham Harman's: *Guerrilla Metaphysics*, 23, 85, 158, 161.

28. Stambaugh, *Finitude of Being*, 28, 53, 55.

29. An exemplary instance is Rocky Flats Nuclear Guardianship: http: //www. rockyflatsnuclearguardianship. org/.

30. Thomas A. Sebeok, *Communication Measures to Bridge Ten Millennia* (Colum bus, Ohio: Battelle Memorial Institute, Office of Nuclear Waste Isolation, 1984).

31. *Into Eternity*, directed Michael Madsen (Magic Hour Films and Atmo Media, 2010).

32. Susan Garfield, " ' Atomic Priesthood' Is Not Nuclear Guardianship: A Critique of Thomas Sebeok's Vision of the Future," *Nuclear Guardianship Forum* 3 (1994): http://www. ratical. org/radiation/NGP/AtomPriesthd. txt.

33. Heidegger, *Contributions to Philosophy*, 13.

34. See Timothy Clark, "Towards a Deconstructive Environmental Criticism," *Oxford Literary Review* 30. 1 (2008): 45–68.

35. Stambaugh, *Finitude of Being*, 93.

36. Derek Parfit, *Reasons and Persons* (Oxford: Oxford University Press, 1984), 355–57, 361.

37. Parfit, *Reasons and Persons*, 309–13.

38. Jacques Derrida, "Hostipitality," trans. Barry Stocker with Forbes Matlock, *Angelaki* 5. 3 (December 2000): 3–18 (11).

39. Donna Haraway, *When Species Meet* (Minneapolis: University of Minnesota Press, 2007), 19, 27, 92, 301. Rob Nixon, *Slow Violence and the Environmentalism of the Poor* (Cambridge, Mass.: Harvard University Press, 2011), 2.

40. Rob Nixon, *Slow Violence and the Environmentalism of the Poor* (Cambridge, Mass.: Harvard University Press, 2011), 2.

41. Emmanuel Levinas, *Totality and Infinity: An Essay on Exteriority*, trans. Alphonso Lingis (Pittsburgh: Duquesne University Press, 1969), 160, 258; *Otherwise than Being: Or Beyond Essence*, trans. Alphonso Lingis (Pittsburgh: Duquesne University

Press，1998），3.

42. Franz Kafka，"The Cares of a Family Man，" in *Metamorphosis*, *In the Penal Colony*, *and Other Short Stories* （New York： Schoken Books，1995），160.

43. Kafka，"Cares，"160.

44. Kafka，"Cares，"160.

45. Chögyam Trungpa，*Glimpses of Abidharma* （Boston：Shamb-hala，2001），74；Heidegger，*Being and Time*，171-78.

46. *The Matrix*，directed by the Wachowski brothers （Village Roadshow Pictures and Silver Pictures，1999）

47. Radical Joy for Hard Times，"What Is an Earth Exchange?，" http：//www. radicaljoyforhardtimes. org/index. php? option＝ com_ content&view＝article&id＝79&Itemid＝29. 2010 年全球地球交流会的幻灯片详见：http：//www. radicaljoyforhardtimes. org/index. php? option＝com _ content&view＝ article&id＝ 55&Itemid＝5.

48. Morton，*Ecological Thought*，38-50.

49. 《宇宙起源：探索我们的世界和我们自己的六场系列讲座》，亚利桑那大学理学院，链接：http：//cos. arizona. edu/cosmic/.

50. 我指的是 Jon Shenk 导演的电影 *The Island President*， （Samuel Goldwyn Films，2011 年），它讲述的是马尔代夫总统穆罕默德·纳希德（Mohamed Nasheed）的故事。

虚 伪

1. Talking Heads, "Once in a Lifetime," *Remain in Light* (Sire Records, 1980).

2. Horst Rittel and Melvin Webber, "Dilemmas in a General Theory of Planning," in *Developments in Design Methodology*, ed. N. Cross (Chichester: J. Wiley & Sons, 1984), 135–44.

3. Kelly Levin et al., "Playing It Forward: Path Dependency, Progressive Incrementalism, and the 'Super Wicked' Problem of Global Climate Change," http://environment.research.yale.edu/documents/downloads/0-9/2010_ super_ wicked_ levin_ cashore_ bernstein_ auld. pdf.

4. Søren Kierkegaard, "The Edifying in the Thought That Against God We Are Always in the Wrong," in *Either/Or: A Fragment of Life*, ed. Victor Eremita, trans. and intro. Alastair Hannay (London: Penguin, 1992), 595–609 (597, 602, 604).

5. 这一悖论在齐泽克的思想中有着丰富的历史。例如，参见 *Tarrying with the Negative: Kant, Hegel, and the Critique of Ideology* (Durham, N. C.: Duke University Press, 1998), 193–96.

6. Heidegger, *Contributions to Philosophy*, 29, 67–68, 94–96.

7. Parfit, *Reasons and Persons*, 355–57.

8. Parfit, *Reasons and Persons*, 281.

9. Arthur Rimbaud to Paul Demeny, May 15, 1871, in *Rimbaud: Complete Works, Selected Letters: A Bilingual Edition*, ed. Seth Whidden, trans. Wallace Fowlie (Chicago: University of Chicago Press, 2005), 374.

10. Beck, *Risk Society*, 19-22.

11. Parfit, *Reasons and Persons*, 371-77.

12. Jacques Derrida, *The Animal That Therefore I Am*, ed. Marie - Louise Mallet, trans. David Wills (New York: Fordham University Press, 2008), 136.

13. Jacques Lacan, address given at MIT, quoted in Sherry Turkle, *Psychoanalytic Politics: Freud's French Revolution* (New York: Basic Books, 1978), 238.

14. Lingis, *Imperative*, 173, 221-22.

15. Lingis, *Imperative*, 26-38.

16. Harman, *Guerrilla Metaphysics*, 36-37.

17. Lingis, *Imperative*, 29.

18. Jacques Lacan, *Le seminaire, Livre III: Les psychoses* (Paris: Editions de Seuil, 1981), 48.

19. Hakim Bey, *The Temporary Autonomous Zone* (Brooklyn, N. Y.: Autonomedia, 1991), http: //hermetic. com/bey/taz _ cont. html.

20. Graham Harman, "The Theory of Objects in Heidegger and

Whitehead," in *Towards Speculative Realism: Essays and Lectures* (*Ropley: Zero Books*, 2010), 22–43; Graham Harman, "Object–Oriented Philosophy," in *Towards Speculative Realism*, 93–104.

21. Adorno, *Aesthetic Theory*, 331.

22. Eliane Radigue, *Biogenesis* (Metamkine, 1996).

23. Heidegger, *Being and Time*, 127.

24. Heidegger, *Being and Time*, 5, 22–23, 62–71.

25. John Cleese and Graham Chapman, "The Argument Sketch," *Monty Python's Flying Circus*, "The Money Programme," series 3, episode 3 (November, 2, 1972).

26. This is the title of one of Lacan's seminars, "Le séminaire de Jacques Lacan, Livre XXI: Les non–dupes errent" (unpublished).

27. Morton, *Ecology without Nature*, 109–23.

28. *Oxford English Dictionary*, s. v. "doom," n. 1, http://www. oed. com.

29. *Oxford English Dictionary*, s. v. "doom," n. 2, 3b, 5, 6, 7, http://www. oed. com.

30. *Oxford English Dictionary*, s. v. "doom," n. 3a, http://www. oed. com.

31. *Oxford English Dictionary*, s. v. "doom," n. 4a, b, http://www. oed. com.

32. *Oxford English Dictionary*, s. v. "doom," n. 8, 10, http://www. oed. com.

33. There is a very good summary of this in the entry "Jacques Derrida," in *The Stanford Encyclopedia of Philosophy*, ed. Edward N. Zalta, fall 2011 ed., http: //plato. stanford. edu/archives/fall2011/entries/derrida/.

34. Quintilian, *Institutio Oratorica* 11. 3, http: //penelope. uchicago. edu/Thayer/ E/Roman/Texts/Quintilian/Institutio _ Oratoria/11C *. html#3.

35. Heidegger, " Origin," 15–86.

36. Morton, *Ecology without Nature*, 34–47.

37. 《回到明天》, 星际迷航第二季第 20 集, 1968 年 2 月 9 日首播。

38. Shelley, *Defence of Poetry*, 509–35 (530, 533).

39. *Being John Malkovich*, directed by Spike Jonze (USA Films, 1999).

40. James Joyce, *Ulysses* (Harmondsworth: Penguin, 1983), 331.

41. Alvin Lucier, *Music on a Long Thin Wire* (Lovely Music, 1979).

42. Lacan, *Le seminaire*, *Livre III*, 48.

43. Gerard Manley Hopkins, "As Kingfishers Catch Fire, Dragonflies Draw Flame," in *The Major Works*, ed. Catherine Phillips (Oxford: Oxford University Press, 2009).

44. Shelley, *Hymn to Intellectual Beauty*, line 1.

45. Lacan, *Écrits*, 311.

46. Laurie Anderson, "Born Never Asked," *Big Science* (Warner Bros., 1982).

47. Kierkegaard, "The Edifying in the Truth," 595-609.

48. Peter Sloterdijk, *Critique of Cynical Reason* (Minneapolis: University of Minnesota Press, 1988). 另见 Slavoj Žižek, *The Sublime Object of Ideology* (London: Verso, 1997), 28-33.

49. Arne Naess, *Ecology, Community, and Lifestyle: A Philo-sophical Approach* (Oslo: University of Oslo Press, 1977), 56.

50. Harman, *Guerrilla Metaphysics*, 79, 185.

51. Graham Harman, *The Quadruple Object* (Ropley: Zero Books, 2011), 7-18.

52. Heidegger, *Contributions to Philosophy*, 27, 78, 80, 83; "On the Question of Being," in *Pathmarks*, ed. William Mc-Neill (Cambridge: Cambridge University Press, 1998), 291-322 (311, 313).

53. Malcolm Bull, *Anti - Nietzsche* (London: Verso, 2011), 11-13.

54. Harman, "Object-Oriented Philosophy," 93-104.

55. Georg Wilhelm Friedrich Hegel, *Hegel: Elements of the Philoso-

phy of Right, trans. H. B. Nisbet (Cambridge: Cambridge University Press, 1991), 23.

不对称时代

1. Heidegger, *Contributions to Philosophy*, 54, 265. See Stambaugh, *Finitude of Being*, 60, 129.

2. Bradley Smith, "Interview with Wolves in the Throne Room 2006," *Nocturnal Cult*, June 10, 2006, http://www.nocturnalcult.com/WITTRint.htm.

3. *Hegel's Aesthetics: Lectures on Fine Art*, trans. T. M. Knox, 2 vols. (Oxford: Oxford University Press, 2010), 1: 408; Hegel, *Introductory Lectures on Aesthetics*, trans. Bernard Bosanquet (London: Penguin, 1993), 82–84.

4. Hegel, *Aesthetics*, 1: 301, 309–310, 1: 427–42; Hegel, *Introductory Lectures*, 84–85.

5. Blake, "The Divine Image."

6. Hegel, *Introductory Lectures*, 85–86; Hegel, Aesthetics, 1: 516–29.

7. Hegel, *Aesthetics*, 1: 530–39.

8. Georg Wilhelm Friedrich Hegel, *Hegel's Phenomenology of Spirit*, trans. A. V. Miller (Oxford: Oxford University Press, 1977), 111–19.

9. Marx and Engels, *Manifesto*, 227.

10. See Susan McClary, *Conventional Wisdom: The Content of Musical Form* (Berkeley: University of California Press, 2001), 63–108.

11. Slavoj Žižek, "The Abyss of Freedom," in Slavoj Žižek and Friedrich Schelling, *The Abyss of Freedom / Ages of the World*, (*Ages of the World*, trans. Judith Norman) (Ann Arbor: University of Michigan Press, 2007), 46–48.

12. The Beatles, "A Day in the Life."

13. In David Toop, *Haunted Weather: Music, Silence, and Memory* (London: Serpent's Tail, 2004), 239–40.

14. Adorno, *Aesthetic Theory*, 331.

15. Laurie L. Patton, *Bringing the Gods to Mind: Mantra and Ritual in Early Indian Sacrifice* (Berkeley: University of California Press, 2005), 1–14.

16. Martin Heidegger, *What Is Philosophy?*, trans. and intro. Jean T. Wilde and William Kluback (Lanham, Md.: Rowan and Littlefield, 2003), 77–91.

17. Arthur Schopenhauer, *The World as Will and Representation*, trans. E. F. J. Payne, 2 vols. (New York: Dover, 1969), 1: 411–12.

18. This position is somewhat similar to the one found in Chuck Dyke, "Natural Speech: A Hoary Story," in *How Nature*

Speaks: *The Dynamics of the Human Ecological Condition*, ed. Yrjö Haila and Chuck Dyke (Durham, N. C.: Duke University Press, 2006), 66–77.

19. Lacan, *Écrits*, 311.

20. *Apocalypse Now*, directed by Francis Ford Coppola (American Zoetrope, 1979).

21. Chögyam Trungpa, "Instead of Americanism Speak the English Language Properly," in *The Elocution Home Study Course* (Boulder, Colo.: Vajradhatu, 1983), 3.

22. Plato, *Ion*, http://classics. mit. edu/Plato/ion. html.

23. The subtitle of his *Cyclonopedia*.

24. Negarestani, *Cyclonopedia*, 195–207.

25. China Miéville, *Perdido Street Station* (New York: Ballantine, 2001); China Miéville, *The Scar* (New York: Random House, 2004).

26. Lacan, *Le seminaire*, *Livre III*, 48.

27. *The Pervert's Guide to Cinema*, directed by Sophie Fiennes, presented by Slavoj Žižek (P Guide Ltd., 2006).

28. Kafka, "Cares," 160.

29. Samuel Taylor Coleridge, "The Rime of the Ancient Mariner," in *Samuel Taylor Coleridge: The Major Works*, ed. H. J. Jackson (Oxford: Oxford University Press, 2008), line 533.

30. Kafka, "Cares," 160.

31. 本诗的印刷许可已获作者授权。

32. Colin Milburn, *Nanovision: Engineering the Future* (Durham, N. C.: Duke University Press, 2008), 83.

33. Banksy, *Pier Pressure*, http://www.youtube.com/watch?v=4hjIuMx−N7c.

34. Sartre, *Being and Nothingness*, 609.

35. Shelley, *Defence of Poetry*, 509−35 (530).

36. Blake, "And Did Those Feet in Ancient Time," line 13.

37. From the documentary *Crude*, directed by Joe Berlinger (Entendre Films, Radical Media, Red Envelope Entertainment, Third Eye Motion Picture, First Run Pictures, 2009).

38. Suzana Sawyer, "The Toxic Matter of Crude: Law, Science, and Indeterminacy in Ecuador and Beyond," lecture, Rice University, November 29, 2012.

39. Francisco Lopez, *La Selva* (V2_ Archief, 1998).

40. Robert Ashley, *She Was a Visitor*, *Automatic Writing* (Lovely Music, 1979).

41. John F. Simon, *Every Icon* (1997), http://numeral.com/eicon.html.

42. 感谢罗伯特·杰克逊与我讨论此事。See "What the Hell Is a Hyperobject?", http://robertjackson.info/index/2010/10/what−the−hell−is− a−hyperobject/.

43. See Robert Jackson, "Some Notes on 'The Art of the Re-

al,'" http://robert jackson. info/index/2010/12/some-notes-on-the-art-of-the-real/.

44. Jarrod Fowler, *Percussion Ensemble* (Senufo Edition 6, 2011); Jarrod Fowler, *P. S.* (Leaving Records, 2011), http://leavingrecords. com/releases/lrf010-p-s/.

45. Timothy Morton, sleeve note for Jarrod Fowler, *P. S.* (Leaving Records, 2011), available for download at http://leavingrecords. com/releases/lrf010-p-s/.

46. Timothy Morton, David Gissen, and Douglas Kahn, roundtable discussion at the conference Materials Objects Environments, NIEA, University of New South Wales, http://ecologywithoutnature. blogspot. com/2011/05/materials-objects-environments. html.

47. Lacan, *Écrits*, 311.

48. *The Adventures of Buckaroo Banzai across the Eighth Dimension*, directed by W. D. Richter (20th Century Fox, 1984).

49. Brenda Hillman, "Styrofoam Cup," from *Cascadia* (Middletown, Conn.: Wesleyan University Press, 2001). Reproduced by permission of the author.

50. John Keats, *The Complete Poems*, ed. Barnard, John, 2nd ed. (London: Penguin, 1987).

51. Comora Tolliver, *Pod*, http://www. comoratolliver. com/installation. html.

52. JLiat, *bravo*, 18: 45: 00. 0 28 February 1954 (GMT) Bikini Atoll, http: //www. jliat. com/.

53. Morton, *Ecology without Nature*, 29–78.

54. Book, Spangler, and Swartz, "Effects of Lifetime Ingestion," 244–51.

55. Nanako Kurihara, "The Most Remote Thing in the Universe: Critical Analysis of Hijikata Tatsumi's Butoh Dance" (PhD diss., New York University, 1996).

56. Sondra Fraleigh, *Butoh: Metamorphic Dance and Global Alchemy* (Urbana: University of Illinois Press, 2010), 61.

57. Derrida wrote about cinders constantly. Examples are too numerous, but see Jacques Derrida, *Cinders*, trans. Ned Lukacher (Lincoln: University of Nebraska Press, 2001).

58. Alain Badiou, "Towards a New Concept of Existence," *The Symptom* 12 (Fall 2011): http: //www. lacan. com/symptom12/? p=116. Morton, *Realist Magic*, 199–200.

59. Immanuel Kant, *Critique of Pure Reason*, trans. Werner S. Pluhar (Indianapolis: Hackett, 1996), 201, 202, 232–37.

60. John Keats to Richard Woodhouse, October 27, 1818, in *John Keats: Selected Letters*, ed. Robert Gittings and Jon Mee (Oxford: Oxford University Press, 2002), 147–48.

61. Edmund Husserl, *Logical Investigations*, trans. J. N. Findlay, vol. 1 (New York: Routledge, 2008). 整本书对于理解这一点

至关重要，但《第二研究》尤为相关。

62. Harman, *Quadruple Object*, 7-18.

63. Sophocles, *Antigone*, ed. Martin D'Ooge (Boston: Ginn, 1888), 52.

64. Martin Heidegger, *Introduction to Metaphysics*, trans. Gregory Fried and Richard Polt (New Haven, Conn.: Yale University Press, 2000), 156-76.

65. Stanley Cavell, *This New Yet Unapproachable America: Lectures after Emerson after Wittgenstein* (Albuquerque: Living Batch Press, 1989), 86-88; Ralph Waldo Emerson, "Experience," in *Essential Writings*, ed. Brooks Atkinson and Mary Oliver (New York: Modern Library, 2000), 307-26 (309). 感谢 Cary Wolfe 与我讨论此事。

66. Martin Heidegger, "Nur noch ein Gott kann uns retten," interview in *Der Spiegel*, May 1976, 193-219.

致　谢

　　谨对卡里·沃尔夫（"后人文系列"丛书编辑）与道格拉斯·阿马托（明尼苏达大学出版社社长）对本项目的支持深表感谢。史蒂文·沙维罗对本书的悉心审阅也令我获益匪浅。副主编丹妮尔·卡斯普扎克女士高效推进了本书的出版。同时感谢莱斯大学人文学院院长尼古拉斯·舒姆韦提供的研究基金资助。

　　我有幸在以下多个学术平台探讨过相关理念：加州艺术学院、加州大学洛杉矶分校"第二届客体导向本体论研讨会"、伦敦建筑协会、悉尼国家实验艺术学院、墨尔本大学法学院、新西兰"与未来对话"论坛、台湾东海大学与中兴大学、阿尔伯克基落基山现代语言协会、新奥尔良洛约拉大学、莱斯大学、罗格斯大学、佐治亚理工学院、纽约新学院"设计与可持续性研讨会"、天普大学、德保罗大学哲学系、伦敦皇家艺术大学、芝加哥哥伦比亚学院、伦敦皇家艺术学院、埃克塞特大学"气候变化与批判理论会议"，以及伦敦玛丽女王大学"新兴环境会议"。多家期刊也帮助我梳理了思想：《奎尔普》《思辨》《世界图景》《广告破坏者》《格拉茨建筑杂志》《英语语言笔记》

《赫尔维特》《浪漫主义圈层实践》。"碎片化政治"网站与"形象/地面"网站就超客体与"当代境况"主题对我进行了专题访谈,并邀请我撰写了一篇关于这个主题的短文。

谨向客体导向本体论领域的同仁致以深切谢忱,能与他们共享思想激荡的喜悦实属幸事。特别感谢迪尔克·费勒曼先生过去两年间提供的宝贵反馈与智识支持,拉里·巴茨与本·莱瓦顿提供的研究协助也不可或缺。感谢过去两年间所有热情接待我并给我提供思想启迪的师友:简·贝内特、吉尔·贝内特、汉内斯·伯格塔勒、史蒂文·布莱文斯、伊莱扎·邦汉姆-卡特、艾伦·布拉多克、邱桂芬、威廉·康诺利、阿内·德博弗尔、卡尔·道格拉斯、里克·埃尔莫尔、保罗·恩尼斯、贾罗德·福勒、威廉·福克斯、内森·盖尔、彼得·格拉顿、贾鲁斯·格罗夫、利亚姆·亨尼根、罗伯特·杰克逊、苏菲·杰拉姆、阿德琳·约翰斯-普拉特拉、道格拉斯·卡恩、米歇尔·莱赫、凯文·洛夫、杜格尔·麦金农、豪尔赫·马孔、林穆、朱迪·纳塔尔、康纳尔·帕里西·亚历山大·雷吉尔、大卫·里德、肯·莱因哈德、朱莉娅·莱因哈德·卢普顿、格哈德·里克特、克里斯·沙伯格、珍妮尔·施瓦茨、山姆·索尼克、卡梅伦·汤金韦斯、亨特·温克、乔纳森·沃茨与安德鲁·惠特利。

本书谨献给我的大家庭。超客体促使我们思考:所谓家庭,实为一群存在者的模糊集合,分布在我和我直接生活的环境之外更广阔的空间和时间中。

译者致谢

本译著得以面世，要特别感谢我的五位硕士研究生，李佳、马蓓雯、彭颖洁、姚宛希和张席茹，她们用自己所学为本书翻译工作贡献了大量智慧。

苏艳

2025 年 6 月 11 日于武昌桂子山